두 번째 나

두 번째 나

초판 1쇄 인쇄 2024년 11월 22일
초판 1쇄 발행 2024년 12월 2일

지은이 | 권민

펴낸이 | 성미옥
펴낸곳 | 생각속의집

출판등록 2010년 5월 18일 제300-2010-66호
주소 | 서울시 종로구 혜화동 53-9, 1층
전화 | (02)318-6818 팩스 | (02)318-6613

전자우편 | houseinmind@gmail.com
블로그 | naver.com/houseinmind
페이스북 | facebook.com/healingcafe
인스타그램 | instagram.com/houseinmind

ISBN 979-11-86118-79-5 03180

두 번째 나

내 일 의
나 를 위 한
자 기 다 움
워 크 숍

권 민 지 음

생각속의집

지금까지 한 번도 내가 선택한 삶을 살아본 적이 없다.

이제부터 두 번째 나로 나답게 살아갈 것이다.

자기다움으로 태어나는 두 번째 나

지금의 나는 진짜 나일까?

결론부터 말하자면, '두 번째 나'는 미래에서 온 나 자신을 의미하지만, 그 본질은 '자기다움'을 살아가는 '현재의 나'를 뜻한다. 그렇다면 왜 미래의 내가 현재의 나에게 자기다움에 대해 말해주어야 할까? 이 질문에 답하려면 먼저 다른 질문을 던져야 한다.

'지금의 나는 진짜 나일까?' 이 물음은 '나는 누구인가?'라는 근본적인 질문으로 이어진다. 우리가 이 질문을 던지는 이유는 과거의 나, 현재의 나, 그리고 미래의 내가 서로 다르기 때문이다.

나는 1996년부터 일기를 써왔다. 일기에는 나의 감정 변화, 좋아하는 것들, 해야 할 일들을 자세히 기록해 두었다. 어느 날, 예전에 쓴 일기를 읽다가 과거의 내가 지금의 나와 많이 다르다는 사실을 깨닫고 깜짝 놀란 적이 있다. 심지어 어느 날의 일기는 내가 아닌 타인이 쓴 것처럼 낯설게 느껴지기도 했다. 일기를 보면서 과거와 현재의 나를 비교해 보니 인간관계, 브랜드 취향, 심지어 가치관까지 변한 것을 알 수 있었다.

일기를 통해 단순히 추억과 기억만으로는 알아차리기 어려운 나의 성장과 성숙, 변화뿐만 아니라 퇴화와 퇴보의 모습도 확인할 수 있었다. 과거의 나는 유치해 보였지만, 때로는 지금보다 더 성숙하게 느껴지는 순간도 분명 있었다. 나이를 먹고 더 많이 배웠음에도 불구하고, 내 안에는 변하는 것과 변하지 않는 것이 공존하고 있음을 깨달았다. 적어도 나에게 있어 이런 발견은 마치 천동설에서 지동설로 전환하는 만큼 충격적이었다.

그때부터 나 자신을 관찰하기 시작했다. 고대인들이 밤하늘의 별과 달, 태양의 움직임을 관찰하며 탐험하고 시간과 달력을 만들어냈듯이, 나도 나 자신을 탐구하며 내가 누구인지, 어디로 가야 하는지, 그리고 어떤 원칙에 의해 움직이는지를 찾아가기 시작했다. 과거의 나와 현재의 나는 왜 다를까? 그렇다면 현재의 나와 미래의 나는 또 얼마나 달라질까? 끊임없이 변화하는 모습 속에서 나는 과연 누구일까? 지금의 나는 진짜 나일까? 나는 이 질문에 대한 답을 찾기 시작했다.

시간여행, 가장 나다운 나를 만나는 방법

아인슈타인은 "문제를 만든 사고방식으로는 그 문제를 해결할 수 없다"고 말했다. 수십 년간 써온 일기를 되돌아보며 깨달은 것은, 아인슈타인의 말처럼 '나는 누구인가?'라는 질문을 던지는 지금의 내가 나를 완전히 알 수 없다는 사실이었다. 눈앞의 생존 문제와 당면 과제에 매여 있던 나는 내가 누구인지, 어떤 사람이 되어야 하는지 알지 못했다. 그러던 어느 날, 시간여행을 다룬 영화를 보고 이런 상상을 해보았다. '지금의 내가 10년 전의 나를 만난 다면 어떤 이야기를 해줄까?' 이는 영화에서나 가능할 것 같지만, 미래의 나는 현재의 나에게 분명 무언가를 전할 수 있다고 확신했 다(물리적으로도 불가능한 일은 아니다). 미래의 내가 어떤 사람인지 명 확히 그려볼 수 있다면, 현재의 나는 미래의 나로부터 분명히 이야 기를 들을 수 있다.

미래의 나는 누구일까? 오랫동안 일기를 쓰면서 깨달은 사실은, 내가 언제나 특정한 가치에 반응해 왔다는 점이다. 그렇다면 변하 지 않는 그 가치를 바탕으로 미래의 나를 상상해 보자. 미래의 나 는 과거부터 지금까지 내가 추구해 온 가치를 온전히 실현한 '나' 일 것이다. 그 가치와 하나가 된 내가 바로 '나다운 나'이다. 이 책 은 자기답게 살고 자기답게 죽기 위한 방법으로 '시간여행'을 제안 한다. 방법은 간단하다. 다음 질문에 답해보자.

'미래의 내가 현재를 산다면 어떻게 될까?' 그렇게 나는 '미래의 나'로서 지금 이 '현재'를 살고 있다. 내가 지인에게 "나는 미래에서 온 시간여행자야"라고 말하면, 그들은 인생을 시간여행에 비유한 것으로 이해한다. 하지만 내가 다시 "나는 정말 시간여행을 하고 있어"라고 말하면, 그때부터 나를 이상한 눈으로 보기 시작한다. 그럼에도 나는 분명히 말할 수 있다. 지금, 이 글을 쓰고 있는 나는 분명히 2040년에서 온 시간여행자다. 2040년의 나는 지금의 내가 되어 현재를 살아가고 있다.

미래의 내가 현재를 사는 것

나의 첫 번째 시간여행은 2000년 6월에 시작되었다. 2000년대에는 2010년의 내가 살았고, 2010년대에는 2020년의 내가 살았다. 이 시간여행의 증거로 두 권의 책을 쓰기도 했다. 첫 번째 시간여행을 시작하기 위해 2001년에 《새벽나라에 사는 거인》을 출간했다. 이 책은 10년 후 내가 되고 싶은 모습을 이루기 위해, 그리고 앞으로 10년 동안 어떻게 살아야 할지에 대한 미래의 지침을 담고 있다. 나의 두 번째 시간여행을 위해 2014년에는 《자기다움》을 썼다. 이 책은 죽기 직전의 내가 현재의 나에게 전하는 메시지로 평생을 어떻게 살아야 할지에 대한 조언을 담고 있다. 그리고 2024년에는 세 번째 시간여행을 위해 2040년의 내가 《더 이상 일하지 않을 때, 나는 누구인가》라는 책을 썼다.

나는 미래의 내가 되어 현재의 나를 위해 책을 쓰고 기록하는 방식으로 지금까지 세 번의 시간여행을 해왔다. 내가 전하는 메시지가 다소 낯설고 어렵게 느껴질 수 있다는 점을 잘 알고 있다. 자신을 "시간여행자"라고 말하는 것은 일반적인 세계관을 벗어난 개념이기 때문이다. 하지만 만약 미래의 내가 2000년대부터 현재까지 어떻게 살아왔는지에 대한 이야기를 들려준다면, 독자들도 좀 더 쉽게 이해할 수 있을 것이다. 그래서 이 책은 내가 경험한 시간여행 이야기를 큰 흐름으로 삼아 구성했다.

아프리카 속담에 이런 말이 있다. "나무를 심기에 가장 좋은 시기는 20년 전이었고, 그다음으로 좋은 시기는 바로 지금이다." 나의 시간여행도 이 속담과 같은 맥락이다. 20년 후, 내가 되고 싶은 모습을 이루기 위해 나는 지금, 이 순간 '미래의 나'라는 씨앗을 심어야 한다. 현재의 삶은 20년 후 나의 삶을 위한 토대가 된다. 이것이 바로 나만의 시간여행 방식이다.

이 책에서 나는 시간여행을 어떻게 시작했는지, 그 여행이 어떻게 이루어지는지, 그리고 왜 우리가 시간여행을 해야 하는지를 설명하고자 한다. 다만 내가 말하는 시간여행은 현재에서 과거로 돌아가는 것이 아니다. 또 미래의 나를 물리적으로 만나는 것도 아니다. 내가 말하는 시간여행은 미래의 내가 되어 현재를 사는 것이다. 나는 현재를 마치 미래처럼 살아가고, 미래를 마치 현재처럼 살고자 한다.

자기다움 시간여행을 시작하며

아인슈타인은 16세 때 스스로에게 "빛의 광선을 따라가면 어떤 일이 벌어질까?"라는 질문을 던졌다. 이 질문이 후에 특수 상대성 이론의 기초가 되었다고 알려져 있다. 그의 자서전에는 이렇게 쓰여 있다. "만약 빛의 광선을 따라 달린다면 어떤 일이 벌어질까? 만약 누군가가 빛과 같은 속도로 달린다면, 그는 분명 정지해 있는 파동장을 관찰할 것이다." 이 상상은 아인슈타인이 빛의 속도 불변성과 시공간의 상대성에 대해 깊이 고찰하게 했고, 결국 특수 상대성 이론 발전의 토대가 되었다.

이 책은 상대성 이론이나 특수 상대성 이론을 설명하는 책은 아니다. 하지만 자기다움을 위한 시간여행은 아인슈타인의 물리학 이론에서 영감을 받았다. 아인슈타인의 이론에 따르면, 시간과 공간은 분리된 것이 아니라 하나의 연속체로 연결되어 있다. 새벽 글쓰기를 통해 나는 과거의 나, 현재의 나, 그리고 미래의 나가 모두 내가 추구하는 가치와 연결되어 있음을 깨달았다. 특히, 나답게 살기 위해 선택했던 과거의 사건들은 현재의 나에게 영향을 주었고, 현재의 행동은 미래의 나를 형성했다. 그 미래는 다시 나의 과거를 변화시켰다. 이에 따라 나는 모든 자아가 시간과 공간 속에서 동시에 존재한다는 사실을 깨달았다. 이것이 바로 나답게 되는 상태, 즉 '자기다움'이다.

특수 상대성 이론에서 광속에 가까워질수록 시간이 느려지듯, 나도 내 핵심 가치에 가까워질수록 시간이 느려지며 '미래의 나'와 더 가까워짐을 경험했다. 아인슈타인이 빛을 타고 여행하며 시공간이 하나임을 깨달았듯, 나도 나의 자기다움으로 여행하며 과거, 현재, 미래가 하나임을 알게 되었다. 두 번째 나는 시간상으로는 미래의 나이지만, 실제로는 나답게 살고 싶은 나를 의미한다. 나는 현재를 나답게 살고 싶었다. 이것이 내가 말하는 '자기다움 시간여행'이다.

지금까지 한 번도 내가 선택한 삶을 살아본 적이 없다면, 그래서 이제부터 두 번째 나로 나답게 다시 살아가고 싶다면, 이제 미래의 나를 만나러 '시간여행'을 떠나보자.

| CONTENTS |

337 · 자기다움 워크숍 7. 어제였던 오늘

시간여행을 통해 현재의 나, 미래의 나, 그리고 과거의 나를 연결하며 '자기다움'을 찾는 과정을 설명한다. 미래의 나를 상상하고, 그에 맞는 행동을 오늘 실천함으로써 '자기 성장'을 이루는 방법을 제시한다. 또한, 우리의 경험과 기억이 현재에 미치는 영향을 탐구하고, 시간이 지나도 변하지 않는 '고유한 자기다움'을 발견하는 것의 중요성을 설명한다.

오래된 미래 | 미래의 나와 조우 | 미래의 나를 위한 연출 | 오늘과 어제의 나, 그리고 옷장 | 어제가 만든 오늘, 내일이 만든 오늘
WORKSHOP 7 · 과거와 현재를 미래로 연결하기

시간 여행

시간은 직선적으로 흐르지 않는다.
순환적 구조로서 시간을 이해한다면
우리는 시간에 더 가깝게 다가갈 수 있다.

"사람이 목숨을 걸 만한
무언가를 찾지 못했다면,
그는 살아갈 자격이 없다."

— 마틴 루터 킹

[시간여행은 인생 모험]

"그럼, 강사님은 미래에서 오셨나요?"

아이덴그램Idengram이라는 '자기다움' 첫 강의가 끝날 때면 어김없이 수강생 중 한 명이 이렇게 묻는다. 그들의 눈빛에는 내 대답을 기다리는 호기심과 장난기 어린 기대감이 가득하다. 이런 질문에 익숙해진 나는 즉시 답하지 않고 일부러 시간의 공백을 만든다. 손목시계를 슬쩍 들여다보는 척하며 속으로 5초를 세고, 왼손에 낀 반지를 오른손으로 천천히 옮긴다(이 동작은 마치 투수가 세트 포지션을 취하는 것처럼 나만의 시간 이동 준비 과정이다). 비록 짧은 순간이지만 수강생 모두를 사로잡는 느린 긴장감 속에서 시간마저 슬로모션으로 변한다. 이어서 나는 이렇게 답한다.

"네, 맞아요. 저는 미래에서 왔습니다. 정확히 2040년 10월 28일이죠."

수강생들은 놀라거나 당황하지 않고, 오히려 내 대답에 고개를 끄덕인다. 그들이 놀라지 않는 모습에 내가 더 놀란다. 몇몇 수강생은 내가 말한 날짜를 꼼꼼히 받아 적기까지 한다. 수업이 끝나면 미래에서 온 날짜의 의미를 묻는 학생들도 있다(그날은 내가 71세를 맞는 생일날이다).

이 장면만 본다면, 누군가는 이곳을 정신병원이나 공상과학 영화의 촬영 현장으로 착각할지도 모른다. 처음에는 수강생들도 호기심 어린 눈빛으로 나를 지켜보지만, 시간이 좀 지나면 몇몇 학생들은 내 설명이 난해하다며 명확한 답을 요구하기 시작한다. 그들은 단답형으로 대답해 달라고 재촉하지만, 사실 그것은 질문이 아니라 내 정신 상태를 확인하려는 검증에 가깝다.

"시간여행의 목적이 무엇인가요?"

"내가 누구인지 알기 위해서입니다. 자기답게 살기 위해서죠."

"그럼, 시간여행을 하면 자기다움을 찾을 수 있나요?"

"자기다움은 찾는 것이 아니라 이루어가는 과정이라고 생각합니다. 어떤 사람들은 잠재력 발견을 자기다움과 동일시하지만, 제 생각은 다릅니다. 제가 말하는 자기다움을 위한 시간여행은 단순히 재능 발견을 위한 자기탐구가 아닙니다. 말하자면 '어떻게 살 것인가'를 넘어서 '어떻게 죽을 것인가'를 결정하기 위한 인생 탐험입니다."

"'어떻게 죽을 것인가'는 무슨 의미인가요?"

"어떻게 죽을 것인가를 결정하면 삶이 매우 단순해집니다. 현재 해야 할 일과 하지 말아야 할 일이 명확히 구분됩니다. 하지만 '어떻게 죽을 것인가'를 결정하는 것은 쉽지 않으며, 시간이 지나면서 그 선택은 계속 바뀔 수 있습니다. 제가 말하는 것은 죽음과 동급의 가치를 선택하는 것입니다. '어떻게 죽을 것인가'의 의미는 곧 '어떤 가치를 추구할 것인가'와 같은 말입니다."

"시간여행을 통해 과거와 미래 중 무엇을 바꿀 수 있나요?"

"바꾸기보다는 무엇이 바뀌고, 무엇이 바뀌지 않는지를 알게 됩니다. 바뀌지 않는 것을 찾는 것이 시간여행의 목적입니다. 그것이 바로 방금 말씀드린 '가치'입니다. 자기다움 시간여행은 현재의 내가 과거나 미래로 가는 것이 아닙니다. 오히려 미래의 내가 현재와 과거로 여행하는 것입니다."

"실제로 시간여행은 어떻게 하나요? 타임머신 같은 것이 있나요?"

"네, 실제로 시간여행을 합니다. 지금 제가 끼고 있는 이 반지가 타임머신입니다. 물론 이 반지가 실제 물리적인 타임머신은 아닙니다. 이것은 일종의 '마인드 셋mind set' 장치입니다. 저는 이 반지를 '시간여행 리셋링reset ring'이라고 부릅니다. 이 부분은 나중에 자세히 설명하겠습니다."

"그렇다면 시간여행의 구체적인 방법은 무엇인가요? 시간여행 리셋링을 끼면 정말로 시간여행을 하는 건가요?"

"이 반지는 시간여행을 위한 상징적인 소품일 뿐입니다. 영화에 나오는 오브제objet처럼 상징적인 역할을 합니다. 이것은 시간여행을 준비하는 일종의 예비 동작입니다. 실제 시간여행의 도구는 글쓰기writing입니다. 미래 소설 쓰기, 편지 쓰기, 그리고 회고록 쓰기입니다.”

“그럼, 글을 쓰는 사람이라면 누구나 시간여행을 할 수 있나요?”

“원칙적으로는 누구나 시간여행을 할 수 있습니다. 그러나 우리의 궁극적인 목적은 시간여행 자체가 아니라, 자기다움을 구축하는 데 있습니다. 글쓰기는 시간여행을 위한 방법이자, 자기다움을 드러내는 도구입니다. 만약 자기다움에 관심이 없다면, 제가 말하는 시간여행을 할 수 없습니다.”

“그렇다면 당신이 말하는 시간여행은 단순히 자기다움을 설명하기 위한 비유나 상징 아닌가요?”

“아닙니다, 실제로 시간여행을 합니다. 그것은 다만 크로노스chronos의 시간이 아닌, 카이로스kairos의 시간입니다. 이 부분도 시간여행 리셋링처럼 설명이 필요합니다.”

“그럼, 카이로스 시간여행부터 설명해 주세요.”

비교적 짧게 탐색 질문이 끝나면 대화는 본질적인 질문으로 돌아온다. 질문자의 표정을 보면, 내 대답으로 내가 미친 사람인지, 아니면 신종 사이비 종교의 추종자인지를 판단하려는 듯하다. 만약 내 대답에 외계인, 영생불멸, 우주의 에너지 같은 단어가 포함되었더라면, 그들은 더 이상 대화를 이어가지 않았을 것이다(혹시나 은하계, 상상하는 대로 성공, 지구 종말, 4차원 세계, 계시 같은 주제를 기대한 사람이 있다면 실망할지도 모른다. 이 책은 그런 내용을 다루지 않는다).

이 책은 자기다움 워크숍에 관한 내용을 담고 있다. 워크숍1에서는 내가 경험한 자기다움과 시간여행에 대한 개인적인 이야기로 자기다움을 설명할 것이다. 이 시간여행은 물리적인 것이 아니라, 정신적이고 심리적인 여정을 뜻한다. 이 과정을 통해 우리는 과거, 현재, 그리고 미래를 탐험하며 자기다움을 이해하고 구축하는 여정을 시작할 수 있다.

이 여정이 관광, 탐험, 모험 중 어느 것에 더 가까운지는 개인이 추구하는 가치에 따라 달라진다. 또한 자기다움의 여정은 동행하는 이들과 그들이 가져가는 짐에 따라 다양한 방식으로 전개될 수 있다. 지금 분명하게 말할 수 있는 것은, 자기다움을 탐구하지 않으면 인생의 후반부가 위험해질 수 있다는 점이다. 이것이 사실인지 확인하기 위해 다음 질문에 답해보자.

"더 이상 일하지 않을 때, 나는 누구인가?"

우리는 이 질문에 반드시 답해야 한다. 내가 누구인지 모른다는 것은, 곧 내가 지금 어떤 삶을 살고 있는지 모른다는 의미다. 이는 매우 위험한 상태다. 자기다움을 탐구하기 위해 함께해야 할 동행자는 '과거의 나'가 아니라, 더 이상 일하지 않게 될 '미래의 나'다. 이제부터 미래의 나는 가장 친밀한 친구가 될 것이다. 과거에 내가 정체성이라 여겼던 것들은 시간이 지나면 대부분 사라진다. 하지만 여전히 많은 사람들이 과거의 직책이나 직급을 자신의 정체성으로 삼고, 그 틀에서 벗어나지 못한 채 살아간다. 시간의 관점에서 보면 과거에 갇힌(혹은 묻힌) 사람들이다. '죽은 사람'이라는 표현이 극단적일 수 있지만, 완전히 틀린 말은 아니다.

인생을 비유할 때 자주 등장하는 것은 등산, 골프, 그리고 여행이다. 나의 삶은 여행과 가장 잘 맞아떨어진다. 여행은 예측할 수 없고, 목적지보다 그 과정이 더 중요하다. 무엇보다 여행은 자기만의 인생 여정이다. 여행에서 가장 힘든 것은 날씨나 교통이 아니라 들고 다니는 짐이다. 자신의 키만 한 배낭을 메고 다니는 여행자를 보기만 해도 어깨와 허리가 저려온다. 무거운 짐 없이 신용카드 한 장만 넣고 세계 여행을 떠날 수 있다면 얼마나 좋을까. 인생 여행에도 무거운 짐들이 따라다닌다. 우리는 한 달짜리 여행조차 가볍게 떠날 수 없을 만큼 수많은 인생의 짐을 지고 살아간다. 직장, 가족, 생계, 노후 등 잠시라도 내려놓기 어려운 인생의 짐들이 많다. 이 모든 짐들을 외면하고 단 한 달만 자리를 비워도 돌이킬 수 없는 상황에 처할 수 있다.

인생이 여행이라면, 이미 중장년에 들어선 나는 젊은 시절의 나보다 더 큰 배낭을 멘 채 살고 있다고 볼 수 있다. 하지만 언젠가 '더 이상 일하지 않게 되는 순간'은 찾아올 것이고, 그때는 자의반 타의반으로 그 짐을 내려놓아야 한다. 다행히 2000년부터 나는 그 배낭을 내려놓고, 신용카드 한 장만으로 인생 여행을 할 수 있는 방법을 배웠다. 그것은 나의 인생 여행을 '어떻게 살 것인가'에서 '어떻게 죽을 것인가'로 바꾸는 일이었다. 놀랍게도 그 순간부터 나를 무겁게 짓눌렀던 인생의 짐들이 서서히 사라졌다. 대신에 내 인생은 여행이 아닌 탐험과 모험으로 변해갔다.

* * *

'I am Second'(아이덴그램 1강) 자기다움 교육과정이 모두 끝나면 나는 수강생들에게 이렇게 질문한다.

"당신은 어느 미래에서 오셨나요?"

수강생은 진지한 얼굴로 이렇게 대답한다.

"저는 2032년 4월 2일입니다."

대답과 함께 수강생의 시간여행이 시작된다. 그 시작은 선 넘기다.

[선 잇기 여행과 선 넘기 여행]

타임 루프Time Loop는 주로 공상과학 소설이나 시간여행 영화에서 자주 등장하는 개념으로 특정 시간이 반복되는 현상을 말한다. 타임 루프의 주요 특징은 주인공이 일정한 주기로 같은 상황에 갇혀 동일한 일을 반복하게 된다는 것이다. 타임 루프를 다룬 작품에서 주인공은 흔히 반복되는 시간 속에서 과거의 특정 시점으로 돌아가 그 시간을 다시 살아간다. 이 과정에서 주인공은 미스터리를 해결하거나 새로운 사실을 깨닫고, 자신의 과거 행동을 바꾸려 노력한다. 그러나 그런 시도에도 불구하고 타임 루프에서 쉽게 벗어나지 못하는 것이 일반적이다. 영화 결말은 대개 '현실에 충실해지자' 또는 '지금 내 곁에 있는 사람이 중요하다'는 메시지를 담으며, 해피엔딩으로 급하게 마무리된다.

본격적인 시간여행을 떠나기 전에 내가 지금 타임 루프 속에 있다고 가정하고 주변을 돌아보자. 대부분의 사람은 매일 똑같은 하루를 반복하며 살아간다. 일상에서 느낄 수 있는 변화라곤 인터넷 알고리즘이 추천해 주는 짧은 영상이나, 실시간으로 업데이트되는 동영상, 영화, 스포츠 순위, 드라마 정도에 그친다. 그 외에는 어제와 다를 바 없는 하루가 계속 되풀이된다. 심지어 내일의 일과도 예측할 수 있다. 다음 주나 한 달 후의 삶 역시 오늘과 크게 다르지 않으리라는 사실을 이미 알고 있기 때문이다.

그러나 사실 모든 것은 끊임없이 변화하고 있다. 매일 미세한 변화가 일어나지만, 우리는 그것을 주의 깊게 관찰하지 못할 뿐이다. 만약 우리가 의식적으로 어제와 다른 오늘을 살아가려고 노력한다면, 당장은 아니더라도 한 달, 일 년 후에는 지금과는 확연히 다른 삶을 살아갈 수 있다. 중요한 것은 우리가 어떤 '다른 모습'을 기대하며 추구하느냐에 달려 있다.

사람들에게 현재와 다른 삶을 살기 위해 과거와 미래 중 어느 시간대로 가고 싶은지 물어보면, 대부분은 과거를 선택한다. 미래로 가서 자기 삶이 어떻게 변했는지 확인하고, 지금의 삶을 바꾸겠다고 말하는 사람은 거의 없다. 대부분은 과거의 실수를 바로잡아 현재와 미래를 다르게 살고 싶어 한다. 사람들이 돌아가고 싶어 하는 과거는 대개 고등학생 시절이다. 이는 우리나라의 독특한 교육 환경과 사회 구조에서 비롯된 현상이다. 다들 고등학생 시절로 돌아간다면 다시 열심히 공부해서 명문대학에 들어가고, 그것을 발판으로 자신이 꿈꾸던 성공적인 삶을 살기 바란다.

이런 갈망을 하는 이유는 우리가 '선 잇기' 인생을 살고 있기 때문이다. 이는 마치 미리 정해진 점들을 순서대로 연결하여 그림을 완성하는 것과 같은 삶의 패턴을 의미한다. 아래 그림은 이러한 선 잇기 인생을 상징적으로 표현한 코끼리 도안이다. 이 그림을 통해 우리는 인생의 주요 단계들이 어떻게 미리 정해진 경로를 따라 연결되는지를 시각적으로 이해할 수 있다(참고로 코끼리가 서식하는 나라에서 코끼리를 사육하는 것은 부와 권력의 상징으로 여긴다. 일부 부유층은 사자나 표범을 기르기도 하지만, 이는 코끼리 사육에 비하면 반려묘를 기르는 것에 불과하다).

우리의 첫 번째 인생 여정은 부모님의 돌봄 속에서 코끼리 그림의 선 잇기가 시작된다. 대다수 사람은 20대 초반까지 모두가 동경하는 동일한 코끼리 그림을 그리며 살아간다. 그러던 어느 순간, 자신이 진정으로 원하는 것이 이 코끼리가 아닐 수도 있다는 깨달음이 찾아온다. 이러한 각성은 빠르면 30대 후반부터 시작되며, 50대에 이르면 대부분이 '코끼리 선 잇기'의 실체를 명확히 인식하게 된다. 많은 사람들이 열망하던 그 코끼리가 사실은 자신의 진정한 열망이 아니었음을 깨닫는 순간은 대개 퇴직이나 은퇴 후에 찾아온다. 바로 더 이상 일하지 않는 순간, 이제부터 코끼리 선 잇기를 할 수 없다는 참담한 현실과 마주하게 된다.

나의 첫 직장은 무역회사였다. 그곳에서 10년간 일하며, 코끼리의 선을 이으면 어떤 그림이 완성될지 쉽게 예측할 수 있었다. 내 앞자리에 앉은 김 대리는 5년 후의 나를 보여주는 코끼리 그림이었고, 맨 앞자리의 박 부장은 10년 후 내기 완성할 코끼리 그림 그 자체였다. 어느 날 그들과 점심을 먹으며 문득 의문이 들었다. '내가 박 부장 자리에 앉게 되면, 그때도 나답게 살고 있는 것일까? 아니면 박 부장처럼 변해가는 걸까?' 이런 고민 끝에 나는 박 부장을 통해 상상해 본 나의 미래가 마음에 들지 않아 1년도 채우지 않고 퇴사를 결심했다. 그 회사에서 그려지는 보르네오 피그미 코끼리 Borneo Pygmy Elephant는 내가 진정으로 원하는 코끼리가 아니었기 때문이다. 내가 정말로 그리고 싶은 코끼리는 매머드 Mammoth였다(이것도 나의 어리석음이었다는 것을 수년이 지나서야 깨달았다). 결국 나는 남이 그려준 코끼리 선 잇기를 거부하고, 나만의 그림을 찾기로 결정했다.

선 잇기 그림의 기원은 기원전 5천 년, 메소포타미아의 목동들에게서 찾아볼 수 있다. 그들은 밤하늘의 별을 이어 별자리와 이야기를 만들어냈다. 오늘날 천문 학계에서 인정하는 별자리는 총 88개다. 그런데 의문이 생긴다. 맨눈으로 볼 수 있는 별이 약 5,000여 개에 이르고, 은하수를 포함하면 수만 개가 넘는데 왜 별자리는 100개도 되지 않을까? 고대인들이 별을 선으로 연결해 그림을 만든 주된 이유는 단순히 이야기 창작이 아닌, 방향 탐색이었다. 유목민들은 뜨거운 태양을 피해 밤에 이동했다. 칠흑 같은 밤의 여정에서 별은 그들에게 방향을 알려주는 이정표가 되었다. 그러나 지구의 자전으로 인해 별들은 끊임없이 움직였고, 그들은 북쪽을 알려주는 북극성을 찾아야 했다. 하지만 북극성 주변의 수많은 별 때문에 이를 찾는 데 어려움을 겪었다. 그래서 그들은 북극성 근처에 선을 그어 별자리를 만들고, 이야기를 통해 북극성의 위치를 쉽게 확인할 수 있도록 했다.

내 인생 여정에도 방향을 제시하는 것은 모두 성공을 위해 그리고 싶어 하는 '코끼리 별자리'였다. 이 별자리를 따라가면 내가 원하는 목적지에 도달할 수 있으리라 믿었다. 그러나 내 통제를 벗어난 인생의 자전(예측 불가능한 사건)으로 인해 코끼리 별자리는 끊임없이 위치를 바꾸었다. 나는 그 별자리를 잇기 위해 끊임없이 움직이는 수많은 별을 이어가며, 그 경로를 따라가려고 노력했다.

패션 기업에서 마케터로 일하던 시절, 나는 주변 사람들이 부러

위할 만한 매머드급 코끼리 그림을 그리고 있었다. 하지만 여러 개인적인 문제로 인해 코끼리의 꼬리만 그리면 완성될 수 있는 그림을 포기할 수밖에 없었다. 2000년에 퇴사한 후, 작은 비영리 단체에서 본부장으로 일하며 나는 그동안 그렸던 매머드 그림을 버리고 새로운 선을 긋기 시작했다. 그러던 중, 패션 인사이트라는 주간지 편집장으로부터 패션 마케팅에 관한 연재 요청을 받았다. 그런데 기사를 연재하는 과정에서 다른 사람의 인생에도 코끼리 외에 수많은 그림이 존재한다는 사실을 깨달았다. 이 경험을 통해 여전히 코끼리 별자리에 집착하던 내가 사실은 2001년에 이미 변하지 않는 나만의 북극성을 찾고 있었다는 것을 비로소 알게 되었다. 그때부터 나는 보이지 않는 경계를 넘어 나만의 고유한 가치, 즉 북극성을 찾기 시작했다. 성공이라는 화려한 코끼리 별자리 대신에 자기다움이라는 불변의 나만의 가치를 나침반 삼아 새로운 모험을 떠나기 시작했다. 지금부터 내가 발견한 북극성의 이야기를 들려주고자 한다.

[코끼리에서 자칼로]

많은 사람들이 자신의 인생을 여행만큼이나 영화에 많이 비유한다. 이는 우리 삶에 영화처럼 우연과 운명의 요소가 존재하기 때문이다. 그러나 나는 서른 살까지 내 인생의 모든 것이 인과관계로 설명된다고 믿었고, 그로 인해 삶의 영화적 요소인 운명과 우연을 놓치고 있었다. 영화 〈리스본행 야간열차〉(2013)에서 주인공 그레고리우스는 이렇게 말한다.

"꼭 요란한 사건만이 인생의 방향을 바꾸는 결정적 순간이 되는 건 아니다. 삶을 바꾸는 결정적 순간이 아주 작은 우연, 혹은 사소한 일에서 시작될 수 있다는 건, 매일 아침 설레는 마음을 갖게 하는 일상의 근원적인 위안이기도 하다. 우리 인생의 진정한 감독은 우연이다."

코끼리 선 긋기에 열중하던 당시에는 이 말의 의미를 이해하지 못했다. 하지만 시간여행을 경험한 후, 인생도 편집에 따라 얼마든지 영화처럼 각본 있는 연출이 가능하다는 사실을 깨달았다. 인생이 그저 영화처럼 느껴지는 것이 아니라, 스스로 인생을 영화처럼 만들 수 있다는 점을 알게 되었다. 나는 내 인생에서 더 이상 남이 준 대본을 외우는 배우가 아닌, 감독이 되기로 결심했다. 단순히 현재의 나를 연출하는 것을 넘어, 시간여행을 통해 우연과 운명의 대본을 써가는 내 삶의 연출자가 되기로 했다. 이 깨달음은 패션 인사이트 주간지에 글을 기고하면서 시작되었다.

패션 인사이트와의 인연은 1999년, 한 브랜드의 보도자료를 작성한 일에서 시작되었다. 내가 작성한 보도자료는 흔히 내부 직원이나 홍보 대행사가 쓰는 스타일과 달랐다. 나는 마치 심층 분석 기사처럼 구성했다. 패션 인사이트의 편집장은 내 글을 독특하게 평가했고, 우리는 브랜드 출시 홍보를 위해 몇 차례 만남을 가졌다. 하지만 내가 패션 기업에서 퇴사하면서 몇 달간 연락이 끊겼다. 그러던 어느 날, 편집장으로부터 만나자는 연락을 받았고, 우리는 혜화동 지하에 있는 놀부 정식집에서 다시 만났다. 편집장은 가을 특집으로 8회 연재 기사를 써달라고 요청했다. 나도 패션 업계에 대해 글을 쓰고 싶었기에 우리는 8회 연재에 합의했다. 우선 두 달 동안 글을 써보고 이후 계속할지 결정하기로 했다. 이 제안을 받아들인 이유는 여러 가지였다. 당시 IMF 시절이어서 매주 5만 원의 원고료도 괜찮았고, 기업 보도자료를 작성하는 일도 나름대로 재미있었다. 게다가 준비 중이던 문화 기획 잡지에 도움이 될 경험이라고 생각했다. 나로서는 하지 않을 이유가 없었다. 그런데 편집장과 함께 나온 발행인이 머뭇거리며 할 이야기가 있다고 말했다.

"그런데 좀 어려운 문제가 있습니다. 조태현이라는 이름으로 글을 내보내기가⋯ 좀 그렇습니다."

발행인이 말을 잇지 못하자, 편집장이 대신 설명했다.

"조태현 씨는 현재 패션 업계가 아니라 비영리단체에서 일하고 있잖아요. 그래도 우리 신문은 업계 전문지인데, 업계에 있지 않은 사람이 글을 쓰는 게 조금 부담스럽습니다."

나 역시 그 말에 일리가 있다고 생각했다.

"그러면 어떻게 하죠?"

"이번 8회 연재가 백화점 및 매장 운영의 어려움과 비리에 관한 글이잖아요. 그래서 투고 형식으로 작성하시면 좋을 것 같습니다. 아이디명을 사용하는 것도 괜찮고요. '자칼의 이빨' 같은 아이디를 써보면 어떨까요?"

편집장은 자신의 아이디어에 만족한 듯했다. 발행인과 편집장이 미리 합의한 것처럼 보였다.

"자칼의 이빨이라… 제가 좀 생각해 보고 말씀드리겠습니다."

우리는 첫 번째 원고 마감일을 정하고 헤어졌다. 집으로 돌아와 원고를 작성하면서 '자칼의 이빨'이라는 이름으로 어떻게 글을 쓸지 고민했다. 1997년 브루스 윌리스와 리처드 기어가 공동 주연한 영화 〈자칼〉이 떠올랐다. 그 영화에서 브루스 윌리스가 자칼 역할을 맡았는데, 자칼을 생각할 때마다 그가 떠올라 글에 몰입하기 어려웠다. 결국 첫 번째 원고를 마감할 때쯤, 나는 편집장에게 전화를 걸어 '자칼의 이빨' 대신 '권민'이라는 필명으로 연재하겠다고 말했다. 부모님이 이혼하셨기 때문에 나는 어머니 없이 자랐다. 그래서 이번에는 어머니의 성을 따라 권權 씨로 살아보고 싶었다. 민潤은 '물 흐를 민'이라는 뜻이다. 이 한자는 글월 문文, 대문 문門, 그리고 물 수水로 이루어져 있다. 앞으로 연재할 글이 업계 전문지라는 미디어를 통해 자연스럽게 흘러가기를 바라는 마음으로 이 이름을 선택했다. 편집장은 승인했고, 나는 그날부터 권민이라는 8주 단기 배역을 맡게 되었다. 필명 하나를 사용했을 뿐인데, 내 안에 한 번도 경험해 보지 못한 새로운 캐릭터가 형성되는 묘한 느낌이 들었다. 20여 년이 지나서야 알게 되었지만, 그때 느꼈던 기분은 창조의 기쁨이었다.

권민은 단순한 필명이 아니었다. 그 이름 자체가 타임머신이었다. 권민이라는 필명으로 연재를 시작하면서 나는 브랜드에서 배운 브랜드 페르소나 작성법을 그대로 적용해 권민의 정체성을 구체적으로 만들어 나갔다. 나이, 성향, 특성, 좋아하는 책, 자주 쓰는 단어, 최근에 읽은 책, 싫어하는 것, 증오하는 것, 좋아하는 저자 등을 설정했다. '권민'이라는 새로운 나를 형성해가는 과정에서 나는 권민의 문체와 유사한 저자들의 책을 읽었다. 수년이 지난 후에야 그때 내가 '두 번째 나'를 잉태하고 있었다는 것을 깨달았다. 당시 권민은 8회 연재 기사를 작성하고 사라질 운명이어서 나는 그를 내 인생의 옴니버스에 잠시 출연한 조연 정도로 생각했다. '권민'이란 캐릭터는 마치 브랜드에서 이벤트용으로 등장한 팝업 매장과도 같았다. 이렇게 우연으로 시작된 일이 내 운명이 되었다. 2000년부터 지금까지 내가 권민이라는 필명으로 살아가게 될 줄은 당시에는 전혀 예상하지 못했다.

[무삭제 감독판]

패션 인사이트에서 권민의 정체를 비공개로 유지해 주어서 발행인과 편집장을 제외하고 아무도 권민이 조태현이라는 사실을 알지 못했다. 다행히 내가 연재한 글은 독자들로부터 긍정적인 피드백을 받았고, 편집장은 나에게 연말까지 20회 연재를 제안했다. 내가 이 제안을 받아들인 이유는 권민이라는 캐릭터 때문이었다. 가상의 인물로 만들어낸 또 다른 나에게서 나는 자기다움을 느꼈다. 처음에는 이 감정이 낯설고 신기하게만 여겨졌다. 하지만 시간이 지나면서 점점 권민이 나답다는 느낌이 들었다. 또한 나는 새로운 존재를 창조하고, 그 캐릭터로 잠시나마 살아보고 싶었다(권민은 내가 발견한 '북극성'이었다는 것을 나중에야 알게 되었다).

권민이 내가 찾고 있던 북극성이란 느낌을 갖게 된 것은 이삿짐을 정리하다가 발견한 5년 전 일기 때문이었다. 1996년부터 썼던 일기를 정리하면서 무엇을 썼는지 궁금해서 읽어보았다. 그런데 내 일기라고 믿기 어려울 정도로 유치하고 조잡하게 느껴져서 3페이지도 넘기기 힘들었다. 이 일기를 쓴 사람이 정말 나란 말인가. 믿기지 않았다. 이후 나는 모든 일기를 꺼내어 읽었고, 5년이라는 시간 동안 내 안에서 수많은 내가 살아왔다는 것을 깨달았다. 흥미롭게도 어떤 일기에는 현재의 나, 조태현보다 고객 프로파일링으로 만든 권민의 모습이 보이기도 했다. 나는 글을 쓰기 전에 그(권민)가 자주 사용하는 단어, 표현법, 말투, 습관, 문체를 연구했다. 기사를 쓸 때도 내가 쓰는 것이 아니라 권민이 쓴다고 생각했다. 그런데 오래된 일기를 읽으면서 내가 만들어낸 줄 알았던 권민의 말투와 문체가 그 일기장에 이미 살고 있었다. 그때야 '그'가 내 안에 이미 존재했다는 것을 깨달았다.

'그렇다면 권민이라는 존재는 내가 고객 프로파일링으로 창조한 것이 아니라, 내 안에 있던 또 다른 나였던 걸까?'

이 사건(?)을 통해 나는 처음으로 '나답다'는 것의 의미가 무엇인지 경험했다. 과거의 모든 일기를 읽은 후, 나는 권민을 내가 되고 싶었던 인물, 즉 2010년 미래의 조태현을 재구성하기 시작했다. 2000년에 패션 인사이트 기사를 쓰던 나와 당시 상상했던 2010년의 나는 분명 다른 사람이었다. 1996년 처음 일기를 쓴 나와 2000년의 나 역시 너무나 달랐지만, 그럼에도 변하지 않는 뭔가가 있었다. 나는 이전에 한 번도 고민해 보지 않았던 질문을 하나씩 떠올렸다.

'10년 후의 나는 어떤 생각을 하며 살까?'
'10년 후의 나는 어떻게 성장했을까?'
'10년 후의 나의 가치는 무엇일까?'
'10년 후의 나는 무엇을 추구하게 될까?'
'10년 후의 나는 어떤 분야의 전문가가 되어 있을까?'

이렇게 나는 10년 후의 조태현, 즉 권민에 대해 상상하고 관찰하기 시작했다. 2000년대의 나는 '뭔가를 하고 싶은 나'로 살았다면, 10년 후의 나는 '변하지 않는 가치를 추구하는 나'로 살고 싶었다. 이것이 나의 시간여행의 시작이었다.

여기까지 읽으면 이렇게 시작된 나의 시간여행이 시시하다고 여길지 모른다. 나 역시 처음에는 이 사건이 내 인생을 완전히 바꾸리라고 전혀 생각하지 못했다. 10년이 지나서야 그것이 계획된 우연, 일종의 운명이었음을 깨닫게 되었다. 분명한 것은, 이때부터 처음으로 '나는 누구인가?'라는 질문을 나에게 던지며 현재를 살아가기 시작했다는 점이다. 미래를 계획하는 것이 아니라 미래를 지금, 여기, 그리고 오늘처럼 살아가기 시작했다. 이것이 나의 자기다움 시간여행의 출발점이다.

조태현이라는 이름으로 내 인생의 주인공이 되고 싶었을 때, 나의 주된 관심사는 타인과 비교되는 나의 분량(직급, 가치, 연봉 등)이었다. 코끼리 그림을 완성한 후 내가 맡은 역할과 대사를 어떻게 하면 잘 소화할 수 있을까, 그리고 남들이 보기에 성공한 캐릭터로 비칠 수 있을까, 이것이 가장 중요한 문제였다. 하지만 이제 나는 권민에게 연기를 지도하는 감독이 되었고, 동시에 '미래의 조태현'을 연기하는 권민이 되었다(이 부분은 워크숍4 미래 소설 쓰기와 워크숍5 편지 쓰기에서 자세히 설명할 것이다).

감독이 된 나는 권민, 즉 10년 후 조태현의 인생을 타인의 시각으로 바라보기 시작했다. 이 순간부터 내 인생은 서서히 변화했다. 더 이상 남들에게 보여주기 위한 극장판이 아니라, 내가 원하는 대로 편집한 감독판Director's Cut 인생을 살게 되었다(감독판이란 영화감독이 최초 공개된 필름과 달리 개봉 이후 자신의 의도에 맞게 재편집한 버전을 말한다). 나는 내 인생의 감독이 되어 '10년 후의 권민이라면 어떻게 했을까?'라는 질문을 던지며 살기 시작했다. 이제 나는 영화 세트장 안의 배우가 아니라 세트장 밖에서 바라보는 감독의 관점으로 나 자신을 바라보게 되었다. 감독의 관점이 바로 시간여행자의 시점이었다.

패션 인사이트에 실린 내 연재 기사에 대해 다양한 반응이 있었다. 긍정적인 피드백과 반대 의견이 모두 있었고, 이로 인해 고민이 시작되었다. 독자 의견에 어떻게 답변할지, 예정대로 8회 연재를 마칠지, 아니면 연재를 연장할지 결정해야 했다. 만약 내가 그 메일에 반응하지 않았다면, 권민은 두 달 뒤에 고스트라이터처럼 사라졌을 것이다. 그런데 미래의 권민이 현재의 나에게 질문하기 시작했다.

'10년 후의 권민이라면 어떻게 했을까?'
'나는 감독으로서 권민에게 어떻게 지시를 내려야 하나?'
'현재의 나와 미래의 나는 문제 인식에 대해 무엇이 다를까?'
'과거 일기에 나오는 나는 난처한 문제를 어떻게 처리했나?'
'그런데, 이것이 영화라면 다음 스토리는 어떻게 나와야 할까?'

권민이 되기로 결심한 나는 독자들의 질문에 직접 답장을 보내는 대신, 그들의 의견을 반영한 추가 글을 쓰기 위해 연재를 연장했다. 처음 계획했던 2개월 연재는 예상을 뛰어넘어 3년 동안 지속되었고, 그 결과 총 150편의 연재 기사를 완성했다. 문득 이런 의문이 들었다. 내가 3억 분의 1 확률로 태어날 가능성과 내가 권민이 될 가능성 중에서 어느 것이 더 희박할까? 연재를 쓰면서 내 안에 새로운 내가 꿈틀대는 것을 느꼈다. 나는 조태현으로 태어났지만 글을 쓰면서 서서히 권민이 되어갔다. 그렇게 다른 사람이 아니라 진정한 나로 거듭나게 되었다. 이렇게 확신하는 이유는 그 과정에서 느낀 깊은 만족감 때문이다. 그것을 한마디로 표현하자면 "이 것이 나였구나!"라는 충만감이었다. 무엇보다 큰 변화는 다른 사람의 코끼리 선 잇기 그림에 더 이상 관심이 없어졌다는 점이다. 대신에 나를 알아가는 기쁨을 느꼈고, 나만이 그릴 수 있는 그림이 있다는 것을 알았다. 나는 처음으로 진정한 나 자신을 인식하기 시작했다.

　오래된 일기를 읽었을 때, 내 기분은 야생 동물이 정글에 놓인 거울에 비친 자기 모습을 보고 놀란 것과 같았다. 일기 속의 모습은 내가 아니었다. 이제 나(권민)는 더 이상 내가 쓴 일기를 읽고 놀라지 않는다. 바로 이것이 내가 진정한 나로 변해가고 있다고 확신하는 이유다. 물론 나답게 되어가는 과정이 처음부터 우연을 가장한 운명처럼 쉽게 풀리지는 않았다. 나는 권민이 되기 위해서 권민의 시간을 만들어야 했다. 비영리 단체 본부장으로 일하며 연재 기사를 쓰는 시간을 확보하기 위해 분투할 수밖에 없었다. 출근 전과 퇴근 후, 그리고 주말은 온전히 연재를 위한 시간으로 만들었다. 매주 A4 3장 분량의 마케팅 관련 글을 쓰기 위해서 수많은 자료를 찾고, 인터뷰를 하고, 전문 서적을 읽어야만 했다. 처음에는 목요일에 글을 쓰고 금요일에 마감했다. 그러나 독자 피드백을 받은 이후, 글의 완성도를 높이기 위해 더 노력을 기울였다. 더 다양한 보충 자료를 추가하고, 매일 새벽에 일어나 글을 쓰기 시작했다. 나중에 알게 되었지만, 이 새벽 시간은 미래에서 현재로 들어오는 웜홀wormhole과 같았다(웜홀은 우주 공간에서 블랙홀과 화이트홀을 연결하는

통로를 의미하는 가상의 개념으로 우주의 시간과 공간의 벽에 난 구멍이라고
한다).

연재 과정이 처음부터 순탄하지는 않았다. 비영리 단체를 경영
하는 것도 벅찼고, 수시로 터지는 경영 사고로 인해 여러 번 패션
인사이트 에디터 일을 그만두려고 했다. 그럼에도 연재가 3년 넘
게 이어진 이유는 단 하나였다. 미래의 권민으로 사는 현재와 다가
올 미래가 너무나 궁금했기 때문이다. 만약 내가 지금까지 조태현
이라는 이름만으로 살았다면, 내 인생은 어떠했을까? 단 2개월의
시한부 인생으로 시작했던 객원 에디터 권민은 어떻게 조태현의
삶을 이토록 변화시킬 수 있었을까? 조태현으로 살아가는 인생이
진정 나의 모습이었을까? 아니면 권민으로 살아가는 것이 내 진짜
정체성이었을까?

돌이켜보면, 권민이 아닌 조태현으로 그려왔던 '코끼리 선 잇기'
의 삶은 진정한 나의 본질이 아니었다. 그것은 세상의 생존 법칙에
순응하며 살아온, 그저 평범한 직장인의 삶이었을 뿐이다. 조태현
만이 걸어갈 수 있는 독자적인 여정이 아니라, 누구나 다르지 않게
살아가는 복사본 인생이었던 셈이다. 하지만 권민은 내 심장의 북
소리에 이끌려 모험을 떠난 진짜 나의 모습이었다. 20년이라는 세
월이 흐른 지금, 원래부터 나는 권민이었음을 자각하게 되었다. 복
사본으로 살아온 조태현과 자기다움으로 살아갈 권민이 마침내
하나로 조화를 이루게 된 것이다.

[객원에서 주인으로]

객원이란 사전적으로 어떤 기관이나 단체에서 손님 대접을 받으며 일을 도와주는 사람을 의미한다. 객원 교수, 객원 보컬, 객원 에디터 등이 대표적인 예다. 객원의 역량은 천재적인 전문가부터 임시직 사원에 이르기까지 매우 폭넓다. 객원은 외부 전문가로서 자신만의 지식과 역량을 바탕으로 조직 내부 구성원들과 협업하여 성과를 내는 역할을 맡는다. 그러나 내가 처음 접한 객원의 개념은 조금 달랐다.

조직 내부의 역량만으로 해결하기 어려운 문제를 위해 등장했다가 임무를 마치고 떠나는 일종의 문제 해결사 같은 존재였다. 나는 여러 잡지에 게재된 객원 에디터들의 글을 연구했다. 그들의 최대 강점은 주제를 끌고 가는 노련한 스토리텔링 능력이었다. 객원 에디터들은 대개 난해한 주제를 쉽게 풀어내고, 핵심을 정확히 짚어주는 솜씨를 보여주었다. 연령대는 나보다 한 세대 혹은 두 세대 위인 경우가 많았다. 2000년의 나는 2010년의 내 모습을 상상하며, 만약 내가 객원 에디터가 된다면 어느 정도의 경지에 오를 수 있을지 궁금해했다. 처음에는 권민을 새벽에 나타났다가 아침이면 사라지는 유령 작가와 같은 객원 에디터로 여겼다. 연극에 비유하자면, 내 인생에서 '지나가는 행인 1'에 불과할 것으로 생각했다. 그런데 객원 역할에 몰입하면서 성공한 정규직에 대한 집착이 서서히 사라지기 시작했다. 객원이라는 비정규직을 경험하며 나는 직장이 아닌 직업의 중요성을 깨달았다. 객원 에디터 권민을 통해 어느 한 분야에서 진정한 전문가로 성장한다면, 직장의 한계를 뛰어넘을 수 있다는 확신이 생겼다.

많은 사람들이 열망하는 직장과 직업은 사실 타인의 요구에 의해서 만들어진 자리다. 대다수는 자신이 진정 좋아하는 일을 업으로 삼고 싶어 하지만, 그런 기회를 얻기는 쉽지 않다. 대기업 정규직을 자아의 정체성으로 여기며 간절히 바라는 이들이 많지만, 그것은 순간적인 환상일 뿐이다. 나는 객원이라는 임시직을 거치며 '자기답게 일하는 객원'이라는 영구직에 대해 고민했고, 스스로에게 이런 질문을 던지며 답을 찾기 시작했다. '객원 전문가가 된다면 나는 어떤 경력을 갖게 될까?' 아마도 브랜드 관련 책을 100권쯤 읽었고, 책은 5권 정도 집필했으며 현업에서 브랜드와 관련된 일을 하고 있을 것으로 생각했다. '그렇다면 미래에서 온 나는 객원 전문가가 되기 위해 지금 무엇을 해야 할까?' 이 질문을 품고 3년 동안 매일 새벽에 일어나 미래의 내가 되기 위해 독서와 집필, 그리고 브랜드 관련 업무에 몰두했다. 그렇게 마침내 새벽 5시에서 아침 7시까지 2000년의 조태현이 아닌, 2010년의 권민으로 살아가는 시간이었다.

마침내 권민이 된 나는 2002년에 연재했던 기사를 묶어《패션 인사이트 마케팅》을 펴내고, 이어 2003년에는 자기다움의 시간여행을 다룬《새벽나라에 사는 거인》을 출간했다. 처음엔 이 두 권으로 끝난 줄 알았다. 그런데 이때부터 나는 새벽마다 미래에서 온 권민이 아닌, 진짜 권민으로서 내 삶을 개척해가기 시작했다. 그리고 예상치 못한 일들이 현실로 다가왔다. 2005년에는《블랙홀 시장 창조 전략》《네버랜드 브랜딩 전략》《헬퍼십》을 출판했고, 2006년에는《양손잡이 리더십》《스타워즈 엔터테인먼트 마케팅》《마음 사냥꾼 1, 2, 3》《패션 브랜드 경영 1, 2》를 썼다. 2008년에는《런던, 나의 마케팅 성지순례기》와《거리에서 브랜드를 배우다》가 출판되었다. 집필뿐만 아니라 2002년, 브랜드 컨설팅 회사 '모라비안 바젤 컨설팅'을 설립했고, 2007년엔 브랜드 전문 잡지 〈유니타스 브랜드〉를 발행했다. 시간이 흘러 돌아보니, 패션 잡지 객원 에디터로 첫발을 내디뎠던 내가 7년 만에 브랜드 전문지의 편집장이자 발행인이 되어 있었다. 사실 2000년 나의 계획에는 이런 미래가 없었다. 이 모든 일을 상상조차 할 수 없었다. 그런데 분명한 사실은, 2000년의 조태현에서 2010년의 권민이 되어감에 따라 마치 준비된 미래처럼 이 모든 일들이 이루어졌다는 것이다. 나는 그저 권민이 되기 위해 노력했을 뿐이었다.

원래 조태현으로서 나의 코끼리 선 잇기 그림은 단 하나뿐이었다. 더 좋은 직장에 취직해 열심히 사는 것, 그것이 내가 그릴 수 있는 전부였다. 그러나 권민이 되어감에 따라 나는 다채로운 선 잇기 그림을 품게 되었다. 브랜드 컨설팅을 하고, 책을 집필하고, 잡지를 만들어내면서 내 하늘가에는 수많은 별자리가 빛나기 시작했다. 그 별자리들이 늘어나는 동안 깨달은 것은, 북극성처럼 어떤 상황에도 흔들리지 않는 나만의 주제가 생겼다는 것이다. 그것이 바로

'자기다움'이었다.

조태현이 타인이 설계한 삶에 객원으로 머물렀다면, 권민은 내가 진정으로 하고 싶은 일을 좇는 나 자신의 모습이었다. 조태현으로 살아갈 때는 내가 무엇을 찾고 있는지조차 알지 못했다. 그런데 객원 에디터 권민의 삶을 통해 나만의 길을 발견하게 되었다. 이것이 배우가 보지 못하는 감독만의 카메라 앵글이다.

미래에서 찾아온 두 번째 나(권민)는 객원이 되어 현재의 삶을 살아냈다. 객원으로서 나는 매일 새벽 1시간 30분, 그리고 주말의 시간을 온전히 나를 위해 보냈다. 객원의 삶은 그때의 내가 감히 상상조차 못 했던 인생을 경험하게 했다. 나는 드디어 나 자신이 되었다! 객원이 되어 내 인생을 다시 바라보니, 그동안 타인의 삶을 마치 내 것인 양 살아온 나를 발견할 수 있었다. 나는 내 인생의 주인이 아니라, 그저 손님으로 살아왔음을 깨달았다. 내 인생인 줄 알았던 시간이 사실은 타인의 시간 속에 갇혀 있었다. 하지만 이제 드디어 나는 타임 루프에서 벗어날 수 있었다.

[현재와 미래의 시차]

첫 미국 출장을 갔던 그날의 기억이 아직도 생생하다. 금요일 저녁 8시 출발해 13시간의 비행 끝에 도착한 미국은 여전히 금요일 저녁 9시였다. 장시간 비행에도 불구하고 시간은 겨우 1시간밖에 흐르지 않은 듯했다. 그때의 경험은 지구의 크기와 시간의 상대성을 깨닫게 해주었다. 같은 지구 안에서 다른 시간대를 경험하는 그 신비로운 순간은 마치 시간여행을 한 기분이었다. 이것이 내 인생에서 처음 겪은 시차였다.

2000년에 시작된 시간여행을 통해 나는 내 안에도 지구의 시차처럼 서로 다른 시간대가 공존하고 있다는 사실을 깨달았다. 오늘, 이 순간에도 과거와 미래가 함께 존재한다. 나는 지금, 과거가 만든 나일까? 아니면 미래가 형성할 나일까? 내가 어떤 나를 선택하느냐에 따라 인생의 시차가 달라졌다.

나는 새벽에 미래의 내가 해야 할 일을 미리 수행했다. 그것은 미래의 내가 현재의 나로 살아가기 위해 필요한 시차 적응이었다. 새벽에 일어나 오늘을 어떻게 살아갈지, 어떤 질문에 답할지, 그리고 내가 누구여야 하는지를 고민했다. 2000년의 새벽과 2010년의 새벽은 서로 겹쳐져 있었다. 그래서 나의 새벽에는 10년의 시차가 존재하지 않았다. 나의 새벽은 시간hour이 아니라 때Timing였다. 가장 나다워지는 시간이 바로 나의 새벽이었다. 타인의 새벽과 나의 새벽의 시차는 곧 크로노스와 카이로스의 차이였다.

크로노스Chronos는 연대기적 시간, 즉 일정하고 규칙적으로 흐르는 물리적 시간을 의미한다. 시계나 달력으로 측정할 수 있는 객관적인 시간으로 우리가 일상에서 경험하는 시간이다. 반면에 카이로스Kairos는 특정한 사건이나 기회가 발생하는 순간을 뜻한다. 이 주관적인 시간은 개인의 경험과 가치관에 따라 다르게 인식된다.

10년 후의 나는 현재를 살면서 크로노스와 카이로스, 이 두 가지 시간 개념을 경험했다. 미래에서 온 권민의 새벽 시간은 크로노스가 아닌 카이로스의 시간이었다. 크로노스와 카이로스 시간의 차이는 미래의 나로서 자기답게 살아가는 나와 일상에서 현재를 살아가는 나의 차이였다. 처음부터 크로노스의 새벽 시간과 미래의 카이로스 시간을 겹쳐 사용한 것은 아니었다. 과거의 조태현으로 살던 삶이 미래의 권민으로 바뀌면서 나는 카이로스와 크로노스 시간 사이의 간극을 느끼기 시작했다.

　　시간은 우리가 사용하는 시계에 따라 다르게 이해할 수 있다. 해시계, 달시계, 물시계, 배꼽시계, 디지털시계, 그리고 원자시계까지 사람이 어떤 시간에 맞춰 움직이느냐에 따라 살아가는 인생도 달라진다. 그렇다면 지금 나는 어떤 시간을 살고 있을까? 우리가 정한 1초와 1분이 과연 우주의 시간과 일치할까? 이런 질문은 물리학자가 답해야 할지 모른다. 하지만 스스로에게 던져야 할 질문도 있다. 핸드폰과 손목시계에 표시된 시간이 과연 나의 인생 주기와 같은 리듬에 맞춰진 것인가? 이런 질문을 반복하다 보면, 결국 '시간이란 무엇인가?'라는 근본적인 물음에 도달하게 된다. 이것은 시간을 물리학적으로 정의하려는 것이 아니다. 내가 강조하고 싶은 것은 각자에게 고유한 시간이 존재한다는 점이다. 이것이 바로 카이로스의 시간이다. 2주 동안 살아가는 모기의 시간과 400년 이상을 사는 그린란드 상어의 시간은 본질적으로 다르다. 이 차이는 단순히 시간의 길고 짧음에 국한하지 않는다. 서로 존재 방식이 다르기 때문에 그들이 경험하는 시간의 흐름 역시 다를 수밖에 없다.

2000년을 살아가는 조태현의 시간과 2010년을 살아야 할 조태현(권민)의 시간도 같은 맥락에서 다르다. 미래의 내가 현재를 살아갈 때, 그 시간은 크로노스가 아닌 카이로스의 영역에 속한다. 시간이 흐르면 나에게 어떤 변화가 찾아올까? 노안이 오고, 근육량과 머리카락이 줄어들며, 신체 능력이 저하되는 신체적 노화일까? 크로노스 시간대에서 내 시간의 끝은 죽음이다. 내일 다시 태양이 떠오르는 것처럼, 나의 삶은 선형적인 종말을 향해 나아간다. 이것이 바로 측정할 수 있는 크로노스 시간 속에서 살아가는 삶이다.

하지만 카이로스는 시간의 기준을 태양과 죽음에 두지 않는다. 나의 시간대는 '크로노스에 따른 나이 듦'이 아니라 '카이로스에 따른 나다움'이다. **나의 시간은 내가 되어가는 과정이다.** 이것이 나의 엔텔레키entelechy다. 엔텔레키는 아리스토텔레스 철학에서 유래한 개념으로, 사물이나 생명체가 지닌 잠재력 또는 목적을 향한 내적 동력을 의미한다. 그리스어 'entelecheia'에서 파생했는데, '완전함 또는 완성'을 뜻한다. 아리스토텔레스는 모든 사물이나 생명체가 그들 고유의 엔텔레키, 즉 잠재적인 완전함을 향해 나아간다고 보았다. 예를 들어 도토리의 엔텔레키는 참나무가 되는 것이고, 아기의 엔텔레키는 성인이 되는 것이다. 그렇다면 나의 엔텔레키는 무엇일까? 나는 미래의 나를 상상하고, 그 미래의 내가 현실 속에서 살아가면서 아리스토텔레스가 말한 엔텔레키를 경험했다. 권민 안에 나의 자기다움이 있었다.

엔텔레키
entelechy

첫째,
사물이나 생명체 내부에 존재하는 잠재적 완전함

둘째,
그 완전함을 향해 나아가려는 내적 동력 또는 목적

셋째,
자아실현과 개인 성장을 향한 내적 동기부여

[더 이상 일하지 않을 때, 나는 누구인가?]

2000년부터 지금까지 나는 가장 가까운 나를 경험하며 살아가고 있다. 나의 시간 기준은 태양이 아니라 자기다움에 있다. 마치 나무가 꽃을 피우고 열매를 맺으며 익어가듯, 나의 시간도 나다워지는 주기에 따라 흘러간다. 나이가 든다고 해서 반드시 나다워지는 것은 아니다. 나는 1995년부터 매일 써온 일기를 통해 언제 가장 나다웠는지(카이로스)를 확인해 보았다. 어떤 일기들은 다시 읽기 부끄러울 만큼 참담한 순간을 기록한 것도 있었다. 지금의 나와 너무도 다른 시차를 살았던, 나답지 않은 나의 모습이 담겨 있었다. 그런데 어떤 일기는 지금 다시 읽어도 부끄럽지 않았다. 그 일기에는 내가 가장 나다웠던 순간들이 기록되어 있었고, 그때가 바로 자기다움의 시간이었다.

일기를 다시 읽으며, 나는 내가 진정 나다워지는 시간이 무엇인지 깨달았다. 나의 시간은 태양의 고도나 달의 변화에 따라 흐르는 것이 아니라, 나다워지는 순간에 맞춰져 있다. 그것은 죽음으로 끝나는 것이 아니라, 매일매일 나다워지는 과정으로 이어진다. 태양이 가장 오랫동안 빛나는 날은 하지summer solstice다. 하지가 지나면 겨울이 다가온다는 신호이다. 경제 시스템 속에서 살아가는 사람이라면, 인생의 겨울, 즉 은퇴가 반드시 찾아온다. 이 시기는 살아 있어도 마치 죽은 사람처럼 느껴질 수 있는 타임 루프에 갇힌 시간일지도 모른다. 인생의 하지와 같은 정점에 있을 때, 우리는 자신의 시간을 진정으로 이해하기 위해 '피하지 말고' 이 질문을 스스로에게 던져야 한다(이 질문은 앞으로도 계속 나온다. 이 질문의 대답이 '자기다움'이기 때문이다. 지금 당장 답하지 않더라도 피하지는 말자). '더 이상 일하지 않을 때, 나는 누구인가?'

인간은 성공이라는 코끼리 선 긋기를 하며 살아간다. 매일 선을 그으며, 그 코끼리가 곧 자신이라고 생각한다. 그러나 언젠가 더 이상 일할 수 없는 때가 반드시 찾아온다. 이것은 단순히 실직, 은퇴, 퇴직을 의미하는 것이 아니다. 월급을 받기 위해 만들어낸 가짜 일이 아닌, 진정한 가치 창조의 일, 나만이 할 수 있는 일을 할 수 없게 되었을 때, 나는 누구일까? 나의 시간은 더 이상 생존을 위한 일이 필요하지 않을 때, 나의 정체성을 향한다. 여기서 말하는 것은 단순히 경제적 자유를 의미하지 않는다. 생존을 위해 일하지 않고, 존재를 위해 생동하는 사람이 되는 것, 그것이 내 시간의 기준이다. '그 사람'이 되기 위해 반드시 알아야 할 것이 바로 자기다움이다. 자기다움을 이해하지 못하면, 마치 태양의 하지를 알지 못하는 것과 같다. 자기다움을 경험하지 못하면, 자신의 시간이 어떤 의미인지도 알 수 없다.

2000년 새벽, 브랜드 관련 원고를 쓰기 전에 스스로에게 질문했다. 2010년의 나(권민)는 어떤 자기다움을 지니고 있을까? 권민답게 정한 주제는 무엇일까? 권민은 어떤 것에 관심을 가질까? 브랜드 분야에서 가장 가치 있다고 생각하는 것은 무엇일까? 왜 그런 생각을 했을까? 패션 인사이트에 연재 글을 쓰는 것도 중요했지만, 10년 후 미래에서 온 내가 누구인지를 아는 것이 더 중요했다. 10년 전의 나와 지금의 내가 다르듯, 10년 후의 나와 지금의 나는 분명히 다를 것이다. 과거의 나와 비교해 지금의 내가 더 나답게 느껴진다면, 10년 후의 나는 어떤 모습일까? 그때의 나는 지금보다 얼마나 더 나다울까? 그래서 나는 매일 새벽과 주말에 나만이 할 수 있는 일, 나다운 일을 했다. 나다운 일을 하는 새벽은 과거로 흘러가는 대신, 미래를 향해 차곡차곡 쌓여갔다. 이것이 나의 카이로스 시간여행이다.

2000년에 시작된 시간여행은 지금도 계속되고 있다. 2000년의 나를 되돌아보면, 그때의 내가 누구였는지 선명히 떠올릴 수 있다. 현재의 시점에서 2000년에 살았던 조태현과 2010년에 살았던 권민(2010년의 미래 조태현)을 바라보면, 권민은 2024년의 나와 더 가까워 보인다. 그렇다면 2024년의 나와 2010년의 권민 중 누가 더 '나다운' 모습일까? 이 질문에 답하기 어려운 이유는 역설적으로 지금의 내가 2040년 미래의 나로서 현재를 살아가고 있기 때문이다. 아마도 2040년에야 비로소 2024년의 내 시간을 온전히 이해할 수 있을 것이다. 나이를 먹는다고 해서 '나다워지는' 것은 아니다. 가장 '나다운' 순간은 끊임없이 변화하기 때문이다.

'내가 70세가 되면 어떤 일을 하고 있을까?' 이 질문을 카이로스적인 질문으로 바꿔보자. '더 이상 일하지 않을 때, 나는 누구인가?' 더 이상 일하지 않을 때는 두 가지 의미를 내포한다. 생존을 위해 일할 필요가 없는 순간과 일하고 싶어도 할 수 없는 순간이다. 돈을 벌기 위해 일하지 않아도 되는 때, 나는 무엇을 하고 싶을까? 70세가 되어 여전히 일하고 싶지만, 아무도 나에게 일을 주지 않는다면 나는 무엇을 할까? 이런 질문은 70세가 되면 필연적으로 스스로에게 던지게 될 것이다. 70세를 기준으로 삼은 이유 중 하나는 노인 자살률이 60대에서 70대로 넘어갈 때 급격히 증가하기 때문이다.

70세의 나는 무엇을 하고 있을까? 돈을 벌 필요가 없다면 어떤 일을 하며 자기다움을 유지할까? 반대로 여전히 생계를 꾸려야 한다면, 어떤 일을 하며 자기다움을 잃지 않고 살아갈 수 있을까? 나는 연명하는 70세의 타임 루프에 빠지지 않기 위해서 지금부터 70대의 삶을 준비하며 살아가고 있다. 현재의 나는 새벽과 주말에 70대의 권민이 되어 일한다. 신체적 노화를 고려해서 70대의 내가 나다움을 유지할 수 있도록 노력하고 있다. 현재의 나와 70세의 내가 협력하고 있는 셈이다. 크로노스와 카이로스 시간에 존재하는 두 명의 나는 시차 없이 '오늘'이라는 시간 속에 공존한다.

지금까지 나의 개인 인생을 빠르게 되돌아보며, 내가 어떻게 시간여행자가 되었는지 설명했다. 나의 시간여행은 영화의 클리셰(진부한 설정)처럼 번개를 맞거나, 고양이에게서 선물을 받거나, 혹은 비행 중 하늘이 열려 시간 속으로 빨려 들어가는 식이 아니다. 물리학이나 심리학적 접근과도 거리가 멀다. 오히려 나의 시간여행은 고객과 시장을 재정의하고, 상품을 정비하며, 이름과 디자인을 변경해 리포지셔닝하는 브랜드 리뉴얼 프로젝트에 가깝다. 단답형 질문을 다시 기억해 보자.

"시간여행의 목적은 무엇인가?"

그것은 바로 자기다워지는 것이다. 이는 단순히 나이 먹는 여정이 아닌, 진정한 나로 거듭나는 시간여행이다. 2000년도의 조태현이 2010년의 권민으로 살아간 인생은 엄청난 모험이었다. 돌이켜 보면, 인생에서 가장 위험했던 순간은 조태현으로 살면서 모험을 피했던 때였다. 만약 지금도 조태현으로 살아가고 있다면, 나는 어떻게 되었을까? 코끼리 선 긋기를 끝냈을까? 아마도 나는 꼬리를 삼키는 우로보로스Ouroboros 같은 선 긋기 그림을 그리고 있었을 것이다.

고대 그리스 신화에 나오는 거대한 뱀 우로보로스는 자신의 꼬리를 물고 삼키고 있다. 이 그림에 대한 해석은 무한한 순환, 원초적 통일, 자기 충족, 자웅동체, 영생불사 등으로 다양하다. 사람들은 이 뱀을 '죽음과 생명의 반복성'으로 해석하지만, 내가 자주 목격하는 이 현상은 그저 '제 살 깎아 먹기'로 보일 뿐이다. 컨설팅할 때, 클라이언트에게 신뢰감을 주기 위해 여러 컨설팅 프로젝트를 레퍼런스로 길게 나열하곤 했다. 그러나 5년, 10년이 지나고 내가 컨설팅했던 브랜드들이 사라지는 것을 목격하면서 회의감이 들었다. 브랜드 컨설턴트라는 직업에 자부심을 가지고 30대와 40대의 영혼과 육체를 갈아 넣으며 일했지만, 시간이 갈수록 긴 꼬리를 자랑하던 나는 내 꼬리를 스스로 잘라 먹는 우로보로스가 되어갔다.

고대 그리스 신화에 나오는 거대한 뱀 우로보로스(Ouroboros)가 자신의 꼬리를 물고 삼키고 있다.

 자기소개 사이트를 보면 긴 꼬리(경력)를 자랑하는 사람들을 흔히 볼 수 있다. 예전에는 그런 경력이 제법 통했지만, 지금은 상황이 다르다. 과거에 했던 일들은 이미 변했고, 무엇보다 사람들은 이제 더 이상 꼬리가 길다고 무조건 높게 평가하지 않는다. 그럼에도 여전히 많은 사람들이 타임 루프 안에서 자신의 꼬리를 삼키며 살아가고 있다. 하지만 자신이 꼬리를 먹고 있다는 사실을 깨닫게 되는 순간은 갑자기 찾아온다. 아마도 은퇴 이후, 폭풍처럼 밀려올 것이다. 그때야 과거와 경력만으로는 더 이상 살아갈 수 없다는 것을 알게 된다.

두 번째 나 _ I am second

지금 나는 과거의 나를 먹는 우로보로스처럼 살고 있는가? 아니면 미래의 내가 현재를 살아가고 있는가?

시간여행에 관한 생각 나누기

"미래의 나는 내가 선택한 현재의 모습이다."

첫 시간에는 10년 뒤 만나게 될 미래의 나와 현재의 삶을 살아가는 저의 개인적인 경험을 이야기했습니다. 이제 본격적인 시간여행을 떠나기 전에 시간여행에 관한 자신의 생각을 정의하고 나눌 것입니다.

다음 15개의 질문을 출발점으로 삼습니다. 워크숍이 모두 끝나면, 오늘 적었던 대답을 다시 읽어볼 것입니다. 우리는 차이를 확인하면서 그 이유를 찾게 됩니다. 출발점이 없으면 도착했을 때, 차이와 거리를 확인할 수 없고, 자신 안에 있는 시차를 느낄 수 없습니다. 따라서 번거롭고 힘들더라도 출발점을 확인하고 시간여행을 떠나기를 바랍니다.

Q1. 시간여행 영화를 본 적이 있다면 어떤 영화였는지 나눠 주세요.

Q2. 시간여행을 할 수 있다면, 과거와 미래 중 어디로 가고 싶나요?

Q3. 시간여행을 통해 바꾸고 싶은 것이 있다면, 그것은 무엇인가요?

Q4. 내 인생에서 기억에 남는 카이로스의 순간은 언제였습니까?

Q5. 10년 전의 나를 만날 수 있다면, 어떤 이야기를 해주고 싶은가요?

Q6. 10년 후, 미래의 나는 지금의 나에게 어떤 말을 해줄 것 같습니까?

Q7. 10년 전의 나와 지금의 내가 다른 점 5가지는 무엇인가요?

Q8. 10년 후의 나와 지금의 내가 다를 것 같은 점 5가지는 무엇인가요?

Q9. 지금까지 살면서 내가 가장 자기답다고 느꼈던 순간은 언제였습니까?

Q10. 내가 자기다워지기 위해 무엇을 해야 할까요?

Q11. 더 이상 일하지 않게 되었을 때, 나는 어떤 사람이 되어 있을까요?

Q12. 더 이상 돈을 버는 일을 하지 못하게 된다면, 어떤 일을 하고 싶습니까?

Q13. 시간여행을 통해 과거, 또는 미래의 자신에게 가져다줄 단 한 가지 물건이 있다면, 무엇이 있을까요?

Q14. 시간이 멈춘다면, 그 순간에 무엇을 하고 싶은가요?

Q15. 만약 내 삶이 영화처럼 펼쳐진다면, 클라이맥스가 되는 장면은 어떤 순간일까요?

두 번째 나

시간여행은 자기다움을 찾아가는 여정이다.
과거의 기억은 현재의 나를 형성하고,
그 경험은 미래의 선택으로 이어진다.

"주님, 제가 바꿀 수 없는 것들을 받아들이는 평온함을 주시고,
제가 바꿀 수 있는 것들을 바꿀 용기를 주시며,
그 차이를 알 수 있는 지혜를 주소서."

— 라인홀트 니버

[미래로 가는 질문]

나는 패션 인사이트 편집장에게 연재할 원고 샘플을 보여주었다. 편집장은 원고를 읽으며 고개를 갸우뚱했다.

"음⋯." 편집장은 입술을 꼭 다물고 잠시 생각에 잠긴 듯했다. 마치 입 밖으로 튀어나올 말을 이로 꾹 누르고 있는 모습이었다.

"이런 방향으로 기사를 작성하실 계획이신가요?" 편집장이 조심스레 물었다.

"어떤 의미죠?" 나는 이미 상황을 파악했음에도 불구하고 물었다.

"글이 조금 어렵게 느껴지네요." 편집장은 약간 당혹스러운 표정을 지었다.

"첫 번째 방향으로 작성하면 될까요?" 나는 편집장이 가장 빨리 넘긴 원고를 가리키며 물었다.

"음⋯." 편집장은 잠시 망설이더니 다시 말했다.

"독자가 이 글을 진짜 전문가가 쓴 글이라고 느꼈으면 좋겠어요."

그는 다시 원고를 훑어보며 잠시 말을 멈췄다. 나는 '진짜 전문가란 누구일까요?'라고 묻고 싶었지만, 그의 다음 말을 기다렸다.

"전문가는 전문용어보다는 쉬운 언어로 간결하게 설명하죠. 어려운 개념을 나열하기보다는, 브랜드 사례를 자신의 경험과 엮어 해석하는 글이 더 전문적으로 느껴집니다."

그의 말에 비춰보면, 내 글은 전문가의 글과는 거리가 멀었다. 나는 브랜드 관련 용어와 이론을 늘어놓으며 전문성을 드러내려 했지만, 그의 눈에는 그저 전문용어로 겉치레한 것처럼 보였을지도 모른다.

나는 전문 작가들이 글을 쓸 때 불필요한 부사와 형용사를 제거한다고 들었다. 그런 단어를 남발하는 것은 깊이 있는 글을 쓰기보다는 감정에 의존해 문장을 급조하는 태도라고 했다. 나는 부사와 형용사를 자제했지만, 전문용어를 부사나 접속사처럼 남용했다. 결과적으로 내 글은 내용보다는 겉모습에 치중하는 얄팍한 글이 되어버렸다.

"알겠습니다. 이번엔 전문용어 없이 써보겠습니다."

편집장과 헤어진 뒤, 집으로 가는 내내 짜증이 밀려왔다. 전문용어 없이 글을 쓴다는 건 도무지 상상조차 되지 않았다. 집으로 가는 대신에 근처 카페에 들러 원고를 꼼꼼히 살펴보았다. 마치 잡초를 뽑듯 전문용어를 모두 지워보니, 내 글은 금세 무너질 것 같은 젠가Jenga 탑처럼 위태로워 보였다. 전문가도 아닌 내가 전문가인 척하는 기분은 마치 컬러복사기로 복사한 만 원짜리 지폐로 가게에서 껌을 사고 잔돈을 받아 챙겨서 나오는 찜찜함 같았다. 편집장의 지적을 받았을 때 내가 느낀 감정도 딱 그랬다. 다시 원고를 읽으며, 연재를 포기할까 하는 생각이 들었다. '진짜 전문가'라는 편집장의 말이 자꾸 마음에 걸렸다. 내가 '가짜'처럼 느껴졌기 때문이다. 물론 두 달 동안 8회 연재한다고 전문가가 될 수는 없겠지만, 전문가처럼 글을 쓸 수만 있다면 언젠가 그 반열에 오를 수 있지 않을까? 그렇게 스스로 위로하며 원고 수정을 시작했다.

당시엔 깨닫지 못했지만, 지금 생각해 보면 "진짜 전문가가 쓴 글을 써주세요"라는 말은 시간여행을 예고하는 기내 방송과 같았다. 혹은 달리기 선수들에게 출발 신호를 알리는 스타팅 피스톨 소리 같기도 했다. 나는 원고를 수정하는 대신 '전문가란 과연 누구일까?'를 깊이 생각해 보기 시작했다.

'내가 생각하는 전문가는 누구일까?'
'그들의 글은 어떤 특징을 가질까?'
'내가 전문가라면 어떻게 글을 쓸까?'

배우가 전문가 역할을 연기할 수 있지만, 그들의 글을 흉내 낼 수는 없다. 전문가의 글에는 그들만의 관점과 세계관, 지식과 경험이 담겨 있어서 아무나 쉽게 복제하거나 대량 생산할 수 없다. 나는 처음으로 '진짜 전문가'란 무엇인지 진지하게 자문해 보았다.

'나는 정말 브랜드 전문가가 되고 싶은 걸까?'

'브랜드 전문가는 구체적으로 무슨 일을 할까?'

'전문가가 되려면 얼마나 시간이 필요하고, 또 무엇을 알아야 할까?'

'전문가란 도대체 무엇일까?'

나는 컨설팅업에 종사하는 선배들에게 전문가의 정의와 그 구분법에 관해 물어보았다. 가장 인상 깊었던 답변은 '비용과 시간을 줄이면서도 성과를 유지하는 사람'이라는 정의였다. 그 외에도 질문하는 사람, 대안을 제시하는 사람, 진짜와 가짜를 구별하는 사람 등 다양한 의견을 들었다. 이 인터뷰를 통해 점점 '진짜' 전문가가 되고 싶다는 생각이 들었다. 하지만 문제는 지금 당장 전문가다운 글을 써야 한다는 것이었다. 나는 '미래의 전문가'가 되기 위해 지금 무엇을 해야 할지 고민하기 시작했다.

'1만 시간의 법칙'에 따르면, 탁월한 성과를 내기 위해서는 1만 시간 동안의 훈련이 필요하다. 1993년 콜로라도 대학교의 심리학자 앤더스 에릭슨이 발표한 연구에 따르면, 전문가가 되기 위한 1만 시간은 하루 3시간, 주 20시간씩 10년간의 연습을 의미한다. 그렇다면 2000년에 내가 전문가다운 글을 쓰려면 2010년이 되어야 한다. 나는 2010년을 떠올리기 위해 10년 전인 1990년을 회상했다. 지난 10년 동안 나는 어떻게 변했을까? 발전했을까? 어떤 책을 읽고, 어떤 글을 썼을까? 과거 10년을 되돌아보니, 앞으로 10년이 지나도 내가 전문가가 될 수 있을지 자신이 없었다. 그렇다면 내가 할 수 있는 것은 지금부터 10년 후 전문가로 성장한 나와 만나는 것뿐이었다. 2010년의 내가 2000년에 산다면 무엇을 다르게 볼까? 그때의 나는 지금 무엇을 하고 있을까? 1만 시간이라는 벽을 넘어야 했다. 당시에는 몰랐지만 이러한 질문과 상상이 나를 2000년에서 2010년으로 시간여행을 떠나도록 이끌어주었다.

[기억상실]

포캐스팅Forecasting은 현재 데이터를 바탕으로 미래를 예측하는 방법이다. 과거와 현재의 트렌드, 패턴, 데이터를 분석해 미래에 발생할 가능성이 높은 사건이나 결과를 예상하는 가장 일반적인 예측 방식이다. 반면, 백캐스팅Backcasting은 원하는 미래 상태를 설정한 후, 그 목표를 달성하기 위해 필요한 단계를 거꾸로 추적하는 방식이다. 이는 단순히 미래를 예측하는 것이 아니라, 바람직한 미래를 만들기 위해 현재 무엇을 해야 하는지 계획하는 데 초점을 맞춘다.

패션 마케터로 일할 때, 나는 시장 예측과 창조를 위해 이 두 가지 방법을 동시에 활용했다. 추리물을 좋아했던 나는 백캐스팅 방식을 소설이나 영화를 감상할 때도 사용했다. 이 방법으로 코미디 영화를 보면 마치 추리물처럼 다가온다. 나는 이야기의 결말보다 감독이 이야기를 어떻게 이끌어가는지에 더 관심이 있었다. 결말이 궁금한 사람들은 감독과 배우의 의도대로 이야기를 따라가지만, 결말을 알고 나면 그들의 의도를 더 잘 파악할 수 있다. 나의 첫 번째 시간여행은 정해진 결말을 바탕으로 현재를 살펴보는 백캐스팅이었다.

기억상실증을 소재로 한 영화에서 주인공이 자신의 정체성을 몸에 밴 습관이나 소지품을 통해 확인하는 장면이 자주 등장한다. 예를 들어 영화 〈본 아이덴티티〉에서 기억을 잃은 암살 요원 제이슨 본(맷 데이먼 분)은 자신의 정체성을 찾아가는 과정을 보여준다. 제이슨 본 역시 본능적으로 몸에 배어 있는 습관과 단편적인 기억을 통해 자신이 누구인지 깨닫게 된다. 나의 시간여행도 이들 영화의 주인공처럼 설정했다. 사실 처음부터 이런 영화를 보고 인사이트를 얻은 것은 아니었다. 지금은 완치되었지만, 뇌출혈로 고생했던 친구를 돕다가 이런 아이디어를 얻게 되었다. 미국으로 유학 간 친구의 아내가 어느 늦은 저녁, 나에게 국제 전화를 걸어왔다. 친구가 뇌출혈로 쓰러져 병원에 입원했다는 소식이었다. 뇌 손상으로 인해 친구는 지인들은 물론, 자신이 누구인지조차 모르는 상태였다. 친구의 아내가 나에게 전화를 건 이유는 기억 회복을 돕기 위해 내가 친구와 함께 찍은 사진이나 동영상이 있으면 보내달라는 것이었다. 병원에서는 그런 자료가 친구의 기억을 자극할 수 있다고 친구의 아내에게 조언했다. 내가 보내준 사진과 동영상이 친구의 치료에 직접적인 영향을 미친 것은 아니었겠지만, 몇 달이 지나 친구는 다행히 회복되었다.

나는 감독이나 된 듯, 내가 주연을 맡은 내 삶에 이런 영화 같은 설정을 해보았다. '2010년에 브랜드 전문가였던 나는 2000년도로 시간여행을 하다가 우주 자기장으로 인해 기억을 잃었다. 나는 다시 기억을 되찾아 2010년의 나로 돌아갈 수 있을까?' 이것이 나의 시간여행 백캐스팅 타임 설정이었다. 기억상실증에 걸린 나는 나에 관해 몇 가지 단서만 가지고 있다. 아래 내용은 백캐스팅을 위한 상황 설정이다.

시간여행을 위해 적어둔 개인 신상 항목에 간단한 메모가 있었다. 정확히 기억은 나지 않지만, 나는 《패션 인사이트 마케팅》이라는 책을 썼고, 대기업의 브랜드 컨설팅 프로젝트를 진행한 경험이 있다. 과거로 떠나기 직전에는 브랜드 전략, 브랜딩, 마케팅을 주제로 강연했다는 기록도 있었다. 이 몇 줄 외에는 내가 누구인지 알 수 없었다.

기억을 회복하기 위해 내가 해야 할 일은 내가 누구인지를 알아내는 것뿐이었다. 뭔가를 시도해 보면서 내가 누구였는지 확인해 볼 수 있었다. 특히 나의 습관을 통해 내가 어떤 일을 했는지 추측해 볼 방법도 있었다. 만약 내가 브랜드 전문가라면, 브랜드에 관한 모든 책을 읽었을 것이다. 특히 내가 썼다는 《패션 인사이트 마케팅》이라는 책은 인문학적 지식을 바탕으로 작성했을 가능성이 크다. 분명 나는 브랜드의 본질에 깊은 관심이 있었던 것 같다. 그렇다면, 내가 정말 전문가라면 시간 관리를 어떻게 했을까? 글은 언제 쓰고, 책은 언제 읽었을까? 이런 생각에 나는 새벽에 일어나 보기로 했다. 처음에는 새벽 4시에 일어나 책을 읽고 글을 썼지만 몸이 힘들어했다. 다음 날은 4시 30분에 그다음 날은 5시에 일어나 보았다. 결국, 11시에 잠들고 5시에 일어나는 것이 가장 무리가 없다는 것을 알게 되었다. 이렇게 해서 나는 나의 미래 시간 관리 패턴을 찾아냈다.

또, 손에 묻은 잉크, 필통에 담긴 동일한 만년필 3자루, 가방에 있는 SF 소설책과 디자인 경영책, 옷 두 벌과 안경테 등을 통해 내가 누구였고, 어떤 주제로 전문가가 되었는지 상상해 보았다. 이처럼 몸으로 10년 후의 시간을 기억하려 노력했다.

나는 내가 알고 있는 브랜드 전문가들의 습관, 스타일, 그리고 글을 연구했다. 그들의 글을 읽으면서 지금의 나와 비교해 차이점을 파악했다. 10년 후 브랜드 전문가가 될 나와 현재의 나 사이의 차이점과 공통점을 상상하며, 그것을 지금 실행해 보았다.

영화에서는 종종 연쇄살인범을 잡기 위해 형사가 범인의 입장이 되어 사건을 재구성하는 이야기가 등장한다. 나 역시 이 방법을 응용해 미래의 나를 '찾아내기' 위해 미래 나의 관점에서 현재를 바라보았다. 이 방법을 적용하는 것은 생각보다 어렵지 않았다. 10년 전의 내가 지금의 나에 대해 몰랐던 것은 무엇일까? 나는 일기를 계속 써왔기 때문에 10년 전의 내가 무엇을 몰랐고, 오해했으며, 상상하지 못했는지를 파악할 수 있었다. **과거의 내가 현재의 나에**

대해 몰랐던 것과 지금의 내가 미래의 나에 대해 모르는 것은 본질적으로 같았다. 그것은 바로 내가 누구인지 모른다는 것이다. 나의 변하지 않는 정체성이 무엇인지 알지 못했다. 그래서 이번 작업에서는 '브랜드 전문가'라는 정체성을 가지고 미래에서 현재로 돌아왔다고 믿었다.

타임 워프^{time warp}란 '시간 왜곡'을 뜻하며, 과거나 미래의 일이 현재에 뒤섞여 나타나는 현상이다. 다른 시간여행 설정과의 차이점은 '현재'를 중심축으로 하여 과거와 미래의 일이 나타나거나 영향을 미친다는 점이다. 나의 첫 번째 **시간여행**은 기억을 잃은 2010년의 내가 2000년의 과거로 돌아가 현재를 살아가는 타임 워프였다. 지금은 시간여행에 대해 진지하게 생각하지만, 2000년대에 처음 시작할 때는 재미 반 흥미 반으로 접근했었다. 나는 미래에서 현재로 오다가 '기억상실증'에 걸렸다는 설정을 하고, 두 주일 동안 원고를 다시 수정했다. 그리고 편집장에게 원고를 보냈다. 우리는 다시 만났고, 그는 이렇게 말했다.

"원고가 예전보다 완전히 달라졌네요."

그의 말을 믿지 않았지만, 몇 년이 지나 다시 그 사건(?)에 관해 물었을 때, 그는 전혀 기억하지 못했다. 아마도 첫 번째 원고를 거절했던 것에 대한 미안함 때문에 그렇게 말했던 것 같다. 내가 2주 동안 갑자기 전문가가 되어 쓴 글은 아니었다. 전문용어를 숨어내고, 내가 아는 범위에서 쉽게 쓰려고 노력했다. 무엇보다 전문가처럼 보이려고 애쓰지 않았다는 점이 중요했다. 비록 나는 전문가가 아니었지만 '다시' 전문가로 돌아가고 싶다는 진심이 있었다.

8번의 기획기사 연재에서 나는 나를 숨기면서 글을 써야 했다. 그래서 글을 쓰기 전에 마중물처럼 읽던 책도 다른 책으로 바꾸었고, 글을 쓰는 장소도 변경했다. 나는 업계 전문가들의 책을 읽으면서 내용 자체보다는 그들이 어떻게 문제를 정의하고 주제를 풀어나가는지 그 방식을 배웠다. 가장 큰 변화는 타인을 의식하지 않고 글을 쓰게 된 점이었다. 내 이름으로 글을 썼다면 댓글과 평가를 의식했을 것이다. 하지만 8주 후에 이 땅에서 사라질 '권민'으로서 나는 남의 시선을 의식하지 않고, 내 생각을 그대로 담아 글을 썼다.

* * *

다음의 패션 광고 마케팅 원고는 2000년에 패션 인사이트에 처음 기고한 글이다. 다시 읽어보니, 술에 취해 새벽에 쓴 연애편지를 아침에 보는 것처럼 부끄러움이 밀려온다. 여전히 전문가인 척 꾸며낸 문장과 어색한 단어 배열이 눈에 거슬려 읽기가 불편하다. 그러나 이 글을 다시 읽으며 느끼는 부끄러움은 오히려 다행스럽다. 그만큼 내가 성장했다는 증거이기 때문이다.

내 글은 나에게 나무의 나이테와 같다. 생년월일은 크로노스의 시간으로 나이를 보여주지만, 내 진정한 시간은 지구의 공전으로 정의되지 않는다. 나의 성장은 나이테처럼 내면에 차곡차곡 쌓여간다. 그래서 휴일이면 예전에 쓴 일기나 글을 꺼내 읽곤 한다. 옛 글을 읽는 것은 마치 나무의 단면을 들여다보고 나이테를 확인하는 것과 같다. 그때마다 내가 얼마나 성장했는지, 그리고 그 성장이 어디까지 이르렀는지를 확인한다. 가장 두려운 순간은 내 글에서 더 이상 부끄러움을 느끼지 못할 때다. 마치 나이테가 더 이상 늘어나지 않으면 나무가 죽은 것처럼 예전 글을 읽고 아무런 감정이 생기지 않는다면, 그것은 나의 성장이 멈췄다는 신호다. 그것은 내가 더 이상 발전하지 않고 있다는 의미이기도 하다.

패션 광고 마케팅

패션은 어렵다. 그래서 패션 광고도 어렵다. 광고인들이 가장 싫어하면서도 한 번쯤은 꼭 도전해 보고 싶어 하는 것이 바로 패션 광고다. 대부분의 상품은 특징이나 기능이 뚜렷해서 그 부분을 강조하고 과장하는 광고Unique Selling Point: USP를 한다. 이런 상품의 광고에서는 소구점을 어떻게 잡을지가 가장 중요한 스킬이자 핵심이다. 그러나 패션은 상품의 기능이나 특징으로 광고할 수 없다. 예를 들어, 원사는 30수를 쓰고 재봉사는 수입사를 사용했으며, 원단은 중국산이 아닌 대만산이라는 점을 결코 광고할 수 없다. 왜냐하면 옷은 단순한 상품이 아니라 가치이기 때문이다. 좀 더 복잡하게 말하자면, 패션은 고관여 상품 영역에 속하며, 자기표현의 도구이자 또 다른 언어라고 할 수 있다.

이런 가치를 창출하기 위해 패션 광고는 상품 자체에 집중하기보다는 조명, 모델, 분위기, 화장, 배경 등 모든 요소가 퍼즐처럼 결합하여 브랜드의 가치를 만든다. 그러나 최근 패션 브랜드들의 마케팅의 핵심인 광고 비주얼을 살펴보면, 철학도 없고 마케팅 전략도 없이 그저 멋있게 찍어낸 광고들이 자주 눈에 띈다. 요즘은 잘나가는 스타 한 명을 내세워 찍거나, 외국 브랜드들을 대충 베끼는 경우가 많다. 그만큼 패션 비주얼을 만드는 것이 어렵기 때문이다.

Marketing 원론 맛보기

마케팅이란 타깃 소비자의 필요를 파악해 그 필요를 충족시킬 제품이나 서비스를 개발하고, 그 제품이나 서비스에 대해 Price, Promotion, Place, Product를 최적의 요건으로 결합하여 최종적으로 소비자의 필요를 충족시키는 것이다. 옆의 도표를 살펴보면, 시장이 분명히 변하고 있다는 것을 알 수 있다. 따리서 마케팅도 변화할 수밖에 없다. 그러나 인간의 욕구는 변하지 않는다. 단지 그 욕구의 표현 방식만 달라질 뿐이다. 마케팅의 핵심은 소비자의 마음 속에서 욕구와 상품을 일치시키는 것이다. 마케팅의 대가들은 수십 년간의 마케팅 전쟁을 거치며 다음과 같은 어록을 남겼다.

"마케팅은 객관성이다."– 오길비, 마빈 바우어

"마케팅은 인식의 싸움이다."– 알 리스, 잭 트라우트

"마케팅의 핵심은 포지셔닝이다."– GM 부사장 론 자레라

연대	사회 정세	소비 환경	마케팅	마케팅의 개념
1960	고도 성장기	동질 욕구	매스 마케팅	적정상품의 대량생산 매스광고에 의한 대량판매 상품 어필
1970	안정 성장기	이질 욕구	타깃 마케팅	Needs와 Wants의 탐구 신제품 기획
1980	성숙기	개성 욕구	니치 마키팅	품질 어필 서비스 어필
1990	초 성숙기	부가가치 욕구	매스 마케팅	부가가치 정보 커뮤니케이션
2000	포화기 정리기	표현 욕구	매스 마케팅	브랜드 개성 어필

마케터들은 우리에게 무언가를 전하려고 하고 있다. 그들도 정확히 표현할 수 없기에 형이상학적인 단어로 마케팅을 논하고 있다. 여하튼 우리는 마케팅을 순수한 경영학적 관점에서 다소 부족하게나마 접근해 왔다. 마케팅이란 기업이 생존하거나 성장하기 위해 사용하는 일련의 기업 프로세스이다. 이 프로세스는 환경에 따라 변천해 가고 있다. 그러나 시대의 변화, 소비자의 욕구 변화, 그리고 문화와 생활의 변화에 따라 마케팅의 개념과 범위도 달라지고 있다. 다시 말해, 어떤 마케팅도 이것이 정답이라고 말할 수 없는 상황이다. 그렇다면 패션은 무엇인가?

"옷은 결코 천박한 것이 아니다. 옷은 언제나 무언가를 의미하며, 그 무언가는 우리의 의식을 통제할 수 있는 범위를 넘어선다."- 제임스 레이버

"사람들은 2000년이 넘게 사치에 반대한다고 목청을 높여왔지만, 언제나 그 속에서 기쁨을 찾는다."- 볼테르

"유혹이 수단으로 사용되지 않는 한, 성공적인 패션은 있을 수 없다."- 크리스챤 디올

　위에서 언급한 내용은 패션이 단순히 보이는 것 이상의 무언가를 포함하고 있다는 것이다. 패션의 대가들 역시 패션이 인간 내면의 욕구와 결합한다는 점을 마케터들처럼 형이상학적으로 설명하고 있다. 예를 들어, "소비자는 드릴을 원하는 것이 아니라 1인치 구멍을 원한다"라는 마케팅 비유가 있다. 우리는 구멍의 필요성과 가치를 설명한 후 상품을 팔아야 하는데, 우리가 만든 드릴 머신만 자랑하는 경우가 많다. 많은 사람들이 고상한 설득으로의 광고에 관심을 두지 않는 이유가 바로 여기에 있다. 짧은 시간 동안의 인지도 상승과 분기별 히트 상품을 위해, 패션 브랜드의 자존심조차 모두 세일과 함께 팔아치우고 있다. 패션은 그 자체로 '구멍', 즉 욕구다.

　패션은 이미지이기 때문에 패션 마케팅의 핵심이 광고라고 해도 과언이 아닐 것이다. 패션 광고 마케팅을 쉽게 설명하면, '이미지 생산'이라고 할 수 있다. 여기서 말하는 이미지는 단순히 1차원적

Promotion	일반 마케팅	광고 마케팅
Price	화폐 가격	수용·인정·신뢰 가격
Product	상품	이미지(가치)
Place	매장	기억

감각기관으로 받아들이는 '느낌'이 아니라, 소비자가 자신의 지갑에서 기꺼이 돈을 지불할 수 있는 '가치'를 생산하는 것이다. 마케팅 전략 중 누구나 알고 있는 4P MIX라는 것이 있다. 앞서 설명했듯이 4P를 활용하여 우리는 소비자의 니즈(필요)에 맞는 제품을 생산한다. 여기서 4P의 중심은 '제품'이다.

광고를 좀 한다는 사람은 광고만 한다. 광고계의 대부 오길비는 이런 광고인들의 광고에 대해 이렇게 말한 적이 있다. "우리는 광고를 광고처럼 보이게 하려 한다." 성급한 결론을 내리기 전에, 우리나라 남녀노소 모두가 좋아하는 랄프 로렌 폴로 의류 광고를 떠올려 보자. 우리는 그 광고를 통해 단순히 멋진 사진을 본다고 생각하지 않는다. 폴로의 광고는 예술 사진도, 백화점 상품 세일 광고도 아니다. 어떤 사람은 그 광고 속에서 상류사회의 풍요로운 휴식을 볼 수 있고, 또 다른 사람은 이국적인 문화에 대한 호기심과 동경을 느낄 수 있다. 혹은 어제 백화점에서 샀던 폴로 상품으로 인해 그 모델과 자신을 동일시하며 자기도취에 빠졌을지도 모른다.

랄프 로렌이 TV 광고를 하지 않는 이유를 이렇게 말했다. "30초

안에 나의 브랜드를 보여주기에는 너무 짧고 어렵습니다." 그가 이렇게 말한 이유는 단순히 돈이 아깝고 어려워서가 아니다. 랄프 로렌은 패션 광고의 의미를 알고 있었다. 그는 자신의 브랜드 철학을 이렇게 지면 광고로 표현한 적이 있다. "폴로는 옷이 아닙니다. 라이프스타일입니다." 롤렉스 시계 사장이 자신을 사치품의 사장이라고 말한 것처럼, 랄프 로렌도 패션의 본질과 인간의 욕구를 꿰뚫고 있었다. 상류사회를 꿈꾸는 모든 사람에게 폴로는 그러한 솔루션을 제공한 것이다. 폴로라는 브랜드를 구성하는 매장, 상품, 서비스, 광고 이미지 등은 모두 하나의 메시지로 소비자에게 끊임없이 무언가를 전달하고 있다. 패션 광고 마케팅은 단순히 튀는 광고를 만드는 것이 아니라, 소비자의 욕구와 브랜드의 본질을 일치시키는 원자로 역할을 해야 한다.

　패션 광고 마케팅의 핵심은 "포지셔닝"이다. 패션은 유혹이다. 광고 역시 강요가 아니라 고상한 유혹이어야 한다. 그렇다면 유혹의 본질인 패션과 유혹의 형태로 표현되어야 하는 광고의 교집합에는 어떤 마케팅 메커니즘이 있을까? 모든 동물에게는 '각인적 습관'이라는 것이 있다. 오리가 알에서 깨어나 처음 보는 대상을 '엄마'로 인식하는 습관적 본능으로, 처음 본 것에 대해 알 수 없는 애착을 느끼는 현상을 말한다. 물론 사람에게도 첫인상이라는 각인적 현상이 있다. 이를 다른 말로 선입견, 편견이라고 한다. 솔직히 광고는 자기가 원하는 편견을 만들어가는 것이다. 어떻게 편견을 만들어가느냐에 따라 수익을 벌 수도 있고, 브랜드를 접을 수도 있다. 이러한 편견을 형성하는 데 가장 강력한 도구는 이미 사람들에게 보편화된 단어들(예: 섹시함, 전통, 최고)을 자기 브랜드 이미지와 융합시키는 것이다. 나이키를 생각하면 떠오르는 것, 아디다스를 생각하면 떠오르는 것, 리바이스를 생각하면 떠오르는 것, 바로 머릿속에 떠오르는 이 단어들이 편견이다. 포지셔닝 관련 책에서 이렇게 말한다.

"오직 절제되고 단순화된 메시지만 잠재고객의 머릿속에 침투할 수 있다."

"광고 마케팅의 목표는 브랜드를 단순화시키는 것이다."

그렇다고 해서 단순히 좋은 단어를 자기 브랜드 앞에 붙인다고 강력한 포지셔닝이 이루어지는 것은 아니다. 이런 경우는 오히려 선입견을 만들어버리는 대표적인 사례가 될 수 있다. 광고 이미지로 형성된 편견이 매장에서 입증되면, 그것은 신념이 된다. 서비스와 상품이 이를 뒷받침하면, 그것은 종교가 된다. 바로 이것이 패션 광고 마케팅의 본질이다.

요즘 많은 브랜드가 다시 스타를 모델로 채용하고 있다. 한때 스타 모델의 무용론이 공공연하게 퍼졌지만, 다시금 그들이 돌아오고 있다. 많은 브랜드가 자기 브랜드의 고유한 가치를 살리지 않고, 뜨는 스타의 이미지에 편승하려고 혈안이 되어 있다. 왜 이토록 패션을 가볍고 일시적인 존재로 만드는 걸까? 물론 단기적인 성장을 목표로 한다면 할 말은 없지만, 브랜드를 구축하려 한다면 이는 매우 위험한 마케팅 전략이라고 할 수 있다. 솔직히 한국에는 대표할 만한 패션 마케터가 드물다. 어떻게 브랜드에 생명을 불어넣을까? 100년 브랜드를 어떻게 만들까? 브랜드 중독증을 어떻게 강화할까? 이러한 질문에 대해 체계적으로 답하며 마케팅이라는 도구를 활용하는 사람은 거의 없다. 대부분 '감'으로 일한다. 그러나 패션 마케팅의 본질은 I.M.C(Integrated Marketing Communication: 통합적 마케팅 커뮤니케이션)이다. 욕구에서 시작해 가치로 끝나는 것이 패션 마케팅이라면, 패션 광고 마케팅은 과학에서 시작해 예술로 끝난다고 말할 수 있다.

* * *

2000년, 나의 새벽은 2010년에서 2000년으로 거슬러 가는 백캐스팅 시간여행이었다. 이 여행은 단순히 날짜를 되돌리는 크로노스적 여행이 아니라, 전문가가 되어 과거의 그때로 돌아가는 카이로스적 여정이었다. 아직 쓰지 않은 《패션 인사이트 마케팅》의 저자인 미래의 내가 현재를 살아가는 여정이기도 했다.

나의 시간여행은 타인의 기대에 따라 능력이 달라지는 자성적 예언이나, 자신이 맡은 배역에 몰입하는 연기와는 달랐다. 그것은 미래의 내가 지금, 이 순간, 여기에 존재하는 것이었다. 이렇게 시작된 시간여행은 2년 후 2002년에 실제로 10년 후의 나를 만나게 해주었다. 패션 인사이트에 기고했던 글을 모아《패션 인사이트 마케팅》이라는 책을 2002년에 '실제로' 출간했기 때문이다. 결과적으로 10년 후의 나를 2년 만에 미리 마주한 셈이었다.

이 시간여행은 처음에는 '전문가는 어떤 사람일까?'라는 질문에서 시작되었지만, 점차 '미래의 나는 누구일까?'라는 질문으로 바뀌었다. 나는 2010년의 나에 대해 궁금해지기 시작했다. 지금의 내가 아닌 미래의 나, 그리고 변하지 않는 나를 알고 싶었다. 그렇게 나는 나 자신, 즉 '자기다움'에 대해 관심을 가지게 되었다. 버킷 리스트처럼 죽기 전에 무엇을 할지 목록을 작성하는 대신, 죽는 순간까지 나답게 살아가는 것을 목표로 To-Do list를 만들었고, 하나씩 실천해 나갔다. 나의 마지막 목표는 조태현으로 태어나 권민으로 마무리하는 삶이었다.

[두 번째 이름]

배우 찰스 스펜서 채플린Charles Spencer Chaplin은 자신이 창조한 무성 영화 캐릭터에 찰리 채플린Charlie Chaplin이라는 이름을 붙였다. 찰리 채플린은 찰스 스펜서 채플린의 예명이나 활동명이 아니라, 그가 창조한 캐릭터의 이름이었다.

조태현이라는 이름은 부모님께서 지어주셨고, 나는 그 이름으로

30년 동안 살아왔다. 조태현이 되기 위해 특별히 노력을 기울인 적은 없었다. 남들처럼 먹고, 마시고, 자고, 주어진 공부와 일을 했을 뿐이다. 내가 자라면서 세포가 어떻게 생성되고, 머리카락이 어떻게 자라는지는 나와 상관없이 자연스레 이루어졌다. 그렇게 나는 조태현이 되었다. 반면에 '권민'은 2000년도의 조태현이 2010년의 전문가가 될 나에게 붙여준 캐릭터 이름이었다. 권민은 찰스 스펜서 채플린이 창조한 찰리 채플린처럼 현재의 내가 미래의 나를 연기하기 위해 만든 배역 이름이었다. 조태현이 생물학적으로 태어나 생존한 인물이라면, 권민은 자기다움으로 창조된 인물이었다. 조태현은 태어나 생존했지만, 권민은 창조되어 존재하게 된 셈이었다.

"둘 중에 누가 더 당신다운가?"라는 질문을 받았을 때, 나는 단순히 업데이트된 느낌이 아니라 마치 컴퓨터의 운영체제가 완전히 바뀐 것 같은 기분이라고 대답한다. 설명을 하자면, 현재의 내가 아닌 미래의 내가 지금 살아가고 있다는 느낌이다. **이름을 바꾸자, 세상이 달라졌다. 그리고 나는 두 번째 나로 다시 태어났다.**

이름을 바꾸는 것은 흔치 않지만, 브랜드 전략에서 이름의 변화는 매우 중요한 요소다. 가장 극적인 네이밍 변화 중 하나는 구글이다. 구글의 초기 이름은 'BackRub'(등마사지)였다. 검색이 등을 시원하게 해줄 수 있다는 의미일 수 있지만, 만약 구글이 BackRub이라는 이름을 유지했다면 지금의 정체성과 어울렸을까? 이렇게 상표로 태어나 브랜드로 재창조된 사례는 많다. 인스타그램도 처음에는 미국산 위스키에서 따온 'Burbn'이라는 이름을 사용했다. 이는 창업자 케빈 시스트롬이 위스키를 좋아한 데서 비롯된 이름이었다.

조태현과 권민 중 하나를 선택하라면, 나는 주저없이 권민을 선택한다. 하지만 권민으로 개명할 수 없어서 아들에게 조권민이라는 이름을 주었다. 권민이라는 삶을 살아온 경험이 그만큼 소중했기 때문이다. 필명은 주로 연예인과 작가들이 사용한다. 연예인들이 예명을 쓰는 경우는 이름의 어감이 좋지 않거나, 동명이인이 있을 때가 많다. 하지만 작가들이 필명을 사용하는 이유는 다르다. 19세기 영국의 사랑과 결혼 문제를 제기한 소설《제인 에어》는 작가 샬럿 브론테의 당시 필명 '커러 벨'으로 출간되었다. 잔혹한 사랑과 복수를 그린 영미 문학의 걸작인《폭풍의 언덕》은 에밀리 브론테가 쓴 작품이지만, 그녀는 '엘리스 벨'이라는 필명으로 활동했다. 에밀리 브론테는 남녀 차별을 피하고자 자신의 존재를 숨기고 필명을 사용한 것이다. 필명은 작가가 작품을 발표할 때 쓰는 펜네임pen name을 뜻한다. 작가들이 필명을 사용하는 이유는 다양하다. 본명을 내걸기 어려운 주제를 다루기 위해서, 전작의 선입견 없이 평가받고 싶어서, 또는 전작과 비교당하는 것을 피하고 거리를 두기 위해서 등 다양한 이유가 있다. 사생활 보호나 개인적 부담을 덜기 위한 경우도 있다. 특히 작품마다 다른 이름을 사용하는 것은 문학적으로 원래 자신을 지우고 새로운 인물로 태어나는 것을 의미한다. 이는 다소 무겁게 들릴 수 있지만, 매우 상징적이다. 최근에는 낮에는 직장인으로 일하고, 밤에는 웹툰이나 웹소설 작가로 활동하는 사람들이 많다. 이들은 주로 본명을 드러내지 않고, 온라인에서 다양한 가명이나 필명을 사용해 다른 인물로 사는 즐거움을 누린다. 나 역시 처음에 '권민'을 필명으로 사용했지만, 2007년 〈유니타스 브랜드〉를 론칭할 때는 휴먼 브랜드로 활용했다.

코코 샤넬의 이야기는 나에게 '두 번째 나'를 창조하는 아이디어를 주었다. 코코 샤넬의 본명은 가브리엘 보뇌르 샤넬Gabrielle Bonheur Chanel이다. 그녀는 12남매의 딸로 태어나 어머니는 일찍 돌아가셨고, 아버지는 술과 유흥에 빠져서 어린 시절을 수녀원이 운영하는 고아원에서 보냈다. 샤넬은 처음부터 패션 디자이너가 아니었다. 생계를 위해 카바레에서 노래를 불렀는데, 그녀가 부른 노래 중에 'Co-co-rico'(꼬끼오)와 'Qui qu'a vu Coco'(누가 코코를 보았나)가 있었다. 이때부터 사람들은 가브리엘 보뇌르 샤넬을 '코코'라고 부르기 시작했다. 코코 샤넬은 자신의 애칭이 카바레에서 비롯되었다는 사실을 부정하며, 뮤지컬을 감상하다가 떠올랐다고 주장했지만 믿는 사람은 거의 없었다.

나 역시 부모에게 물려받은 '그렇게 태어난 나'에서 벗어나고 싶었다. 코코 샤넬이 나에게 동기를 부여했다면, '두 번째 나'로 살아야 할 목적을 만들어 준 사람은 골프 황제로 불리는 잭 니클라우스였다. 골프 의류 브랜드를 연구하면서 잭 니클라우스를 알게 되었고, 그를 통해 '누구로' 그리고 '어떻게' 살아야 할지를 결정하게 되었다. '황금 곰Golden Bear'이라 불리는 잭 니클라우스는 지금도 골퍼들의 우상이다. 1940년 미국 오하이오주에서 태어난 그는 10살에 처음 치른 9홀 경기에서 51타를 기록하며 천부적인 골프 실력을 보여주었다. 1959년 US 아마추어 챔피언십에서 우승한 후, 1961년에도 같은 대회를 제패했다. 이후 총 100번의 우승을 기록했으며, 그중 공식 PGA 우승 71번, 메이저 대회 우승 18번을 차지했다. 마스터스에서 6번, PGA 챔피언십에서 5번, US 오픈에서 4번, 브리티시 오픈에서 3번 우승했다. 그가 '황금 곰'이라는 별명을 얻게 된 이유는 3년 동안 노란색 옷만 입고 골프 대회에 출전했기 때문이다.

그런데 그가 어느 날부터 갑자기 노란색 옷을 입지 않았다. 그리고 1986년, 은퇴를 선언했던 그는 마스터스 대회에서 15년 만에 다시 노란색 옷을 입고 나와 우승을 거머쥐었다. 잭 니클라우스가 그 노란색 옷을 다시 입은 이유는 그의 박물관에 전시된 기록에서 찾아볼 수 있다.

Yellow 골프 셔츠

1969년에서 1971년까지 잭은 일요일에 방송되는 모든 경기마다 노란 셔츠를 입고 출전했다. 그것은 중병을 앓는 열두 살짜리 소년을 격려하기 위한 것이었다. 그 소년은 잭의 집사의 아들 크레이그 스미스다. 노란색이 그 소년이 가장 좋아하는 색깔이었기 때문에 잭은 그들 사이에 통하는 신호로써 노란색을 입었다. 소년은 투병 끝에 결국 1971년에 사망하였다. 15년 뒤에 부인 바바라는 크레이그를 기리는 의미에서 토너먼트 마지막 일요일 경기에 노란 셔츠를 입고 나가 보라고 권유했다. 잭은 노란 셔츠를 입고 우승했다. 그의 마지막 영광으로 1986년 마스터스 우승이 바로 그것이다.

이후 잭 니클라우스의 별명인 '황금 곰'은 그의 상징이자 브랜드가 되었다. 그의 심볼은 단순히 성공에서 비롯된 것이 아니라, 그가 추구한 가치에서 우러나온 존경의 상징이다. 이제 잭 니클라우스는 필드가 아닌 병원에서 그 상징과 가치를 보여주고 있다. 실제로 그는 미국에서 니클라우스 어린이 병원Nicklaus Children's Hospital을 세워 비영리법인으로 운영하고 있다. 잭 니클라우스는 자신의 이름을 바꿔서 가치를 추구하며 스스로 브랜드가 된 인물이다. 나는 그를 휴먼브랜드의 본보기로 삼았다.

패션 업계에서 일하며 만난 코코 샤넬은 '나와 비슷한 나'였고, 잭 니클라우스는 내가 되고 싶은 '두 번째 나'였다. 권민은 필명에서 본명으로, 고스트라이터에서 브랜드로, 이름에서 진정한 자아로 변해갔다. 이제 권민은 단순히 필명을 넘어, 나의 진정한 자아를 표현하는 이름이 되었다. 이 이름은 내가 어떤 삶을 살아왔고, 앞으로 어떤 길을 걸어갈지 보여주는 상징이자 나의 두 번째 인생을 의미했다. 권민으로 살아가는 것이 나에게는 시간여행이었으며, 그래서 권민이라는 이름은 단순한 이름이 아닌 나의 카이로스(결정적 순간)였다.

[두 번째 성격]

대로우 밀러^{Darrow Miller}도 나의 필명을 본명처럼 사용하게 된 계기를 주었다. 그의 저서 《생각은 결과를 낳는다^{Idea Have Consequences}》는 내용도 좋았지만, 나에게 진정한 인사이트를 준 것은 책 제목이었다.

Kwon min Has Consequences. 권민(이라는 생각)은 결과를 낳는다. 내가 진정으로 권민이 된 것은 2000년에 시간여행을 시작한 때가 아니라, 2007년 브랜드 전문 잡지 〈유니타스 브랜드〉를 창간하면서였다. 2007년 이전까지 나는 그저 권민을 연기하는 조태현에 불과했다. 그러나 2007년 이후, 나는 더 이상 미래에서 온 나를 의심하지 않았다. 권민이라는 이름은 단순한 호칭이 아니라 나의 자기다움을 창조하기 위한 아이디어였다. 그때부터 권민이 바로 '나'라는 사실을 믿기 시작했다.

그래서 지금까지 '미래의 나는 누구였는가?'라는 기억을 되새기며 현재를 살았고, 그 결과로 나의 미래가 현재에서 드러나기 시작했다. 미래는 내가 되고 싶은 모습이 아니라, 이미 존재했던 나에 대한 기억이었다. 나는 이제 권민을 연기하는 것이 아니라, 권민 그 자체가 되어가고 있다. 어떤 사람에게는 비약으로 들릴 수 있겠지만, 나는 권민을 내 안에서 '임신'하고 창조하고 싶었다. 권민은 조태현의 미래 버전이 아니라, 자기다움으로 태어난 새로운 인간이었다.

최근 TV 프로그램에서 배우들이 낯선 외국에서 한식당을 팝업 스토어로 운영하는 모습을 보았다. 처음에는 요리를 잘하는 배우들이 식당을 운영하며 겪는 사건·사고와 우왕좌왕하는 모습을 보여주는 예능 프로그램이라 생각했다. 그런데 이상하게 그 과정에서 영화 같은 서사나 예능적인 이벤트는 없었다. 배우가 아닌 다른 사람이 운영했다면, 그들의 식당 운영은 평범한 장사였다. 배우라고 해서 탁월한 요리사로 변신하거나 음식 맛이 특별해지는 일은 없었다. 만약 음식을 만들고 서빙하는 사람이 배우가 아니었다면, 그저 일반 음식점의 CCTV를 보는 것과 다를 바 없었을 것이다. 배우가 영화에서 식당 연기를 한다면, 그 분량은 10분도 되지 않을 것이며, 식당을 주제로 한 영화라도 음식을 만들고 서빙하는 장면이 1시간을 넘지 않을 것이다. 그런데 여기에 출연한 배우들은 24시간 동안 실제 식당 직원으로 일하며 그 역할을 해냈다. 내가 주의 깊게 본 것은 배우들이 대본 없이 연기하고 있었다는 점이다. 그들은 배우였기 때문에 식당 일을 하면서도 배우처럼 연기했고, 동시에 완벽한 식당 직원이 되었다. 가끔 배우들은 자신을 찍고 있는 카메라를 보며 이야기하거나 감독에게 질문을 던졌다. 그럴 때마다 그들은 식당 직원이 아닌, 카메라 앞에 선 배우로 돌아가 자신이 맡은 역할에 몰입하는 듯했다.

미래의 내가 현재의 나로 살아가는 것도 비슷하다. 식당 직원이 현재의 나라고 한다면, 미래의 나는 배우다. 미래의 내가 현재 나의 역할을 수행하고 있다. 대체로 사람들의 현재 역할은 일시적이다. 죽을 때까지 한 가지 역할을 지속하는 사람도 있지만, 직장, 직업, 직분, 직위, 그리고 업무는 시간이 지나면 변하기 마련이다. 현재의 나로만 살아간다면, 오늘, 지금, 여기서 하는 일이 곧 잊힐 과거가 된다. 하지만 미래의 내가 오늘의 나를 연기하며 살아간다면, 그것은 미래와 연결된다.

'미래의 내가 현재에 와서 (어떻게) 나를 연기할까?'
'현재의 내가 미래의 나를 (어떻게) 연기할까?'

미래의 내가 현재의 나를 연기해야 한다. 그 순간, 현재의 삶은 갑자기 세트장으로 변한다. 나를 괴롭히는 사람들도 배역에 충실한 배우처럼 보이기 시작한다(물론 미래의 내가 그렇게 설정했다). 현재는 소설의 서사 구조의 일부이다. 현재의 나는 일인칭 주인공 시점이 아니라, 미래의 내가 되어 현재의 나를 바라보는 일인칭 관찰자 시점이 된다. 반대로 현재의 내가 미래의 나를 연기한다면 어떻게 될까? 미래의 나처럼 보이려면, 가장 쉬운 방법은 성공한 미래의 나를 상징하는 물건을 사는 일이다. 부자가 되고 싶은 나, 지적인 사람이 되고 싶은 나, 스타일을 선도하고 싶은 나. 이런 미래의 내가 되기 위해 시장에는 다양한 브랜드가 존재한다. 많은 사람들이 미래의 소품처럼 보이는 브랜드를 구매하며 자신을 브랜드처럼 여긴다.

미래의 내가 현재의 나로 살아가는 방법은 사람마다 다르다. 내 경우, 업계 주간지에 글을 기고하면서 점차 미래의 내가 되어갔다. 내가 배운 것은 두 번째 이름의 의미 자체보다는, 그 이름처럼 되어가는 것이 중요하다는 것이다. 타인이 나를 부르는 이름이 아닌, 내가 나를 부르는 이름으로 내 인생을 살아가는 것이 자기다움의 시작이다. 두 번째 이름은 미래에 브랜드 전문가가 되고 싶은 내 인생을 향한 나의 내비게이션이었다.

권민이라는 두 번째 이름은 부모가 자식에게 기대를 담아서 지어준 것이 아니었다. 나에게 이 두 번째 이름은 자기다움의 좌표였다. 이 이름은 '전문가는 어떤 사람인가?'라는 질문에서 시작되었다. 내가 생각하는 전문가는 첫째, 자신의 지식과 경험으로 선한 영향력을 끼치는 사람이다. 둘째, 자신의 전문성을 자신의 이익만을 위해서가 아니라 타인을 위해 사용하는 사람이다. 셋째, 자신의 전문성으로 자신이 속한 분야의 생태계를 구축하거나 보존하는 사람이다.

전문가의 영향력(리더십)은 힘POWER이 아닌 권세로 증명된다. 그래서 선택한 단어가 '권세 권(權)'이다. 높은 곳에서 낮은 곳으로 흘러가며, 생태계를 이루는 강(江)을 생각하면서 '권강'이라는 이름을 떠올렸지만, 발음이 '건강'처럼 들려 '물 흐를 민(潤)'이라는 한자를 선택했다. 나의 두 번째 이름 '권민(權潤)'은 프로젝트 명이자, 시간 여행의 테마였다. 권민은 내가 나를 부르기 위해, 내가 나 자신이 되기 위해 지은 이름이다. 단순한 두 번째 이름이 아니라, 나의 목적이자 존재 이유였다. 지금도 권민이라는 삶의 이유가 나의 삶을 끌어 나간다. 악기를 다루며 배우듯, 나는 스스로를 권민이라 부르며 권민이 되어가고, 미래의 나를 배워가고 있다.

[자아의 충돌]

현재의 나와 미래의 내가 자주 충돌하는 경우가 있다. 그 이유는 현재의 내가 미래의 나를 타인처럼 인식하기 때문이다. 반면, 현재의 나는 과거의 나에 대해서는 애틋한 연민과 따뜻한 추억으로 더 관대하게 대하는 경향이 있다. 미래의 내가 현재를 살기 전까지 현재의 나는 본능, 욕구, 욕망, 염려, 불안, 감정 등이 복잡하게 얽혀 있어 미래의 내가 들어올 틈이 없었다.

미래의 나를 인식하면서 현재의 나는 세 명의 인격체로 나뉜다는 사실을 깨달았다. 첫 번째는 과거가 만든 나, 두 번째는 내가 만든 나, 세 번째는 남이 만든 나로 구성된 현재의 나였다. 그러나 미래의 나는 이런 '현재의 나'에 관심이 없었다. 미래의 내가 관심을 가지는 것은 오직 자기다움뿐이었다. 미래의 내가 추구하는 것은 '자기다움으로 남과 다름'을 이루는 일이다. 그럴 수밖에 없는 이유는, 브랜드 전문가로 포지셔닝된 미래의 나는 누구와도 비교될 수 없기 때문이다. 미래의 내가 어떤 일을 하고, 어떤 책을 썼으며, 어떤 프로젝트를 진행했는지는 알 수 없다. 다만, 미래의 나는 '자칭' 탁월한 브랜드 전문가였다. 미래의 내가 궁금해하는 것은 오로지 내가 누구인가에 대한 질문뿐이었다. 반면, 현재의 나는 '남과 다름으로 자기다움'을 추구했다. 남보다 탁월하고, 더 많은 돈을 벌고, 남을 이김으로써 내가 누구인지 확인받고 싶어 했다. 현재의 나는 '남과 다름'을 기준으로 삼고 있었다.

현재의 나는 타인과 다르게 넘버원 Number 1**이 되고 싶었지만, 미래의 나는 자기다움으로 온니원**Only 1**이 되고 싶었다.** 이렇게 현재의 나와 미래의 나는 서로 다른 세계관 때문에 충돌했고, 이는 원고 마감 때마다 극대화되었다. 현재의 나는 다른 기사와 비교해 보며 이 정도면 잘 쓴 것이라고 자평하고, 내일 떠날 자전거 여행에 마음이 들떠 있었다. 반면, 미래의 나는 원고에 불만이 많았다. 이번 원고를 위해 충분히 책을 읽지도, 인터뷰를 하지도 않았기 때문이다. 브랜드 전문가의 기준으로 봤을 때, 이 원고는 절대 편집장에게 보낼 수 없다고 생각했다. 초고를 본 편집장이 마감을 완료하고 사진을 첨부해 보내라고 연락을 해왔지만, 미래의 나는 이를 절대 용납할 수 없었다.

현재의 나와 미래의 내가 계속 싸웠던 시간은 내가 〈유니타스 브랜드〉 잡지의 발행인 겸 편집장이었던 2007년부터 2016년까지였다. 잡지 발행인 입장에서 원고를 마감해야만 출판을 통해 서점에 공급할 수 있다. 정기구독자에게 책이 발송되고, 서점에서 판매되고 통장에 입금이 이루어져야 직원들에게 월급을 줄 수 있다. 반면, 편집장의 입장은 다르다. 모든 원고가 마무리되는 마감 시점에 이르러서야 비로소 부족한 내용과 버려야 할 원고를 가려낼 수 있다. 때로는 어떤 인터뷰가 함량 미달이라는 사실을 마감 일주일 전에야 깨닫기도 한다. 발행인으로서 이번 달 책을 팔아 직원들의 월급을 지급해야 하는 현재의 나와 브랜드 전문 잡지에 걸맞게 원고를 완성하고 싶은 편집장으로서 미래의 나는 마감 연장을 두고 매달 치열하게 싸웠다. 결과를 보면, 9년 동안 마감을 지킨 적은 단한 번뿐이었다. 그 외에는 한 번도 마감을 제대로 지키지 못했다.

현재의 내가 현재를 살아갈 때는 모든 일을 내 뜻과 취향에 따라 선택했다. 하지만 미래의 내가 현재를 살아간다면, 방향과 가치에 따라 결정을 내려야만 했다. 미래의 나는 남들이 가지 않는 길, 나만이 선택할 수 있는 그 길을 걸으며 내가 어떤 사람으로 되어가는지를 면밀히 살폈다. 현재의 나는 '지금 무엇을 해야 하지?'에 더 관심이 있었다면, 미래의 나는 '나는 누구인가?' '나는 어떤 사람이 되어야 하는가?'라는 질문에 탐구했다. 그렇다고 미래의 내가 항상 현재의 나를 이긴 것은 아니었다. 사실 그 반대인 경우가 더 많았다. 처음에는 내가 미래의 나를 '권민'이라고 부르는 것 자체가 우습게 느껴지기도 했다. 미래의 내가 현재를 산다는 생각은 마치 조현병 환자의 환상처럼 창피하게 느껴졌다. 이런 발상으로 연재 기사를 쓴다고 말하면 비웃음을 살 것 같아서, 그 누구와도 이를 나누지 못했다. 그렇게 미래의 내가 현재에 적응하는 데는 1년이 넘게 걸렸다. 만약에 '시간의 반지'를 사용하지 않았더라면, 중간에 포기했거나 8번의 기사를 연재하고, 지금도 조태현으로 살아가고 있을지도 모른다.

[시간여행 반지]

나는 일기를 쓸 때, 사건에 대한 감정을 세밀하게 기록한다. 내가 사용할 수 있는 모든 단어를 동원해 그때의 감정을 묘사한다. 이렇게 감정을 기록하는 이유는 나를 더 깊이 이해하기 위해서다. 시간이 지나서 다시 그 감정을 읽어보면, 내가 누구인지를 더 잘 이해하게 된다. 그 글을 통해 내가 얼마나 하찮고 편협하며, 미성숙한 사람이었는지를 깨닫는 경우가 많다. 때로는 그때의 감정이 여전히 내 안에 남아 있음을 발견하기도 한다. 이러한 과정을 통해 나는 자기다움, 즉 본질적 출발점을 찾아간다.

매주 혹은 매달 일기를 읽어보면, '성급한 나'가 항상 문제였음을 깨닫게 된다. 1분만 더 생각했더라면, 10분만 더 고민했더라면, 하루만 더 숙고했더라면… 대부분 즉각적인 첫 번째 행동이 후회를 불러일으킨다. 두 번째 나로 거듭나기 위해 가장 경계해야 할 부분이 바로 이것이다. 어떻게 첫 번째 나를 멈출 수 있을까? 내가 즉각적으로 결정하고 선택하는 것들은 대부분 본능, 선입견, 이익, 그리고 익숙함에 기반한다. 순간적으로는 나를 위해 판단한 것 같지만, 시간이 지나면 대부분 후회로 돌아온다. 이런 방식으로는 두 번째 나를 경험할 수 없다. 그렇다면, 어떻게 첫 번째 나의 결정을 막을 수 있을까?

미래의 내가 현재에 살지 못하는 가장 큰 이유는 바로 현재의 감정 때문이다. 이성적으로는 미래의 내가 옳은 결정을 내리지만, 감정은 늘 현재의 나를 쥐고 흔들어댄다. 현재의 나는 미래에 대한 염려와 불안으로 감정적 결정을 내리기 쉽다. 심리학에서는 이를 '투사 편향Projection Bias'이라고 부른다. 현재 상황을 기준으로 선택하면서 생기는 편향된 결정이다. 나는 일상에서 미래의 나로 살려고 했지만, 그 기억은 실제로 10분을 넘기지 못하는 것 같았다. 어떤 일을 결정하거나 진행할 때도 미래의 나로서 결정을 내리려 했지만, 항상 결정 후에 후회하게 되었다. 크리스토퍼 놀란 감독의 영화《메멘토》(2001)는 배우보다 감독의 작품으로 잘 알려져 있다. 영화의 주인공은 아내가 살해당한 사건을 목격한 뒤, 그 충격으로 선행성 기억상실증(단기 기억상실)에 걸린다. 10분마다 자신이 한 일을 잊어버리는 주인공은 아내를 죽인 범인을 찾기 위해 몇 가지 원칙을 세운다.

첫 번째, 대화는 눈을 보고 할 것
두 번째, 꼭 기억해야 할 인물이나 장소는 사진으로 남길 것
세 번째, 내가 직접 쓴 메모만을 믿을 것
네 번째, 가장 중요한 힌트는 몸에 새길 것

나 역시 10분마다 '미래의 나'를 상기하기 위해 노력했다. 문신 대신 굵은 은반지를 선택했는데, 이 반지는 내가 '미래의 나'라는 의식을 일깨우는 도구였다. 평소에는 왼손에 끼고 있다가, 중요한 결정을 앞두면 오른손으로 옮긴다. 이 과정은 단 5초에 불과하지

만, 그 순간은 빅뱅보다 더 의미 있는 시간으로 변한다. 반지를 이동하는 짧은 순간, 나는 생각을 정리하고, 마치 슈퍼히어로가 변신하듯 '현재의 나'에서 '미래의 나'로 전환한다. 감정이 격해질 때도 이 의식을 행한다. 5초 동안 반지를 옮기는 행위는 마치 10년 후의 미래에서 현재를 바라보는 시간여행과 같다. 이 시간여행 반지는 20년 넘게 투사 편향과 확증 편향으로 인한 잘못된 결정을 막아주는 역할을 해왔다. 이것은 나에게 진북을 가리키는 나침반처럼 올바른 방향을 제시하는 도구였다.

'현재의 나'라는 개념은 상대적이다. 오늘이거나 한 달이나 3개월의 기간일 수도 있다. 나는 '현재의 나'가 실존한다고 생각하지 않는다. 그것은 과거와 미래의 내가 만들어낸 관념적 정체성일 뿐이다. 우리가 '현재'를 인식하는 순간, 그 '현재'는 이미 과거가 된다. '현재'라는 단어는 단지 우리의 편의를 위한 추상적 개념이다. 나는 이러한 모호한 '현재'를 배제하고, 언제나 미래의 내가 '오늘, 지금, 여기'에 살도록 했다. 이것은 내가 나에게 준 가장 큰 선물이다. 미래의 내가 아니었다면, 나는 여전히 '현재'라는 시간을 믿고 있었을지도 모른다.

'나는 누구인가?'

'나는 어떤 사람이 되어야 하는가?'

'내가 추구하는 가치는 무엇인가?'

'그 가치를 추구하는 사람은 어떤 모습이어야 하는가?'

이런 질문들이 미래의 내가 현재의 나에게 준 선물이었다. 미래의 나는 나를 끊임없이 질문하게 했다. 죽은 자는 질문하지 않는다. 지금, 여기, 오늘을 사는 나와 미래의 나는 이 질문의 답을 찾거나 만들어가며 함께 살고 있다. 이 질문 덕분에 나의 시간은 엔트로피 법칙에 따른 나이 듦(노화)이 아닌, 자기다움을 이루는 과정이 되었다.

과거, 현재, 미래의 나를 함께 만나기

"시간은 흐르지 않고 순환한다."

미래는 우리의 선택과 행동으로 만들어집니다. 우리가 상상하는 미래는 단순한 환상이 아니라, 지금 우리의 삶을 이끄는 중요한 힘입니다. 미래의 나는 오늘의 선택에서 비롯되며, 현재의 결정이 미래의 나를 정의합니다. 이제 미래의 나와 현재의 내가 만나는 연습을 해볼까요? 다음 질문에 천천히 답해보세요.

'이름이 운명이다(Nomen est Omen)'
– 고대 로마 격언
"사람의 성격은 그가 무엇을 하는가에 달려 있다."
– 아리스토텔레스

Q1. 10년 전의 나는 어떤 사람이었나요?

Q2. 10년 후의 나는 어떤 사람이 될까요?

Q3. 10년 후에 내가 꿈꾸는 모습이 되기 위해 지금 무엇을 해야 할까요?

Q4. 10년 후의 내가 지금의 나에게 한마디를 건넨다면 뭐라고 말할까요?

Q5. 두 번째 나의 이름을 짓는다면 어떻게 지을 건가요? 혹시 알고 있는 이름 중에 마음에 드는 이름이 있나요? 왜 그 이름이 마음에 드나요?

Q6. 두 번째 나의 이름을 결정했다면, 그 이름의 의미는 무엇인가요?

Q7. 두 번째 나의 이름처럼 살아기기 위해 지금부터 해야 할 일 3가지는 무엇인가요?

Q8. 두 번째 나의 이름처럼 살아가기 위해 지금 당장 하지 말아야 할 일 3가지는 무엇인가요?

Q9. '생각이 결과를 만든다'는 말을 경험해본 적이 있나요?

Q10. 내 이름에 걸맞게 살았던 순간은 언제였나요? 그때 어떤 일이 있었나요?

Q11. 현재의 나와 미래의 내가 갈등하고 있다면, 그것이 무엇인가요?

Q12. 미래의 내가 현재의 나를 이끌어가기 위해서 어떻게 해야 하나요?

두 번째 나 I am second

Q13. 두 번째 이름은 나에게 어떤 인생을 살아가게 할까요?

Q14. 두 번째 이름을 가지면 내 성품과 성격은 어떻게 변할까요?

새벽나라에 사는 거인

소설 쓰기는 상상력을 넘어
정체성을 확립하는 도구로 '미래의 기억'을 창조하며
우리의 가치와 잠재력을 발견하게 해준다.

"소설은 쓰는 게 아니라 기록하는 것이다."

— 스티븐 킹

[미래의 기억]

권민이라는 필명을 사용하며 시간 반지^{리셋링}를 왼손에서 오른손으로 옮기는 것만으로는 매번 시간여행을 할 수 없었다. 이런 방식은 미래의 나를 상기시키는 좋은 알람이었지만, 근본적인 자기 정체성을 바꾸지는 못했다. 정체성이 확립되지 않은 채로 '미래의 나'라는 역할을 계속 이어가는 것은, 마치 관객 없는 무대에서 혼자 모노드라마를 연기하는 것처럼 허무하게 느껴졌다. 연극의 관객은 무대 위 배우가 연기하고 있음을 알고 그 연기를 받아들인다. 배우가 술에 취한 연기를 하더라도 관객은 이를 자연스럽게 수용한다. 그러나 영화는 다르다. 영화에서 배우가 술에 취한 척하는 연기가 드러나면, 그 순간 연기는 실패한 셈이다.

나 역시 현실에서 '미래의 나'를 어색하게 연기하는 내 자신이 거슬렸다. 내 태도는 부자연스러웠고, 모든 것이 술 취한 척하는 연기처럼 느껴졌다. 나는 미래의 나로 진정 살아가고 있는 것이 아니라, 그 역할을 의식하며 단지 연기하고 있을 뿐이었다. 내가 미래의 나를 어설프게 상상한 이유는 단순하다. 미래의 내가 누구일지 명확히 알지 못했기 때문이다. 사실, 모르는 것이 당연하다. 만약 알고 있다면 그게 더 이상하다. 나는 미래의 나를 '브랜드 전문가'로 설정했지만, 왜 내가 브랜드 전문가가 되어야 하는지, 어떤 전문가가 될지, 다른 브랜드 전문가들과 무엇이 다를지, 어떤 전문지식을 갖추게 될지에 대해서 깊이 고민해 본 적이 없었다. 즉, 나는 나의 미래 정체성을 명확히 정의하지 못한 상태였다.

정체성은 경험과 그에 대한 기억을 통해 형성된다. 나만의 정체성을 확립하려면 그 기억들이 필수적이다. 일기를 통해 과거의 나와 현재의 나를 비교해 보면, 정체성이 많이 변해왔다는 걸 알 수 있다. 하지만 현재의 내가 과거의 나보다 반드시 더 성장했다고 단정할 수는 없다. 때로는 과거의 내가 더 성숙했던 순간도 있기 때문이다. 내가 과거의 일기를 읽는 이유는 단순히 추억을 되새기기 위해서가 아니다. 그 안에서 변한 것과 변하지 않은 것을 찾아내어 나의 정체성을 확인하기 위해서다. 과거부터 지금까지 변하지 않는 것은 미래에도 변하지 않을 가능성이 크다. 이렇게 시간이 흘러도 변하지 않는 본질이 바로 자기다움, 즉 나의 정체성이다.

그렇다면 미래의 나는 어떤 정체성을 갖게 될까? 미래의 나와 지금의 나 사이에 자기다움의 차이가 있을까? 과거의 내가 지금의 나와 달랐던 것처럼, 미래의 나도 분명 지금의 나와 다를 것이다. 나를 더 깊이 이해하기 위해 이번에는 미래로 여행을 떠나야 한다.

나의 시간여행은 과거의 기억이 아니라, 미래의 기억을 얻기 위한 것이다. 앞서 언급했듯이 미래의 기억이 있어야만 나의 미래 정체성을 확립할 수 있다. 과거를 기억하는 방법이 회고록과 일기라면, 미래를 기억하는 방법은 상상(소설)이다. 소설 속에서 창조한 미래의 기억은 나의 진정한 정체성을 이해하는 열쇠가 될 수 있다.

[판타지 소설 일기]

글쓰기를 통해 우리는 자신이 믿는 것을 발견하고, 상상한 것을 창조할 수 있다. 나는 사람이 글로 표현할 수 있다면 무엇이든 창조할 수 있다고 생각한다. 오늘날 우리가 누리고 있는 많은 과학 기술도 70년 전에는 단지 SF 소설 속 상상에 불과했다. 이후, 공상 과학 소설은 영화로 제작되었고, 영화 속 미래 기술은 결국 현실에서 구현되었다. 이렇게 인간 문명은 글을 통해 시작되었고, 지금까지 발전해 왔다.

이 창조적 글쓰기를 나에게 적용하는 첫 번째 방법은 시간여행을 위한 자기다움 소설 쓰기다. 형식은 소설에 가깝지만, 오직 자신만을 위해 쓰는 글이라는 점에서 '상상 일기'의 성격도 띤다. 다만 일상의 회고가 아닌 미래에 대한 상상을 담고 있어서 결과적으로 소설에 더 가까운 글이라고 할 수 있다.

시간여행이라는 주제로 현실의 물리적 법칙이나 논리를 뛰어넘는 상상의 세계를 배경으로 한다면, 이를 '판타지 소설 일기'라고 부를 수 있다. 하지만 이 책에서는 '자기다움 소설'이라고 명명한다. 자기다움 소설은 소설가가 되기 위한 것이 아니라, 시간여행을 위한 도구(터널)이다. 현재의 나는 과거의 내가 했던 일들로 이루어졌지만, 미래를 위한 소설 쓰기를 통해 내가 써 내려간 모습으로 변화할 수 있다.

내가 되고 싶은 나에 관한 소설은 나를 현실에서 벗어나 무중력 상태에 놓이게 한다. 현실의 중력은 나의 발을 땅에 묶어 두지만, 소설 속에서는 그 무게에서 벗어나 자유롭게 새로운 행동과 가치를 상상하고 펼칠 수 있다. 말하자면, 소설 속에서는 내가 원하는 대로 마음껏 행동할 수 있는 자유를 얻는다. 이 과정에서 나는 비로소 내가 무엇을 추구하고, 어떤 것에 반응하는지 깨닫게 된다. 소설 속에서 나의 지향점을 발견하고, 내가 왜 그곳을 향하는지 깊이 이해할 수 있다. 비록 가상의 설정일지라도 그 안에서 나의 반응을 살피며 내가 진정으로 추구하는 것이 무엇인지를 확인할 수 있다. 이것이 바로 자기다움 소설 쓰기의 핵심이다.

시간여행을 위한 소설의 가장 큰 장점은 미래의 내가 현재의 나를 관찰할 수 있다는 점이다. 일기가 과거에 내가 했던 행동을 돌아보는 도구라면, 소설은 아직 실현되지 않았지만, 마음속에 품고 있는 생각을 들여다보는 창문과 같다. 소설을 쓰는 과정에서 나의 반응을 지켜보며, 내가 누구인지 더 깊이 이해할 수 있다. 무엇보다 이러한 시간은 금방 사라지는 기억이 아닌, 글로 남겨진 기록으로 오래도록 남는다. 내가 쓴 소설을 다시 읽으면서 나는 어떤 사람인지, 그리고 어떤 사람으로 변화하고 있는지를 확인할 수 있다. 소설을 쓰면 막연했던 자기다움이 구체화되고, 그 특징을 명확하게 파악할 수 있다. 감정이입을 통해 자기 모습을 더욱 객관적으로 바라볼 수 있다. 자신을 객관적으로 보며 현재의 나를 위한 대본을 쓰는 것, 이것이 자기다움 소설의 궁극적인 목적이다.

소설을 쓰기 위해 군이 관련 문학 작품이나 소설 이론서를 참고할 필요는 없다. 우리의 목표는 베스트셀러를 쓰는 것이 아니라, 미래의 기억을 얻는 데 있다. 중요한 것은 소설가가 되는 것이 아니라, 나 자신이 되는 것이다. 소설을 잘 쓰려고 노력하다 보면, 오히려 소설 자체를 위한 글쓰기로 빠질 위험이 있다. 매일 일기처럼 일정 분량의 소설을 쓰며, 아직 경험하지 않은 미래의 일들을 기억해 내는 것이 바로 시간여행을 위한 소설의 본질이다.

2001년, 나는 '2010년의 나'를 주제로 한 시간여행 소설《새벽나라에 사는 거인》을 우연히 출간했다. 처음부터 출판을 목표로 쓴 것은 아니었다. 권민이라는 필명으로 기사를 쓰던 중, 내가 어떻게 권민이 되었는지를 패션 인사이트 발행인에게 설명하며 원고를 보여주었고, 그는 이 아이디어가 흥미롭다며 책으로 출간할 것을 제안했다.《새벽나라에 사는 거인》의 모티브는 미래가 아닌 과거에서 비롯되었다. '내가 되고 싶은 나' '흉내 내는 나' 그리고 '미래의 나'에게 일어날 가능성이 있는 사건들로 소설을 구성했다. 이 소설의 아이디어는 실제로 새벽에 일어났던 한 에피소드에서 비롯되었다. 이전 직장에 다닐 때, 나는 새벽에 출근해 업무를 마친

후 신문을 보거나 책을 읽곤 했다. 그 모습을 지켜본 교육부 선배가 어느 날 이렇게 말했다. "새벽 시간은 너를 위해 쓰는 거야."

선배의 말은 자기계발과 성장을 위해 학습하라는 의미였다. 그런데 나는 이 질문 때문에 혼란스러워졌다. '나를 위한 것'이란 도대체 무엇일까? 여기서 말하는 '나'는 어떤 나일까? '내가 되고 싶은 나'와 '미래의 나'는 같은 사람일까? 나는 어떤 나를 위해 새벽 시간을 보내야 할까? 선배는 아마 새벽에 일찍 나와 뭔가를 해보려는 내 모습이 대견해서 이런 말을 했겠지만, 그 말은 내 인생을 바꾸는 계기가 되었다.

선배의 조언을 듣고, 다음 날 새벽에 출근해 '나를 위한 것'에 대해 깊이 생각해 보았다. 하지만 무엇이 진정 나를 위한 것인지 퇴사할 때까지도 알 수 없었다. 선배의 말을 듣기 전까지 나는 진급, 연봉, 성장, 인간관계의 확장이 나를 위한 것으로 생각했다. 그 누구도 어떤 삶이 진정 나를 위한 것이 아니라고 말해주지 않았다. 특히 당시 경기 침체를 겪고 있던 직장인들에게 '나를 위한 직장생활'은 곧 생존을 의미했기에 나 역시 그저 열심히 일할 수밖에 없었다. 그러나 매일 새벽마다 '나를 위한 것'이 무엇인지 고민하다가 결국 직장을 그만두게 되었다. 돈을 벌지 않아도 내가 하고 싶은 일을 할 수 있는 비영리단체에 입사했고, 그 후 패션 인사이트로부터 원고 청탁을 받았다. 돌이켜보면, 편집장이 나에게 '전문가처럼 써주세요'라고 했던 것처럼 선배의 충고 또한 내 인생의 또 다른 전환점이 되었다.

나의 연대기를 돌아보면, 바로 이 새벽의 사건(선배의 조언)이 '흉내 내는 나' '내가 되고 싶은 나', 그리고 '미래의 나'가 충돌한 지점이었다. 나는 성공하는 직장인을 흉내 냈지만, 그것은 내가 진정으로 되고 싶은 모습이 아니었다. 더 중요한 것은 직장생활을 하면서 나는 미래의 나를 상상할 수 없었다. 이러한 기억과 경험을 바탕으로 나는 미래로 시간여행을 떠나고 싶었다. 미래의 내가 현재를 산다면 나는 어떤 모습일까? 그때 나에게 조언을 해주었던 선배처럼 나도 누군가에게 그런 조언을 해줄 수 있을까?

권민(미래의 나)이 되기 위해서 무엇보다 권민의 기억, 즉 미래의 기억이 필요했다. 권민이라는 이름으로 전문가를 흉내 내며 마케팅 관련 글을 쓸 수 있었지만, 그것만으로 진정한 권민이 될 수 없었다. 권민이 되려면 진짜 권민의 이야기를 써 내려가야 했다. 왜 하필 권민이어야 하는지, 왜 권민으로 살아가야만 하는지 그 기억의 조각들을 하나씩 찾아내고 정리해야 했다. 그렇게 나는 이전 직장에서의 에피소드를 중심으로 《새벽나라에 사는 거인》이라는 시간여행 소설을 쓰기 시작했다.

《새벽나라에 사는 거인》에서 거인은 바로 권민(미래의 나)이다. 이 소설은 조태현이라는 인물이 권민으로 성장해 가는 과정을 그린 성장 소설이다. 소설의 핵심 주제이자 등장인물의 내적 갈등의 축은 바로 '자기다움'에 있다. 2000년 당시에는 '자기다움'이라는 단어가 널리 쓰이지 않았지만, 이야기는 권민(현재의 나) 팀장이 새벽나라에서 거인(미래의 나), 즉 내면의 자신을 만나게 되는 여정으로 펼쳐진다. 쉽게 말해, 소설 속 권민은 현재의 나, 조태현이고, 새벽의 거인은 미래의 나, 권민인 셈이다.

[같은 사건, 다른 기억]

같은 사건도 입장과 관점에 따라 전혀 다른 사실과 기억으로 남을 수 있다. 부부 관계, 자녀와 부모, 노사 간의 갈등, 그리고 갑을 관계까지 상반된 기억으로 인해 생기는 마음의 상처는 흔한 일이다. 한 사건을 두고 정반대의 해석과 기억이 공존하는 경우도 있으며, 이때 기억은 단순한 저장이 아닌 해석이라는 말이 떠오른다.

권민(미래의 나)과 조태현(현재의 나) 역시 서로 다른 기억을 가지고 있으며, 그에 따라 과거와 현재를 바라보는 해석도 다를 수밖에 없다(워크숍6 회고록 쓰기에서 미래의 나, 현재의 나, 그리고 과거의 내가 각기 다른 기억과 해석을 어떻게 품고 있는지 구체적으로 다룬다). 미래의 나와 현재의 내가 같은 시공간 속에 존재하면서도 서로 다른 기억을 지니게 된 결정적 요인은 바로 '시간'이다. 《새벽나라에 사는 거인》에 등장하는 '새벽나라'는 나를 위해 존재하는 '미래의 시간'을 상징한다. 이는 시간과 공간이 하나로 융합된 세계를 의미하는데, 이 개념은 아인슈타인의 특수 상대성 이론에서 영감을 받았다. 특수 상대성 이론에 따르면, 시간과 공간은 독립적이고 절대적인 것이 아니라 하나의 '시공간'으로 통합되어 서로에게 끊임없이 영향을 미친다. 그렇다고 해서 새벽나라가 특수 상대성 이론에 기반한 물리적 국가(?)라는 건 아니다. 새벽나라는 내가 온전히 나 자신으로 살아갈 수 있는 시공간을 의미한다. 다시 말해, 내 삶의 근원적 가치를 찾는 세계다. 현재의 나에게 오전 4시 30분부터 6시까지 시간은 피곤한 몸을 이끌고 맞이하는 일상의 일부에 불과할 수 있지만, 미래의 나에게는 이 시간이 내가 지향하는 가치와 하나되는 창작의 시공간으로 다가온다. 과거, 현재, 미래를 아우르는 나만의 이야기가 바로 이 시간 속에서 탄생한다.

[새벽나라에 사는 거인]

자기다움 소설 쓰기를 위해 《새벽나라에 사는 거인》(2001년 초판)에 대한 몇 가지 스포일러를 미리 알려주고자 한다. 앞서 언급했듯 이 소설 속 권민(현재의 나로 설정된 인물)은 자기다움을 찾는 것을 인생의 중요한 가치로 삼는다. 나는 소설을 쓰며 권민을 상상 속에서 체험하고, 그의 기억을 만들어내기 위해 캐릭터 설정 작업을 진행했다. 감정이입은 권민의 기억을 만들어내는 데 필수적이었다. 현재의 내가 권민이 되어 감정이입을 할 때, 비로소 권민의 기억이 생겨나고, 그로써 살아가는 것이 가능해진다. 나는 권민이 되어가는 과정을 담은 시나리오를 작성하게 되었고, 따라서 《새벽나라에 사는 거인》을 읽을 때, 단순히 이야기를 따라가는 데 그치지 말고,

'첫 번째 나'에서 '두 번째 나'로의 변화를 관찰하는 데 초점을 맞추는 것을 추천한다.

앞서 말했듯이 2000년 당시만 해도 '자기다움'이라는 표현은 널리 사용되지 않았지만, 이 작업은 내가 겪은 일들을 권민의 기억으로 전환하는 과정이었다. 나는 '권민이라면 이 상황에서 어떻게 대처했을까?'라는 질문을 계속 던지며 권민의 기억을 만들어갔고, 이를 통해 새로운 정체성을 형성해 나갔다. 나는 권민처럼 사고하고, 권민의 습관을 따르며, 그의 취향에 맞춰 선택을 내렸다. 그렇게 조금씩 내 안에 권민의 기억이 쌓이면서 권민이라는 인물이 형성되었다. 프리퀄^{prequel}이란 영화나 소설에서 전편을 의미하는데, 《새벽나라에 사는 거인》은 내가 2000년부터 권민으로 살아가기이전, 즉 프리퀄에 해당하는 이야기다.

* * *

이제, 다음의 《새벽나라에 사는 거인》을 통해 미래의 나로 향하는 시간여행을 떠나보자.*

---

* 처음에 《새벽나라에 사는 거인》는 출판을 염두에 두지 않고, 나 자신을 위한 글로 썼다. 그래서 소설적 짜임새보다는 현재의 나와 미래의 나가 만나 대화하는 장면에 중점을 두었다(개정판에서는 이러한 부분을 보완해 보다 소설다운 구조로 재구성했다). 다시 강조하면, 우리가 앞으로 쓰게 될 자기다움을 위한 시간여행 소설은 출판을 목표로 하지 않는다. 자기다움 소설은 소설이라기보다는 미래의 기억을 얻기 위한 나침반 같은 역할을 하는 시나리오에 가깝다. 일기를 쓰듯 자유롭게 써 나가면 된다. 중요한 것은 쓰는 행위 자체보다, 소설을 통해 무엇을 생각하고 어떤 결정을 내리는가의 과정이다. 왜 특정 캐릭터에게 특정 대사나 행동을 부여했는지 고민하는 것이 소설의 전개보다 더 중요하다. 결국, 자기다움 소설은 내가 나를 관찰하는 정체성 실험실인 셈이다.

1. 새벽 약속

오늘도 그를 만나지 못했다. 일주일 동안 세 번이나 그를 만나려 했지만, 몇 분 차이로 계속 엇갈렸다. 우리는 한 번도 서로를 직접 본 적이 없고, 그저 만남을 약속하기 위해 수십 번 연락만 주고받았을 뿐이다. 오늘도 약속을 지키지 못해 그를 만나지 못했다.

사실, 그와의 약속을 어기는 일이 어제오늘 일은 아니다. 특히 작년에는 연속으로 6일 동안 만나기로 했지만, 번번이 약속을 어겨 결국 만나지 못했다. 이번에도 창피한 마음과 구겨진 자존심을 무릅쓰고 다시 연락해 만남을 잡았지만, 벌써 3일째 약속 시간에 늦고 말았다. 당분간은 3일 동안 만남을 포기해야 할 것 같다.

그를 만나려 했던 이유는, 어느 잡지에서 '새벽나라'에 대한 이야기를 읽고 난 이후부터였다. 나는 계속해서 새벽나라에 대한 정보를 모았고, 특히 그 나라에 사는 '새벽 거인들'에 큰 관심을 가지게 됐다. 새벽 거인들에 대한 이야기는 잠깐 들은 것뿐이라, 구체적인 정보는 없었다. 그럼에도 나는 막연하게 그들을 만나고 싶었다. 그래서 책과 인터넷을 통해 그들의 이야기를 모았다. 하지만 그들의 영향력에 비해 세상에 알려진 이야기는 너무 적었다. 그저 그들의 행동에 대해서만 간단히 언급될 뿐, 새벽나라에서의 생활, 습관, 취향, 성격, 그리고 그들이 어떤 비전을 가지고 있는지에 대해서는 아무런 정보가 없었다. 어쩌면, 새벽나라에 대한 나의 동경은 그때부터 시작된 것 같다. 그들에 대한 자료가 부족할수록 나는 더욱 궁금해졌고, 그래서 그들을 만나고 싶었다.

어느새 집으로 돌아왔다. 아직 침대에 누워 있는 아내가 돌아누우며 물었다.

"만났어?"

"아니."

"오늘은 일찍 나갔잖아?" 나는 냉장고에서 물병을 꺼내 컵도 없이 바로 입으로 가져갔다. 차가운 물이 몸 안으로 퍼졌다.

"응…. 일찍 나갔는데, 그 자식은 1분도 기다려 주지 않더라."

"내일 또 만날 거야?"

"아니, 내일은 시간이 없어. 아마 다음 주 화요일쯤 만나게 될 거야."

아내는 내가 그를 만나려는 걸 못마땅해했다. 내가 너무 몰입해 있다고 생각하는 것 같다. 하지만 분명히 말할 수 있는 건, 이건 몰입이 아니다. 여태껏 한 번도 그를 만나지 못했는데, 무슨 몰입이란 말인가?

나는 탁자 위에 놓인 신문을 보았다. '정국 혼란'이라는 제목과 함께 국회의원들이 멱살을 잡고 있는 컬러 사진이 전면에 A4 크기로 실려 있었다. 8명 정도가 서로 엉켜 머리를 잡아당기고 있었다. 몇 사람은 뜯어말리고, 몇 사람은 상대방의 얼굴을 때리려는지 밀치려는지 모르게 손을 상대의 얼굴 가까이에 두고 있었다. 입 모양으로 보아 몇몇은 욕하는 듯했다. 사진 뒤편의 한 사람은 팔짱을 낀 채 웃고 있었고, 그 옆에선 누군가 귓속말을 하고 있었다.

내가 사는 이 땅의 하루는 이렇게 충격적인 패싸움 이야기로 시

작되었다. 신문을 다 읽고 나서야 마음을 따뜻하게 하는 이야기가
딱 하나 있었다. 팔렸던 개가 7일 만에 수십 킬로미터를 달려 자기
집으로 돌아왔다는 이야기였다. 유전자 복제의 성공에 대해서는
기뻐해야 할지 슬퍼해야 할지, 또 누군가 벼락부자가 되었다는 소
식에 대해서는 부러워해야 할지 미워해야 할지 모르겠다.

"밥 먹고 가야지?"

"괜찮아, 우유 먹으면 되지. 몇 시에 깨워줄까?"

"9시."

"알았어, 잘 자."

"미안해… 여보."

나는 현관 불을 끄고 회사로 향했다. 도로가 또 막혔다. 이번엔
도로 공사 때문이 아니라 추돌 사고 때문이었다. 길 한복판에서 운
전자들이 잘잘못을 따지며 뒤차들의 경적에도 아랑곳하지 않고
삿대질하며 싸우고 있었다.

양보하지 않아서 충돌한 것 같았다. 3차선 도로는 1차선으로 좁
아졌고, 그 사이로 차들이 천천히 빠져나갔다. 예상치 못한 7분의
정체로 인해 내 아침 커피 시간은 사라졌다. 사고 현장을 지나가는
모든 사람이 구경하고 있었다.

8시 30분. 다행히 7분의 지연을 만회했다. 버스가 빠르게 달려 목
적지에 무사히 도착했기 때문이다. 업무 시작은 9시지만, 나는 30
분 정도 개인적인 시간을 갖는다. 제일 먼저 하는 일은 컴퓨터를
켜고 메일을 확인하는 것이다. 매일 아침 평균 30통의 메일이 오는

데, 그중 25통은 쓸모없는 광고 메일이다. 커피 한 잔을 마시며 나는 새벽 거인들에 대한 정보를 수집했다.

나는 수집가다. 욕구들을 수집해 그것을 돈으로 바꾸는, 일종의 마술사 같은 직업을 가진 사람이다. 광고 기획과 마케팅을 하는 나에게 '마케팅'이란 일종의 연금술 같은 신비한 작업이다. 조금 환상적인 관점에서 내 직업을 설명하자면, '사람들을 마술에 걸리게 하는 것'이라고 할 수 있다.

먼저 소비자 설문 조사를 통해 수백 명의 정보를 모은다. 그다음에는 귀찮아서 대충 답한 거짓 정보를 걸러내는 작업에 들어간다. 이때는 마치 셜록 홈스가 된 것 같은 기분이다. '이 사람은 어떤 사람일까? 이 사람의 취향은 무엇일까? 이 사람은 어떤 구매 방식을 선호할까?' 설문지의 답변을 상호 비교하며 거짓과 진실을 분별한다. 그런 다음 그 데이터를 SPSS라는 통계 프로그램에 넣어, 항목별로 그들의 관심사와 욕구를 찾아낸다.

무슨 색깔을 좋아하는지, 양치질은 몇 번 하는지, 잠은 몇 시에 자는지, 안주는 주로 무엇을 먹는지, 남자 친구는 몇 명이 있는지, 머리 염색은 언제 할 것인지, 아침에는 몇 시에 일어나는지 등, 별로 중요하지 않은 것들까지 물어본다. 한 사람의 라이프스타일 자체는 중요하지 않지만, 그런 사람들의 태도와 습관이 마케팅에서는 가장 중요한 판단 근거가 된다.

이 모든 자료를 분석하면, 현재 어떤 욕구가 있는지, 그리고 그것이 어떻게 채워지지 않고 있는지를 파악할 수 있다. 사람들의 습관을 모으면 그들이 향후 어떤 소비를 할지 예측할 수 있다.

이쯤 되면 약 40페이지 분량의 소비자 보고서가 나오는데, 여기서 끝이 아니다. 이제 본격적인 해독과 조합, 그리고 설계의 단계가 시작된다. 내가 하는 일은 이 보고서를 바탕으로 소비자를 우리의 충성 고객으로 만들고, 경쟁자를 이기는 비밀 전략 문서를 만드는 작업이다.

보고서의 이름은 '광고 기획 및 마케팅 보고서'. 광고 기획에서는 이미지를 만드는 작업, 즉 소비자에게 우리가 어떻게 포지셔닝될지를 전략적으로 수립한다. 마케팅 보고서에서는 그 이미지를 통해 소비자의 욕구를 만족시키고, 강력한 구매 효과를 창출할 수 있는 아이디어를 상업화한다. 이 과정에서 부서별 행동 지침을 세우고, 이후 문화 마케팅, 스타 마케팅, 통합적 마케팅, 포지셔닝 마케팅 등 다양한 도구와 프로세스를 활용해 소비자, 즉 내 이웃들의 마음에 마술을 건다.

나는 이 일을 7년 동안 해왔다. 아침에 일어나면 어떻게 돈을 벌지 생각하며 시작했고, 저녁에는 내일 어떻게 돈을 벌지 생각하며 잠들었다. 신문을 보든, 책을 읽든, 텔레비전을 보든, 늘 마케팅에 대한 생각으로 가득했다. 나의 모든 결론은 결국 강력한 브랜드 구축과 아이디어로 돈을 버는 것으로 귀결되었다. 친구들과 만나면 그들의 음주 습관을 관찰하며 광고 아이디어를 떠올렸고, 아내와 쇼핑할 때도 그녀의 구매 패턴을 파악했다. 지금까지 만든 보고서만 해도 500개가 넘는다. 고용주에게 수억 원을 벌어줬지만, 정작 내 월급은 제자리였다.

"권 팀장, 잘 되고 있나?"

누군가 내 어깨를 툭 치며 고요한 시간을 방해했다. 일과가 시작되는 신호였다. 팀원은 없지만, 모두 나를 팀장이라고 부른다. 원래는 나와 같은 일을 하던 사람들이 8명이나 있었지만, IMF 탓에 모두 떠나고 나만 남았다. 내가 특별히 잘해서 남은 것은 아니었다. 내 앞에 있던 선배가 먼저 나갔기 때문에 남게 된 것이다.

"안녕하세요, 부장님."

"오늘 스케줄은 어때?"

"잠깐만요. 아침에 회의가 있는데… 아, 10시에 부서장 회의, 1시에 브랜드 광고 기획 회의, 3시에 경쟁사 분석 발표, 그리고 6시에 대행사와 미팅이 있습니다."

"항상 바쁘군. 9시 반에 회장님 보고가 있는데, 자료 좀 만들어줘."

"저… 10시에 부서장 회의 자료도 준비해야 하는데요."

"아…. 미안해. 일단 3페이지 정도만 자료 만들어줘. 로열티 경영에 관한 아이디어만 뽑아서 만드는 거니까 금방 할 수 있잖아? 회장님이 보실 거니까 부탁해."

"저… 안 되는데…."

"부서장 회의는 기본만 하면 되잖아. 빨리 좀 부탁해."

부장은 내 어깨를 툭툭 치고, 자기가 마시던 커피를 내 앞에 두고 떠났다.

"또 하루가 이렇게 시작되는구나…." 나는 중얼거렸다.

삐리리리. 아침부터 핸드폰이 울렸다. 부장에게 회장 보고용 리포트를 뚝딱 작성해서 넘겼다. 뻔한 내용에 숫자만 바꾼 보고서였다. 나는 오늘도 부장의 목숨을 하루 연장한 셈이다. 곧바로 부서장 회의에 들어갔지만, 내 위로는 아무도 오지 않았다. 항상 그랬듯이 내가 상관들에게 전화를 걸어 회의 참여를 독촉했다.

오후 1시 30분. 브랜드 광고 기획 회의가 시작됐다. 나의 독무대, 내 삶의 의미를 찾는 시간이다. 3일 동안 준비한 자료를 보여주며 회의장을 흥분의 도가니로 만들었다. 나는 왜 이렇게 유치한 걸까? 분명한 것은 아무도 질문하지 않았고, 반론도 없었다는 것이다. 이것이 인생의 쾌감일까?

3시 정각, 사장단 앞에서 경쟁사 분석 발표 시간. 박 대리가 무참히 깨졌다. 경쟁사 제품 가격조차 몰랐기 때문이다. 벌써 세 번째다. 십중팔구 그의 회사 생활도 이제 끝이다. 하이에나 상무에게 걸렸으니 말이다. 회장님 앞에서 완전히 묵사발이 나면, 마케터의 인생은 끝난다. 유일한 방법은 하이에나 상무의 공격을 단번에 초토화하는 것이다. 나는 몇 번 그를 보기 좋게 넘긴 적이 있어서, 그는 좀처럼 나를 공격하지 못한다. 하지만 그는 항상 나의 목을 노리고 있다. 갑자기 정글 속에 있는 기분이다. 박 대리의 굴욕으로 인해 회의는 다음으로 연기됐다.

'불쌍한 박 대리, 빨리 퇴사해라.'

오후 6시. 대행사 미팅은 20분 만에 끝났다. 갑자기 내일 아침에

판매 촉진 전략을 가지고 회장실로 오라는 메일이 왔기 때문이다. 오늘 밤은 새야 할 것 같다.

밤 11시 정각. 이제 집으로 가야겠다. 10장짜리 보고서를 5개나 썼다. 이제 집에 가서 쉬며 내 두뇌의 조각들을 맞춰야 할 것 같다. 며칠째 제대로 자지 못했다. 내 책상 위에는 어제 서점에서 산 '하프 타임'과 '권력 없는 리더십은 가능한가?'라는 책이 놓여 있다. 지금 내게 필요한 건 진짜 하프 타임이다. 나는 지금까지 아무런 전략 없이 보이는 대로 싸우고, 경쟁하며 살아왔다. 그리고 조금씩 권력의 리더십을 탐닉하며 그렇게 인생을 보냈다.

이 책들을 언제나 읽을 수 있을까? 다시 읽기 시작한 헤밍웨이의 《노인과 바다》는 나흘 동안 겨우 10페이지를 읽었다. 가끔 나는 그 바다에 나간 무기력한 노인 같다는 생각이 든다. 작은 배에 의지해 언제 뒤집힐지 모르는 인생을 살아가는 기분이다. 이렇게 밤이 되면 나는 새벽 바다에서 아침의 생명을 구하는, 그런 바다의 노인이 된 듯하다. 지금 내가 어디에 있는지도 모르겠다. 확실한 건 빨리 집으로 가야 한다는 것뿐이다.

밤 12시 36분. 두 정거장을 지나쳤다. 좀처럼 없는 일이었는데, 깜빡 졸았다. 거리에는 아직도 많은 사람들이 있었다. 나는 거의 눈이 감긴 상태에서 욕을 내뱉으며 집으로 걸어갔다.

2. 자유 민주주의 새벽 공화국의 입국심사

"드디어 오셨군요."

새벽나라의 입구에서 약속했던 사람을 만났다. 그는 멀리서 나를 보고 소리치며 말했다.

"반갑습니다. 오늘도 그냥 가려던 참이었어요."

그는 언덕으로 올라가는 길목에 있는 녹색 의자에 앉아 있었다. 내가 헉헉거리며 뛰어오는 모습을 지켜보던 그는, 드디어 만났다는 듯 자리에서 일어섰다. 새벽안개로 뿌옇게 보이던 그의 모습이 약 5미터쯤 가까워지면서 점차 뚜렷해졌다. 그는 감색 남방에 베이지색 면바지를 입고 있었고, 언뜻 보기엔 30대 초반의 젊은 사람 같았다. 얼굴이 드러나자, 편안한 미소 속에 진지함이 엿보였다. 편안함과 진지함이 동시에 느껴지는 건 처음이었다.

"반갑습니다. 혹시 당신이 새벽 거인인가요?"

"아니요. 저는 새벽 거인은 아니고, 새벽나라의 안내자입니다."

"아…. 일종의 길동무군요. 죄송합니다. 번번이 약속을 어겨서요."

나는 숨을 고르며 그를 찬찬히 살펴보았다.

"어려운 약속이죠. 하지만 오늘은 완벽하진 않지만, 그래도 약속을 지키셨네요."

"그렇죠…. 완벽하지는 않네요."

나는 약속 시간보다 10분 늦게 도착했다. 어젯밤 보고서 2페이지를 마저 채우느라 늦게 잠든 것이 실수였다.

"10분 안에 새벽나라를 여행하기는 어렵겠죠?"

그는 웃으며, 오늘은 새벽나라에 들어갈 수 없다고 했다. 그는 여전히 미소를 짓고 있었고, 나는 그가 앉아 있던 의자에 앉았다.

"10분짜리 코스는 없나요?"

나는 개미를 발로 밟으며 약간 시비조로 말했다.

"10분으로는 부족합니다. 하지만 오늘 우리는 10분 동안 나눌 이야기가 많습니다."

"10분 동안 무슨 이야기를 하죠?"

"당신의 가치에 대해 듣고 싶습니다."

이번에는 그가 나를 찬찬히 살펴보았다.

"뭐요? 가치라니… 무슨 말이죠?"

"당신의 목숨보다 소중한 가치. 형이상학적이지만, 마음속에 그릴 수 있는 그런 단어가 있나요?"

"지금 저를 약 올리는 건 아니죠?"

그는 내 눈을 바라보았다. 짧은 시간이었지만, 그 순간은 무척 길게 느껴졌다. 내가 그의 질문에 당황한 것일까? 그는 주머니에 손을 넣고 다시 나를 쳐다보았다.

"권민 씨, 인생에 대해 진지하신가요?"

"진지하다는 건 어떤 태도인가요?"

"예를 들어, 자신의 목숨에 대해 감사한 적이 있나요? 아니면 동물들이 하지 않는 깊은 탐구를 경험해 본 적 있나요?"

그의 어조로 보아, 내 태도가 불쾌하게 느껴졌을지도 모른다.

"화가 나셨나요?"

"화가 나진 않았습니다. 다만 충격을 받았을 뿐이죠."

"가치라면, 사랑이나 봉사, 희생 이런 것 말인가요?"

"그렇게 볼 수 있죠."

"그렇다면 지금은 말하기 곤란하네요. 확신이 없으니까요."

"새벽나라에 들어가려면 '가치'가 필요합니다. 새벽 거인들도 당신의 가치를 보고 당신을 만날 것입니다. 무엇보다도 새벽나라는 가치 없는 것이 없는 곳이니까요. 왜 새벽나라에 들어오고 싶으신가요?"

"뭔가 있을 것 같아서⋯. 좀 더 솔직히 말하자면, 성공하고 싶어서요."

"성공이요? 어떤 성공이죠?"

"인생의 성공이요."

"인생의 성공이란 무엇인가요?"

"⋯⋯⋯⋯."

"솔직히 말해보세요. 돈을 많이 벌고 싶다든지, 빨리 진급하고 싶다든지, 좋은 차를 사고 싶다든지, 많잖아요."

이번에는 내가 기분이 상하기 시작했다. 내가 그렇게 진지하지 않은 사람처럼 보였던 걸까? 그렇게 단순한 인간처럼 보였던 걸까? 그런데 솔직히 그의 말이 맞았다. 부정할 수 없었다.

"아닙니다."

"아니라고요? 글쎄요⋯. 좋습니다. 거짓말도 용기가 필요하죠. 내일 다시 여기서 뵙겠습니다. 싫든 좋든 다시 '가치'에 관해 물어보겠습니다. 어떤 답이든 해주시면, 함께 떠나도록 하죠."

"혹시 가치라는 게 목표인가요?"

나는 무언가를 깨달은 것 같았다. 뭔지는 모르겠지만, 머리 위로 무언가가 지나간 느낌이었다. 안내인은 허리를 굽혀 땅에 있는 작은 돌을 집어 들었다. 그 돌을 만지작거리더니 호주머니에 넣고는 다시 나를 바라보며 천천히 물었다.

"올해 당신 회사의 목표는 무엇입니까?"

"수익 20억 원입니다."

"당신 부서의 목표는요?"

"3개 브랜드 론칭입니다."

"그렇다면 당신의 올해 목표는 무엇인가요?"

"……………"

물론 목표는 있었다. 운동하기, 책 50권 읽기, 진급하기, 이사하기, 그리고 1,000만 원 저축하기. 하지만 말하고 싶지 않았다. 그는 이미 내 목표를 알고 있는 듯했다.

"그 목표가 가치 있기를 바랍니다. 자, 그럼 오늘은 이만."

새벽 안내자와의 첫 만남이었다. 그런데 그는 어디선가 많이 본 듯한 얼굴이었다. 무엇보다도 그는 매우 커다란 사람처럼 느껴졌다. 새벽 거인이 겸손하게 자신을 드러내지 않고 나를 맞아준 것일까? 그는 나에게 풀기 어려운 숙제를 남기고 떠났다. 나에게는 어떤 가치가 있는가? 봉사? 가끔 걸인에게 동전을 주는 것도 봉사일까? 가치는 상대적인 것인가, 절대적인 것인가? 가치는 남들이 평가하는 것일까? 머리가 복잡해졌다.

아니, 솔직히 말하자면 마음이 더 복잡해졌다. 지금까지 교육과정에서 '가치'에 관해 묻는 사람은 없었다. 내가 본 TV 드라마 중에서도 가치에 대해 다룬 적은 없었다. 가끔 다큐멘터리에서 세계 반대편에 사는 특별한 사람들의 가치를 접한 적은 있었지만, 갑자기 벌거벗겨진 듯한 수치심이 느껴진 것은 왜일까?

그와 짧은 인사를 나눈 그 자리에서 나는 오랜만에 많은 생각을 했다. 솔직히 최근 몇 년 동안 나는 가치에 대해 한 번도 생각해 본 적이 없었다. 아주 오래전 군대에서 전우애를 명목으로 조작된 단결심이라는 가치를 경험한 적은 있었지만, 단 한 번도 내 안에서 터져 나오는 형이상학적인 감정이나 이상을 느낀 적은 없었다. 나는 혹시 내 안에 있을지 모를 '가치'를 찾기 위해 생각해 보았다. 아니, 가치 있는 행동에 대해 생각해 보았다. 결국 해답을 찾지 못한 채, 서둘러 집으로 돌아가야만 했다.

3. 정글의 법칙, 도시의 법칙

"권민 씨! 이걸 보고라고 올린 겁니까?"

박 전무가 내 보고서를 바닥에 던졌다.

"이걸 가지고 어떻게 회장님께 보고하라는 거야, 도대체?"

그는 곧 이성을 잃을 것이다.

"권민 씨, 영문과 맞아요? 영어 스펠링이 두 군데나 틀렸는데, 만들고 검토는 하셨어요?"

이번에는 하이에나 김용태 상무의 차례였다. 사자에게 물린 내 목을 다시 한 번 씹어 삼키려는 것이다. 하이에나는 한번 물면 단단한 턱으로 상처 부위를 돌려 살점을 뜯는다. 이제 곧 내 목을 돌릴 것이다.

"지난번 보고서도 엉망이어서 전무님을 곤란하게 하더니, 이번엔 또 왜 그런 거예요? 집에 무슨 문제라도 있어요?"

그의 얼굴은 나를 향했지만, 눈은 박 전무에게 고정돼 있었다. 김 상무는 결국 내 목을 돌렸다.

'가치란 무엇일까?' 예전 같으면 이런 말을 들으면 반격하거나, 불쾌감을 표시했을 것이다. 그런데 오늘은 내 안에서 아무런 반응도 없었다. 가치를 찾지 못했지만, 찾으려는 마음 덕분인지 모든 것이 갑자기 시시하게 보였다.

물론 내가 만든 보고서가 이렇게 처참하게 깨진 것에 대해 무책임한 마음은 아니다. 솔직히 박 전무에게 제출한 보고서는 평범한 수준이었다. 단지 오늘의 보고서가 너무 얇고, 흥미로운 아이디어가 부족했기 때문에 그가 분노했을 뿐이다. 하지만, 이 보고서도 결국 회장에게 가면 휙 한 번 보고 다시 찾지 않을 것이다.

오늘 아침 일찍 출근해 여러 보고서를 짜깁기해 만들었지만, '가치'라는 생각이 머릿속을 맴도는 순간, 이 모든 게 의미 없게 느껴졌다. 우리 회사의 가치는 무엇일까? 우리 부서의 가치는 무엇인가? 소비자는 왕이라는 게 가치인가? 그들의 주머니를 털어가는 것이 우리가 하는 일인가? 회사의 가치와 내 가치는 같은 것일까?

"야! 권민, 당장 나가!"

박 전무가 이성을 잃었다. 이런 상황에서 보통은 "전무님, 죄송합니다. 1시간 내로 다시 만들어 오겠습니다. 용서해 주십시오"라고 해야 한다. 20초 정도 시간이 흘렀지만, 나는 자존심을 구기고 싶지 않았다.

"다시 만들어 오겠습니다."

"필요 없어. 지금 몇 시인데 그걸 다시 만들어? 필요 없다니까."

이럴 때도 보통은 "30분 내로 다시 만들어 오겠습니다. 죄송합니다"라고 말해야 한다. 그런데, 이게 정말 나에게 가치 있는 행동일까? 그저 보여주기 위한 보고서를 위해 이런 쇼를 해야 할까?

"알겠습니다."

나는 던져진 보고서를 모두 주웠다. 그리고 김용태 상무의 손에 들린 보고서도 달라고 했다. 김 상무가 멈칫했다. 나는 그의 손에서 보고서를 빼앗았다. 분위기가 묘해졌다. 아무리 보고서가 마음에 들지 않더라도, 박 전무는 결국 이 보고서를 들고 회장실로 가야 했기 때문이다. 회의장은 조용해졌다. 모두 내가 완전히 뚜껑이 열린 것을 눈치챘다. 그런데 나는 오히려 당당했다. 물론, 배짱을 부린 적은 많지만, 이렇게까지 당당했던 적은 처음이었다. 차장 진급이라는 '가치'가 내 진정한 '가치'가 아니었음을 깨달은 순간, 나를 억누르던 무언가가 풀려버렸다.

'차장 진급이 내 가치가 아니라고 말할 수 있게 됐군.' 나는 중얼거리며 전무의 방을 나섰다. 그리고 4권의 보고서를 그 자리에서 반으로 찢어버렸다. 그런데도 스트레스가 오르지 않았다. 만약 내가 박 전무가 원하는 대로 보고서를 만들고, 회장이 그것을 보고 판단한다면, 회사는 어떻게 될까? 회사의 본질적인 문제를 외면하고, 그저 외부 환경 탓으로 돌린다면, 수백 명의 직원들은 어떻게 될까?

당장 브랜드가 죽어가고 있는데, 그 사실을 단순히 그럴듯한 말로 포장해 기분만 좋게 만든다면, 우리를 믿고 있는 매장들은 어떻게 될까? 정직이라는 가치를 생각하지 않았을 때는 보이지 않았던 것들이다. 내 안에 정직이라는 가치를 받아들이자, 용기가 생겼다. 이것이 가치의 힘일까?

나는 천천히 자리에 앉았다. 모두 나를 주시했다. 재미있다는 표정들이었다. 나도 재미있었다. 그리고 웃음이 나왔다. 잔잔한 미소였을까? 어쨌든 내 입가에 편안한 미소가 돌기 시작했다.

"너 언제 그만두냐?"

박 대리가 물었다. 그는 자기가 마시던 커피를 내게 건넸다.

"담배 줄까?"

그가 담배도 권했다.

"야, 내가 사형수냐. 피우지 않던 담배를 피우게."

"그럼, 왜 그랬어?"

"가치가 없었어."

"가치? 무슨 가치?"

"나중에 이야기하자. 보고서 다시 만들어야 해."

"무슨 보고서? 네가 찢어버렸잖아?"

"진짜 보고서를 만들 거야. 아까 그건 가짜였어."

아마 20분쯤 지나면 전무의 비서가 와서 던져 버린 보고서를 달라고 할 것이다. 급하게 보고해야 하니까. 이번에는 정확히 숫자를 기재하고, 광고 마케팅 책임자로서 내 의견을 분명히 적을 것이다. 왜냐하면, 정직은 '가치'이기 때문이다. 그 가치가 지금 나를 움직이고 있다.

4. 새벽나라에서 첫 만남

"놀랍군요, 권민 씨. 이렇게 일찍 나오시다니, 무슨 일이 있었나요?"

나는 그가 어제 앉았던 자리에 먼저 와서 앉아 있었다.

"뭐… 약간의 변화가 있었습니다."

"아하, '가치'를 찾으셨군요!"

"어떻게 아셨죠? 아니, 확실히 찾은 건 아니고, 만났다고 하는 게 더 맞을 겁니다."

"당신의 미소와 진지한 표정에서 알 수 있었어요."

그는 내 옆에 앉으며 말했다.

"무슨 말이죠?" 나는 그를 바라보았다.

"가치를 찾은 사람은 인생에 자신감이 생깁니다. 그 자신감이 미소로 드러나죠. 이제 당신과 나는 같은 주파수를 가지게 됐습니다. 말하는 것 이상으로 서로를 느낄 수 있게 된 거예요."

초등학교 때 우연히 100점을 맞고 선생님과 어머니가 나를 자랑스러워했던 그 기분이 떠올랐다. 그는 나를 대견하게 여기고 있었다.

"이제 새벽나라로 들어갈 수 있나요?"

"물론이죠, 가치를 찾으셨다면요. 당신의 가치는 무엇인가요?"

"지금까지 행동으로 옮긴 것은 '정직'입니다. 그것이 저의 기준이 되는 가치가 되었어요."

"좋습니다, 권민 씨. 그럼, 이제 여행을 시작하기 전에 몇 가지 약속을 말씀드리겠습니다. 아마 이 여행이 끝날 때까지 제 입에서 '가치'라는 말은 다시는 나오지 않을 겁니다. 하지만, 이 여행이 끝나면 당신은 그 가치를 진정으로 품게 될 것입니다. 목표는 이루어야 하고, 비전도 나아가야 하지만, 가치는 항상 이루어지지 않을 수도 있습니다. 그런데도, 그 가치는 당신을 가치 있고 순결하게 만들어줍니다. 소유할 수 없기에 아름다운 것이 바로 가치죠. 여행이 끝나면 그 가치를 품고 나에게 꼭 알려 주세요."

그는 나를 언덕 오른쪽에 있는 정원이 있는 집으로 인도했다. 말없이 초록색 문을 열고 들어섰다. 어깨높이의 나무로 만든 초록 문은 이국적인 문양으로 장식되어 있어 흔치 않은 모습이었다. 대문을 들어서자마자 작은 정원이 나타났다. 일본식 정원처럼 아기자기하게 꾸며진 곳이었다. 주변에는 이름 모를 꽃들과 작은 나무들이 있었고, 방금 손질된 것처럼 풀 냄새가 진동했다.

그는 나를 하얀 테이블 쪽으로 안내했다. 우리는 의자에 앉았고, 테이블 위에는 방금 준비된 녹차가 놓여 있었다.

"여기가 당신 집입니까?" 나는 주변을 둘러보며 물었다.

"아니요, 여기는 당신의 집입니다."

그는 천천히 녹차를 마시며 엷은 미소를 띠고 말했다. 그리고 자신도 주변을 둘러보았다.

"아니, 나는 이런 집을 가진 적이 없는데… 말도 안 돼요."

"그래요. 하지만 언젠가 당신이 꿈꾸던 그런 집 아닙니까?"

"그건 그래요. 이런 집입니다. 저 안쪽에 작은 풍차가 있는데… 어! 저거 작은 풍차 맞죠?"

나는 눈을 의심했다. 40센티미터 정도 되는 빨간 풍차가 있었다. 아주 오래전에 만들다 실패한 조립식 풍차였다. 내가 예전에 상상했던 정원과 물건들이 이처럼 똑같이 눈앞에 나타나다니. 그래서인지 처음부터 낯설지 않았다.

"이곳은 당신의 집입니다. 앞으로 새벽나라에 사는 동안 여기서 머물게 될 것입니다. 이 집은 당신을 위해 새롭게 지은 집이에요. 새벽 거인들이 당신을 찾아올 것입니다."

"마술 같군요!"

"마술은 아닙니다. 초능력도 아니고요. 이 모든 것은 당신이 새벽 여행을 마치면 알게 될 것입니다."

"당신의 이름은 무엇이죠?"

"정말 빨리도 물어보시는군요. 당신은 자신의 목표와 관심사 외에는 전혀 신경 쓰지 않는군요. 그게 당신이 있던 세상에서는 강점일 수 있지만, 여기에서는 치명적인 약점이 될 수도 있습니다."

그는 손에서 종이를 꺼내 무언가를 적었다. 종이를 세 번 접은 후 바지 왼쪽 주머니에서 작은 봉투를 꺼내 그 안에 넣었다. 봉투를 완전히 밀봉한 후 나에게 건넸다.

"새벽 어머니를 만난 후에 이 봉투를 열어보세요."

"당신의 이름인가요?"

"아니요, 당신이 만나게 될 새벽 거인의 이름입니다."

나는 작은 봉투를 뒷주머니에 넣고 그를 바라보았다. 그도 나를 응시하고 있었다.

"권민 씨. 이곳은 나라입니다. 공화국이죠. 그리고 여기는 속지주의 원칙이 적용됩니다. 우리는 아침이 되면 새벽 사람들을 현실로 내보내 일을 하게 합니다. 그리고 그들은 다시 새벽이 되면 이곳에 모입니다. 이해를 돕자면, 우리는 세상으로 파견된 간첩과 같습니다."

"간첩이라니요?"

"이해를 돕기 위한 표현일 뿐입니다. 새벽 사람들은 세상을 더 가치 있는 곳으로 만들기 위해 일하고 있습니다. 당신은 어제 '정직'이라는 가치를 깨달았고, 그 가치를 통해 회사의 문제를 있는 그대로 드러내어 막대한 피해를 막았습니다. 그 과정에서 자신을 사랑하게 됐고, 앞으로 그 회사는 천천히 바뀌게 될 것입니다. 이처럼 당신은 새벽나라에서 가치를 배우고, 그것을 세상에 전하게 될 것입니다."

"잘 이해가 되지 않는데요."

"이해하려 하지 마세요. 받아들이고 느껴보세요."

"이제 어떻게 해야 하죠?"

"그리고 앞으로 '이제'라는 시간이 없을 것입니다. 새벽나라에서는 현재가 없어요. 오직 미래만 존재합니다. 당신은 새벽 날개와 새벽 진주를 얻기 위해 노력해야 할 것입니다. 그것이 당신의 과제입니다. 그리고 이 정원을 잘 가꾸세요. 하루만 방치해도 벌레와 잡초가 무성해질 테니까요. …… 차가 식습니다. 드시죠."

그와 나는 한동안 말없이 차를 마셨다. 나는 계속 주변을 둘러보았다. 갑자기 얻은 이 집이 나를 어리둥절하게 만들었고, 그는 주변을 살펴보며 미소를 지었다. 작은 연못이 있는 이 정원에서 내가 느낀 것은 '안식'이었다. 단순한 휴식과는 다른, 깊은 평온이었다. 잘 가꾸어진 정원에서 차를 마시는 이 시간은 쉼 이상의 깊은 의미를 지니고 있었다. 우리는 아무 말도 하지 않고, 이렇게 정원에서 새벽 시간을 보냈다.

나는 침묵 속에서 많은 것을 느끼고 있었다. 움직이는 것은 찻잔에서 나오는 수증기와 차를 마실 때 나는 목구멍소리뿐이었다. 내 신경을 자극하는 것은 아무것도 없었다. 하지만 놀라운 것은, 내가 무엇인가를 배우고 있다는 느낌이었다. 외부에서 지식이 들어오는 것이 아닌데도, 내 안에 흩어져 있던 생각들이 하나둘씩 모여들어 새로운 깨달음을 주는 듯했다.

이후 나의 새벽나라 체류는 5년이 걸렸다. 그 기간 나는 수많은 새벽 거인을 만나게 되었다.

5. 업무는 시작되고

　칼국수 집에서 점심을 먹고 회사로 돌아가기 전, 나는 꼭 한 군데를 들른다. 바로 옆 구멍가게 앞에서 벌어지는 장기판이다. 70세쯤 돼 보이는 할아버지의 노련한 수와, 초등학생도 아닌 꼬마의 천재적인 공격술은 말 그대로 환상적인 플레이를 보여준다. 나는 그들의 장기를 보면서 가끔 그들과 하나가 된 기분이 든다. 내가 저 꼬마일까? 아니면 노인일까? 아니면 그저 장기판의 말일까? 마치 내 인생과 너무 닮아 있기에….

　오늘의 주요 안건은 오전에 있을 신규 아동 브랜드 광고 집행과 오후의 성인 캐주얼 브랜드 론칭 보고서 발표다. 나는 새벽부터 보고서를 만들었고, 오전 9시가 되어서야 겨우 마무리했다. 오늘은 무척이나 부담스러운 하루가 될 것 같다.

　창문 너머로 눈이 내린다. 언제부턴가 나는 눈이 내리는 것을 싫어하게 되었다. 차가 막히기 때문이다. 그래서 눈이 오면 빨리 녹기를 바라곤 한다. 이제 자동차가 내 감정을 지배하는 것 같다. 그런데 오늘은 하늘에서 터져 나오는 하얀 눈송이가 너무 아름답다.

　왜 이렇게 아름다워 보일까? 갑자기 내가 낭만적인 사람이 된 걸까? 커피 한 잔을 들고, 흐드러지게 내리는 눈을 보며 고마운 마음이 드는 이유는 아마 오늘 아침에 죽음에 대해 생각했기 때문일 것이다. '어떻게 살까'를 고민하면 마음이 복잡해지지만, '어떻게 죽을까'를 생각하면 현실을 직시하게 되고, 내가 무엇을 해야 할지가 분명해진다.

그 생각이 머릿속에 맺히자, 내 목표가 하나의 점처럼 명확하게 보였다. 그 순간 나는 겸손해졌고, 내가 하는 모든 것들에 대해 반성하게 되었다. 갑자기 마음이 넓어지는 것을 느꼈다. 그 기분을 표현할 적절한 단어가 없다면, '정리된다'는 표현이 어울릴 것이다.

사람들이 회의실로 들어오기 시작했다. 내가 발표할 때 몇 명의 디자이너들이 광고 시안을 들고 설명하게 된다. 이런 발표에서 중요한 원칙은 '어떻게 말할 것인가?' '누구에게 말할 것인가?' '무엇을 말할 것인가'다. 그중에서도 가장 중요한 것은 '어떻게 말할 것인가'다.

만약 발표자가 자신이 말할 내용에만 집중한다면, 발표 시간 내내 아무도 듣지 않고 아무도 이해하지 못하게 된다. 나는 준비한 보고서를 나눠주고, 각 장을 설명하기 시작했다. 30여 페이지에 달하는 두꺼운 보고서이기에 각 장마다 핵심 아이디어를 담고, 부연 설명은 말로 보충했다.

"권민 씨, 핵심이 뭡니까?"

아마 내가 '어떻게 말할 것인가'에서 실수를 한 것 같다. 이런 질문 뒤에는 보통 요점을 공격하는 질문들이 이어진다. 그리고 주로 질문을 던지는 사람은 결정권자다. 여기서 망치면 내 뒤에 발표할 디자이너들은 광고 시안을 보여주지도 못하고 돌아가야 한다. 선택할 수 있는 두 가지 방법이 있다. 첫째, 상대방이 생각하는 핵심을 물어본 뒤, 그 기준을 존중하면서 설명하는 방법. 둘째, 전문 지식을 활용해 상대방이 전혀 생각하지 못한 관점에서 요점을 풀어내는 방법이다. 나는 두 번째 방법을 택했다.

"아동복의 핵심은 예쁜 아기입니다. 궁극적으로 부모는 브랜드보다는 예쁜 아기를 원합니다. 그래서 우리 브랜드의 솔루션은 저렴한 가격의 옷으로 부모에게 예쁜 아기를 만들어 주는 것입니다."

"아기가 있습니까?"

나는 아기가 없었다. 이 질문은 공습경보나 다름없다. 그들은 이제 나의 경험이 없다는 점을 공격할 것이다. 물론 나는 300명의 소비자 조사를 가지고 있었지만, 그들은 내가 아기 부모가 아니라는 사실을 겨냥할 것이다.

"없습니다."

"없는데 어떻게 그렇게 확신할 수 있습니까?"

"설문지 분석에 근거했습니다."

"설문지를 100퍼센트 믿습니까?"

이쯤 되면 나를 몰아붙일 준비가 된 것이다. '100퍼센트 믿는다'고 답하면 설문을 신뢰할 수 없다고 공격할 것이고, '믿지 않는다'고 답하면 왜 그런 보고서를 냈느냐고 따질 것이다. 나는 긴 호흡을 내쉬며 주변 사람들을 살폈다. 10여 명 중 7명은 나의 방향에 동의하는 듯했고, 3명 정도가 부정적이었다. 나는 미소를 지으며 말했다.

"95퍼센트는 믿습니다."

"나머지 5퍼센트는 무엇입니까?"

"저의 경험과 지식, 그리고 직관입니다."

"좋습니다. 다시 한 번 내용에 대해 정확히 설명해 주십시오."

이번에는 '어떻게 말할 것인가'가 적중했다.

"다시 말씀드리겠습니다. 아동복 구매는 엄마의 감각을 나타내는 요소입니다. 디자인이 중요한 이유죠. 부모들은 아동복을 통해 대리만족을 느끼며, 특히 여아의 경우 옷의 성별이 확실히 구분되는 브랜드를 선호합니다. 부모들은 아이가 남자아이처럼 보이는 것을 원치 않죠. 소비자들은 2~3개의 특정 브랜드를 계속해서 이용하는데, 브랜드에 대한 높은 충성도는 자신과 아이를 동일시하기 때문입니다. 따라서 아동복은 평상복이 아닌 외출복으로 포지셔닝되어야 하며, 광고 비주얼 역시 외출복의 느낌을 줘야 합니다."

"외출복이 이 브랜드의 콘셉트입니까?"

"네, 그렇습니다."

"광고 시안을 보여줄 수 있습니까?"

내가 이겼다.

3시간에 걸친 긴 광고 발표가 끝나고, 나는 서둘러 다음 회의장으로 이동했다. 그런데 준비된 보고서를 보고 나는 놀랐다. 우리와 경쟁하는 브랜드의 모든 정보가 담겨 있었다.

"이 자료는 어디서 나온 겁니까?"

"관심이 능력이죠."

신규 브랜드 기획자는 간단히 대답하며 출처를 회피했다. 이 자료는 우리가 경쟁 브랜드를 어떻게 시장에서 밀어낼 수 있을지를 명확하게 보여주고 있었다. 마케팅을 하는 사람들은 전략에 살고,

전략에 죽는다. 사실 전략이란 단어가 입에서 떠나지 않는다. 그런데 많은 마케터가 전략에 관해 묻는다면, 소비자의 니즈 파악이나 트렌드 분석을 떠올린다. 하지만 전략이란 본래 군대 용어다. 군대는 전쟁을 치르는 조직이다. 적군과 아군이 있다.

소비자가 적인가? 절대 그렇지 않다. 프로이센의 장군 칼 폰 클라우제비츠는 "전쟁은 사업 경쟁의 영역에 속하며, 경쟁은 인간의 이해관계와 갈등이다"라고 말했다. 마케팅도 마찬가지다. 마케팅은 다수의 경쟁자가 서로를 공격하는 전쟁이다. 경쟁업체는 적이며, 소비자는 싸워서 얻어야 할 전리품이다.

회의는 무려 8시간이 지난 저녁 11시에 끝났다. 200페이지가 넘는 마케팅 기획서와 광고 기획서가 만들어졌다. 이 기획서에 따르면, 2월에 출시될 신규 브랜드는 아마도 3년 동안 경쟁 브랜드가 없을 정도로 강력한 브랜드가 될 것이다.

밤 12시 20분. 오늘은 몸도 마음도 지쳤다. 영혼마저 지쳐버린 것 같다. 직장에서 생존하기 위해 오늘도 피터 드러커를 비롯한 수많은 전문가의 지식을 이용했다. 마치 게임처럼 살았다. 게임에서 이기려면 먼저 규칙을 알아야 한다. 장기도 규칙에 따라 움직이는 질서가 있다. 어느 한쪽이 힘의 균형을 유지하지 못하면, 다른 한쪽의 규칙이 그 질서를 무너뜨린다.

두 번째로 항상 이길 수 있는 규칙을 가져야 한다. 이것을 패턴이라고 부르는데, 게임의 승부는 결국 누가 더 유리한 규칙을 가지고 있고, 더 많은 경우의 수를 계산할 수 있느냐에 달려 있다. 이번에 출시될 브랜드도 강력한 경쟁 브랜드의 규칙을 바꾸는 전략으로 만들어지고 있다. 수많은 브랜드가 유니섹스 캐주얼의 대표 브랜드인 G브랜드와 경쟁하려고 했지만, 3년 동안 그저 흉내만 내다가 결국 G브랜드의 시장만 키워주고 말았다. 마케팅의 세계에서 강력한 적을 만나면, 그들의 규칙을 바꿔야 한다. 그러면 변화의 과정에서 상상할 수 없는 혁신을 통해 경쟁 브랜드를 무너뜨릴 수 있다.

새벽 1시 20분. 그런데 나는 아직 집에 들어가지 못하고 있다. 사춘기 때 자주 가졌지만 풀지 못했던 질문이 오늘 밤 다시 떠올랐기 때문이다. 직업인으로서, 경쟁하기 위해, 이기기 위해 필요한 지식을 쌓아왔지만, '나는 누구인가'라는 질문에 답할 지식은 없었다.

나는 누구인가? 그때 전화가 울렸다.

"여보세요. 여보, 집에 안 와?"

"아, 금방 갈게. 미안해, 아직 사무실이야."

"지금 몇 시인지 알아?"

"어…. 그래, 많이 늦었네. 금방 갈게."

"빨리 와. 조심하고!"

"잠깐. 너, 나를 어떻게 생각해?"

"무슨 말을 하는 거야?"

"아니, 나에 대해서 아는 걸 말해봐."

"왜 그래? 무슨 일 있었어?"

"아니야…. 그래, 집에 가서 이야기하자."

"빨리 와."

"그래, 끊을게."

지금 내가 궁금한 것은 만약 광고 기획자와 마케터가 아니었다면, 나는 어떤 모습으로 존재하고 있을까 하는 것이다. 사람은 지식에 따라 사회에서의 역할과 생존 방식이 달라진다. 만약 내가 지금까지 배워온 지식이 없다면, 나는 어떤 사람이 되었을까? 지금까지 나는 사회가 요구하는 지식만을 쌓아왔을 뿐, 정작 나에 대해 아는 것이 없었다. 게임에서 승리하기 위한 규칙과 패턴은 익혔지만, 내 삶을 어떻게 살아야 하는지에 대한 지식은 없었다.

6. 새벽은 시작되고

새벽 안내인은 터벅거리며 걸어오는 나를 지켜보고 있었다.

"피곤해 보이시네요."

"잠을 못 잤습니다."

"무슨 걱정이라도 있습니까?"

"걱정이라기보다는 풀지 못하는 숙제 때문에 힘들었습니다."

"풀지 못했습니까, 아니면 알지 못했습니까?"

그는 마치 내 문제를 이미 알고 있고, 풀어줄 수 있을 것 같은 표정으로 말했다. 벤치에 앉으며 그는 다시 입을 열었다.

"문제를 푸는 것도 중요하지만, 문제를 정확히 아는 것이 더 중요합니다. 문제를 정확히 알면, 그것을 풀 수 있을지, 아니면 해결할 수 없는 문제인지 알게 되죠."

"내 문제를 풀어줄 수 있습니까?"

"…아니요."

의외의 대답이었다. 그는 바닥에 손가락으로 무언가를 쓰기 시작했다. 이번에는 내 이름을 선명하게 그렸다.

"이걸 뛰어넘어 보세요."

"뭘요?"

"자신을 다른 시각으로 바라보세요."

"무슨 말이죠?"

"권민이 권민이 아닐 수도 있죠."

"솔직히 말하자면, 당신은 항상 말장난을 즐기는 것 같습니다."

"권민 씨, 기분이 상하셨군요. 하지만 저는 진심입니다. 권민이 권민이 아닐 수도 있습니다. 즉, 당신이 현재 생각하는 자신이 진정한 모습이 아닐 수도 있다는 것이죠."

"종교적인 이야기인가요?"

"아니요, 그런 건 아닙니다. 단지 자신을 더 정확히, 객관적으로 바라보라는 겁니다. 당신은 광고와 마케팅을 하시니까 이렇게 설명하겠습니다. 우리가 살고 있는 세상의 모든 문화와 문명, 어디서 나왔을까요? 좀 더 정확히 말하자면, 이 세상의 많은 것들은 상업주의와 자본주의의 산물이지 않습니까? 자본주의도 하나의 규칙이고, 민주주의도 규칙입니다. 그런데 당신은 이런 규칙 속에 갇혀서 진정한 자신을 보지 못하고 있다는 겁니다."

"당신의 말은 늘 복잡하군요."

"그렇지 않습니다. 당신은 그동안 쉽게 사는 것에 익숙해져서,

자신에 대해 깊이 생각해 보지 않았기 때문입니다. 더 솔직히 말하자면, 당신의 머릿속은 온통 생존을 위한 생각뿐입니다."

"오늘은 조심스럽게 이야기를 해야겠군요."

나는 무척 기분이 상했다. 그의 말이 나를 불편하게 했다.

"오늘은 시간이 없습니다. 벌써 돌아가야 할 시간입니다. 권민 씨, 지식보다 지혜를 구하십시오."

"지혜라니요?"

"지혜가 필요합니다."

나는 더 이상 지혜에 관해 물어볼 수 없었다. 그가 말하는 '지혜'가 무엇을 의미하는지 알지 못했기 때문이다. 그가 말하는 지혜는 단순히 IQ나 영리함이 아니었다. 그는 나에게 지혜에 대해 더 설명하고 싶어 했다. 그러면서 오른쪽에 있는 큰 은행나무 밑으로 걸어 갔다.

"겸손해지면 지혜를 받을 수 있습니다."

"지혜를 누가 주나요?"

나는 퉁명스럽게 물었다.

"지혜는 받을 수도 있고, 찾을 수도 있습니다."

그는 차분한 미소를 띠며 나를 바라보았다.

"잊지 마세요, 권민 씨. 지혜의 열쇠는 겸손입니다."

"그렇다면 겸손은 어떻게 얻을 수 있습니까?"

그는 미소로 답을 대신했다. 30초 정도 가만히 있다가 천천히 말을 이었다.

"당신의 친구들에게, 당신의 부인에게, 당신의 상관에게 자신에 관해 물어보세요. 좋은 말을 듣기 위한 것이 아닙니다. 그들에게 비친 당신의 모습과 당신이 숨기고 있는 자기 모습을 비교해 보세요. 만약 부끄러움을 느꼈다면, 당신은 겸손해진 것입니다."

지금까지 나는 한 번도 스스로를 겸손하다고 생각해 본 적이 없었다. 가장 큰 이유는 내가 교만해질 만큼 높은 위치에 올라가 본 적이 없었기 때문이다. 뛰어난 능력도 가진 적이 없었다. 그러나 그가 말하는 겸손은 단순히 교만의 반대말이 아닌 것 같았다. 그것은 또 다른 차원에서 필요한 성품이자, 그 세계에서 삶을 위한 지혜처럼 보였다.

소크라테스의 말이 떠올랐다. '나는 나 자신을 얼마나 알고 있는가?' 정직한 그는 자신이 아무것도 모른다는 것을 확실히 알고 있다고 말했다. 수천 년이 지난 지금, 최소한 소크라테스보다 훨씬 더 많은 정보를 가진 나는 어떤가? 내가 아는 것은 고작 '내가 좋아하는 것과 싫어하는 것' '나의 취향과 스타일' 같은 사소한 것들뿐이다. 놀랍게도 나는 나에 대해 너무나도 모르고 있었다.

7. 코엘의 숲

"몇 년 만이죠?"

나는 우리가 처음 만났던 새벽나라로 들어가는 언덕 위의 의자에 앉아 그를 기다리고 있었다. 내가 짧게 인사를 건네자, 그는 깜짝 놀란 듯 보였다. 내 앞까지 걸어오는 동안, 그는 처음 보여주었던 그 평온한 미소를 짓고 있었다.

"3년 만입니다."

그는 내 옆에 앉아 큰 손을 내밀며 악수를 청했다. 그의 손은 여전히 크고 따뜻했다. 내 손을 꽉 쥐고는 이내 부드럽게 놓았다.

"건강해 보이시네요."

나는 그를 보며 잔잔히 웃었다.

"그리고 살도 많이 쪘어요."

나는 내 배를 가리키며 싱겁게 웃어 보였다.

"당신의 영혼도 많이 성장했군요."

그는 우리가 처음 만났을 때처럼 부드러운 미소를 지으며 말했다.

"그래요. 그리고 새벽 어머니도 만났어요."

"알고 있었습니다."

"어떻게 알았죠?"

"저는 이쪽으로 오면서 종종 당신의 정원을 담 위에서 보았습니다. 그때마다 그녀와 함께 많은 새벽 거인이 있었고, 당신도 그들 사이에 있더군요."

"왜 들어오시지 않고 그냥 가셨습니까?"

그는 대답 대신 소리 없는 웃음을 지어 보였다. 예전에는 그와 만남에서 긴장감과 이질감을 느꼈지만, 오늘은 달랐다. 처음으로 그에게서 친근함이 느껴졌다. 나도 처음으로 편안한 마음으로 그를 기다렸다. 무엇보다도, 그와의 대화에서 여유를 느낀 것이 놀라웠다. 마지막으로 만났을 때 그의 훈계가 찜찜하게 남아 있어 오늘은 용서를 구하려고 했는데, 용서를 구할 필요가 없었다. 그는 이미 나를 용서했고, 그때의 일을 기억조차 하고 있지 않은 듯했다.

우리는 약속이라도 한 것처럼 동시에 일어나, 언덕 위에 있는 '코엘의 숲'으로 향했다. 그곳은 수천 년 동안 새벽 거인들이 직접 가꾸어 놓은 정원으로, 시간이 흐르지 않는 땅이다. 나는 그 숲에 대해 말로만 들었지, 한 번도 가본 적이 없었다. 코엘의 숲은 신비하고 영적 권위가 느껴지는 곳이었기에 나에게는 두려움의 대상이었다.

숲으로 가는 길은 나무를 벽돌처럼 쌓아 만든 독특한 길이었다. 길가에는 알 수 없는 들풀과 들꽃들이 피어 있었다. 새벽나라에서 흔히 볼 수 있는 잘 정돈된 정원들과 달리, 이곳은 정돈되지 않은 자연 그대로의 모습을 하고 있었다.

"글을 쓰고 계시죠?"

그는 내가 인생의 유산에 대해 작업하고 있는 것을 알고 있었다. 아마 그래서 오늘 내가 이곳에서 그를 만날 것임을 알고 있었던 것 같다. 그가 나를 코엘의 숲으로 데려가는 이유가 조금씩 이해되기 시작했다.

"그냥 좀 적고 있어요."

"왜죠?"

"복합적인 이유입니다. 정리도 해야겠고, 나 자신에게 가치 있는 시간을 주고 싶어서요…. 아직은 다 정리되지 않았습니다."

"그래요, 복합적인 이유라고 할 수도 있죠. 하지만 저는 정직한 이유를 듣고 싶습니다."

"솔직히 말하면…. 저도 새벽 거인이 되고 싶어서입니다. 그래서 새벽과 낮의 일을 일치시켰습니다. 이제 가치를 알게 되었고, 그것을 품었을 때 얻는 새벽 진주와 날개도 경험하게 되었습니다."

"생각과 행동의 일치, 그것은 어려운 일이죠. 이제 남은 건 과거와 미래를 일치시키는 일입니다."

그는 그 말을 하고 나서 더 이상 내 작업에 관해 이야기하지 않았다. 코엘의 숲까지 가는 동안 우리는 사소한 일상에 대한 이야기를 나누었다. 어제 읽은 책 이야기, 요즘의 정치적 현황, 닷컴 회사의 붕괴가 가져올 사회적 파장, 아내의 임신과 출산 이야기, 다음 주에 사게 될 자동차까지. 뜻밖에도 그는 생활의 주제들에 대해 진지한 태도로 문제점을 짚고 대안을 제시했다. 그러나 대안을 이야기할 때도 그는 문제를 푸는 것보다는, 객관적인 관점을 유지하려 애쓰는 듯 보였다.

"당신은 늘 진지하시군요."

그는 웃음으로 대답했고, 그 웃음은 '아니'라는 의미였다.

"새벽나라에서 무엇을 보셨습니까?"

그가 물었다.

"마술이었죠."

"하하, 그것은 당신이 말하는 새벽 기적이군요."

"맞습니다."

"당신은 완벽한 새벽 예찬론자가 되었군요."

"예찬론은 2년 전에 끝났습니다. 이제 시민권을 받게 되었습니다."

"오, 벌써요? 그럼, 이제 새벽 시민의 권리와 의무도 배우셨겠군요?"

"네."

새벽나라 시민의 권리와 의무는 간단했다. 권리는 새벽 지혜를 사용할 수 있다는 것이고, 의무는 그 지혜를 통해 배운 가치를 다른 사람들과 나누는 것이었다. 세 줄 남짓의 간단한 원칙이지만, 그 원칙은 새벽나라를 지키는 가장 강력한 동력이었다.

그는 내 모습을 무척 대견해하는 듯했다. 계속해서 나를 보며 잔잔한 미소를 지었다.

"왜 웃으시죠?"

"오, 기분이 나쁘셨다면 용서하세요. 처음 만났을 때의 당신 모습이 떠올라 웃은 겁니다. 당신도 그때를 떠올리면 웃음이 나올 겁니다. 그때 제가 10분만 있다 가겠다고 하니 화를 내셨잖아요? 그런데 이제는 당신이 저를 기다리고, 새벽나라의 시민권까지 받게 되었다니….."

"솔직히 저도 그때의 제 모습이 우습긴 합니다."

나는 머리를 긁적이며 말했다.

"아닙니다. 우스운 일이 아니죠. 놀라운 일입니다."

우리는 15분 정도 말없이 코엘의 숲을 향해 걸어갔다. 길은 점점 좁아졌고, 숲으로 더 깊숙이 들어갈수록 주변에는 새들이 많아졌으며, 먼 숲 너머로 사슴의 뿔도 보였다.

"아직 멀었나요?"

"어디 가요?"

"코엘의 숲이요."

"바로 여기가 코엘의 숲입니다."

"그럼, 지금은 어디로 가나요?"

"시간의 문으로 갑니다."

"시간의 문은 뭐죠?"

"시간이 흘러갔다가 다시 돌아오는 문입니다. 여기서 당신은 과거를 만나고, 현재를 만나고, 그리고 미래를 만날 것입니다."

"약간 이해할 수 있을 것 같습니다."

사실 솔직히 말하자면, 나는 그저 추측할 뿐이었다. 그는 내게 또 다른 변화와 지혜를 보여주려는 듯 보였다. 나는 계속해서 코엘의 숲을 걸어가며 주변에서 일어나는 신기한 장면들을 보았다. 오른편에 있는 꽃들은 전혀 시들지 않고 계속 화려하게 피어 있었지만, 왼편의 꽃들은 계속 피었다가 시들고, 다시 피고, 그리고 또 시들어버렸다. 이 빠른 주기는 단지 꽃들뿐만이 아니었다. 왼편에 있는 모든 것들이 빠르게 시작하고 끝나는 사이클을 보여주고 있었다.

코엘의 숲은 시간이 시작되고 끝나는 곳이었다. 나는 이곳에 영원만이 존재할 줄 알았는데, 내가 보는 이 광경은 내가 기대했던 것과 전혀 달랐다. 이 모든 것은 어떤 상징인가? 이 장면을 어떤 지혜로 풀어야 하는 걸까?

"다 왔습니다."

그는 시간의 문이 보이는 또 다른 문 앞에서 나를 멈춰 세웠다. 그 문은 투명한 유리문이었다. 유리문 너머에는 어둠이 깔려 있었지만, 갑자기 환해졌다가 다시 어두워지고, 또다시 빛이 스치듯 환해졌다.

"저 안으로 들어갈 수 있나요?"

"들어갈 수는 있습니다."

"무슨 말이죠?"

"하지만 아직 나오는 사람은 본 적이 없습니다."

그의 말에 순간 소름이 돋았다. 나는 한동안 아무 말도 하지 못하다가, 겨우 그에게 조용히 물었다.

"저것이 죽음인가요?"

"사람들은 그렇게 부르기도 하죠."

"그럼, 여기서는 뭐라고 부르나요?"

"우리는 그것을 '시간의 문'이라고 부릅니다."

갑자기 죽음이 나를 덮치듯 다가왔다. 나는 이전까지 한 번도 이렇게 가까이서 죽음을 바라본 적이 없었다. 왜 그가 나를 이곳으로 데려왔을까?

"당신에게 현실을 보여주고 싶었습니다."

그는 내 표정을 읽고 있었다.

"두렵습니까, 권민 씨?"

"놀랐습니다."

"이제 받아들여야 합니다."

"무엇을요?"

"시간의 본질과 당신이 가지고 있는 시간의 끝에 대한 실체를 말입니다."

나는 침묵했다. 무엇을 깨달아야 할까? 내가 죽어가고 있다는 사실을 받아들여야 한다는 것인가? 이 문, 이 죽음 후의 세계는 도대체 무엇을 의미하는 것일까? 나는 그저 새벽 거인이 되고 싶었을 뿐이다. 그런데 새벽나라 한가운데에 있는 이 시간의 문은 결국 죽음을 의미하는 것인가?

"권민 씨, 시간의 끝은 0이 아닙니다."

"그럼, 1인가요?"

나는 애써 농담을 던졌다. 긴장을 풀려는 시도였지만, 오히려 분위기는 더 어색해졌다.

"죽음만을 바라보지 마십시오."

"솔직히 이렇게 가까이서 죽음을 마주하게 되어 많이 놀랐습니다."

"죄송합니다. 놀라게 했다면 용서하십시오. 하지만 저는 당신이 이제 무엇을 해야 하는지, 그리고 그 일을 어떤 마음으로 해야 하는지 깨닫기를 바랐습니다. 그래서 이곳으로 데려왔습니다."

"무슨 뜻인가요? 이번에는 조금 더 쉽게 설명해 주세요."

그는 미소를 지으며 어색한 시간을 메웠다.

"저기, 우리가 왔던 언덕길을 보세요. 누군가 내려오고 있죠?"

"네, 보입니다."

"바로 당신입니다."

"예?"

"우리는 잠시 빠른 길을 통해 이곳에 왔습니다. 하지만 저기 보이는 당신은 언젠가 이곳에 도착하게 될 것입니다."

"지금 무슨 말을 하고 싶은 거죠?"

"당신은 죽습니다."

"그건 저도 알고 있습니다."

"미래는 마르지 않는 시간의 샘물이 아닙니다. 이미 우리에게 주어진 제한된 시간입니다. 새벽 시간을 어떻게 쓸지를 넘어서, 이제는 당신이 모든 시간을 어떻게 쓸지 고민해야 할 때입니다."

"내가 무엇을 더 해야 한다는 건가요?"

"무엇을 더 해야 한다는 것이 아닙니다. 이제 시간에 대한 경외감을 가져야 한다는 것입니다."

"시간에 대한 경외감이요?"

그는 나를 유리문 가까이 데리고 갔다. 그의 손가락이 문을 가리켰다.

"시간은 무한히 흐르는 것이 아닙니다. 그것은 제한적이고, 우리가 가진 유일한 자산입니다. 당신이 해야 할 일은 그 시간을 두려워하는 것이 아니라, 존중하고 가치 있게 사용하는 것입니다."

나는 그의 말을 천천히 되새기며, 눈앞의 유리문을 바라보았다. 왼편에서 계속 피고 지는 꽃들과 오른편에서 영원히 피어있는 꽃들이 내 시선을 붙잡았다. 이곳에서 시간은 더 이상 추상적이지 않았다. 한쪽은 빠르게 소멸하는 생명의 주기를 보여주고 있었고, 다른 한쪽은 멈춰버린 영원을 상징하고 있었다.

"시간에 대한 경외감…. 그것이 무슨 의미인지 조금씩 이해할 것 같습니다."

그는 나의 혼란을 읽은 듯 부드럽게 고개를 끄덕였다.

"시간의 경외감이란, 단순히 죽음을 두려워하는 것이 아닙니다. 당신이 남은 시간을 어떻게 바라보고 사용하는지가 중요합니다. 새벽 거인이 된다는 것은 새벽 시간뿐 아니라 당신이 가진 모든 시간을 경외하고 살아가는 법을 배우는 것입니다."

나는 그의 말을 들으며 깊이 생각에 잠겼다. 죽음을 바라보는 것만이 중요한 게 아니었다. 남은 시간을 어떻게 살아가는지가 중요한 것이었다. 새벽 거인이 된다는 것은 단지 새벽을 맞이하는 것이 아니라, 매 순간을 경외하는 삶을 사는 것이었다.

"그럼, 나는 무엇을 해야 하죠?" 나는 조용히 물었다.

그는 잠시 나를 바라보더니, 다시 부드럽게 말했다.

"이미 당신은 많은 것을 해냈습니다, 권민 씨. 더 많은 일을 해야 한다고 생각하지 마세요. 중요한 것은 앞으로 남은 시간을 어떻게 바라보고, 그 시간을 어떻게 가치 있게 사용하는가입니다."

그의 말이 내 마음속으로 스며들었다. 죽음은 그저 종착지가 아니라, 그 종착지까지 가는 여정이 중요하다는 것. 새벽나라에서 내가 배운 가장 중요한 것은, 삶의 모든 순간을 경외하는 법이었다.

"시간의 문은 죽음이 아니라, 그 앞에 선 우리가 시간을 어떻게 사용할 것인지에 대한 깨달음을 주는 문입니다."

나는 깊은 숨을 들이쉬었다. 더 이상 죽음이 두렵지 않았다. 중요한 것은 내가 어떻게 시간을 경외하며 살아갈 것인지에 대한 책임이었다. 그제야 나는 내가 찾고 있던 것이 시간 그 자체가 아니라, 그 시간을 어떻게 살아가는 방식이었음을 깨달았다.

"이제 저는 다시 떠나야 합니다. 하지만 이곳의 시간은 언제든 당신을 다시 부를 것입니다."

그는 마지막으로 내 손을 부드럽게 잡았다가 놓았다.

나는 다시 한 번 유리문을 바라보았다. 이제 그곳의 어둠과 빛의 흐름이 두렵지 않았다. 중요한 것은 그 문을 통과하기 전까지 내가 남은 시간을 어떻게 살아갈 것인가였다.

"당신은 언젠가 저 문으로 들어가게 됩니다. 사실을 받아들이라는 것입니다. 당신 안에 일어나는 두려움 때문에 그 사실을 피하지 마십시오. 그 두려움을 인정하는 것이 중요합니다."

나는 그의 말이 이해되긴 했지만, 동감하지는 못했다. 내가 사용할 수 있는 시간이 매우 한정적이라는 것을 오늘 처음 알게 되었고, 그 시간이 이렇게 짧게 남았다는 것을 절감하게 되었다. 절망감이 밀려왔지만, 또 다른 감정도 함께 밀려들었다. 그것은 조급함이었다. 뭔가 빨리 해야 한다는 초조함이 마음을 누르기 시작했다. 왜 이제야 이 사실을 깨닫게 되었을까? 허무하게 흘려보낸 수많은 시간에 대한 자책과 분노가 치밀었다.

우리는 한동안 말을 하지 않았다. 그는 내 감정이 정리되기를 기다리는 듯 보였다. 나는 왼편에 펼쳐진 정원을 보며 조금씩 이 광경의 의미를 알 것 같았다. 처음에는 왼쪽과 오른쪽이 전혀 다른 꽃들인 줄 알았지만, 사실은 모두 같은 종류의 꽃과 풀이었다.

"왼편은…"

"그렇습니다. 같은 꽃이지만, 왼편에 있는 것들은 빠르게 피고, 빠르게 시들어 버리죠. 반면 오른편에 있는 꽃들은 매우 오랜 시간 동안 피어 있고, 잘 시들지 않습니다."

"죽지도 않나요?"

"어쩌면 죽지 않을 수도 있죠."

그는 내가 긴장하고 있다는 것을 알고 있는 듯했다. 마치 물에 빠진 사람이 지푸라기라도 잡으려 하듯, 나는 뭔가를 붙잡으려고 당황해하고 있었다.

"권민 씨, 제가 갑자기 이쪽으로 온 것은 결코 겁만 주기 위한 것이 아닙니다. 첫 번째 목적은 당신이 가지고 있는 남은 시간을 깨닫게 하려는 것이었습니다. 그리고 당신이 지금 연구하고 정리하며 쓰고 있는 글에 대해 더 많은 시간을 할애하길 원했습니다. 두 번째 목적은 당신이 오래 사는 방법을 알려주기 위해서입니다. 그 책을 통해 당신은 최소 100년은 더 살 수 있을 것입니다. 물론 그 내용이 무엇이며, 그 글이 왜 중요한지가 제일 중요하겠죠. 100년 후에도 당신과 대화하고 싶어 하는 사람이 있을까요?"

나는 무슨 말을 해야 할지 몰랐다. 그저 그를 바라보며 답을 기다렸다. 그는 내 시선을 받으며 말을 이었다.

"당신이 글을 쓰고 있기에 이곳으로 데려온 것입니다. 단순히 글이라는 매개체 때문만은 아닙니다. 사람들은 각기 다른 방식으로 평생의 열매를 맺습니다. 어떤 이는 책으로, 어떤 이는 연구 성과로, 또 어떤 이는 상품이나 제자들로 남깁니다. 그때 제일 먼저 알아야 할 것은 남은 시간과 그 시간을 어떻게 사용할 것인지입니다."

우리는 다시 침묵했다. 내가 말하지 않은 이유는 두려움 때문이었다. 더 이상 충격적인 말을 들을 용기가 없었다. 하지만 그는 내가 먼저 말하기를 기다리는 듯 보였다. 그는 잠시 나를 쳐다보다가 땅을 보고, 다시 하늘을 보았다. 나는 더 이상 충격적인 이야기를 듣고 싶지 않았다. 그래서 새벽나라를 떠나고 싶었지만, 멀리서 걸어오는 내 모습이 보이자 나는 무엇을 해야 할지 몰랐다. 그저 시간의 문을 바라보며 땅만 쳐다보았다.

"권민 씨, 이제 그만 나가시죠?"

그의 말이 긴 침묵을 깼다.

"어디로 나갑니까?"

"당신은 어디로 가고 싶습니까?"

그는 내가 새벽나라를 떠나고 싶어 하는 마음을 읽고 있었다. 그도 약간 경직된 얼굴로 나를 가만히 지켜보았다. 나의 나약함에 화가 난 것일까? 그는 우리가 왔던 길이 아닌 반대편 길로 걷기 시작했다.

"지혜를 배웠습니까?"

그가 다시 입을 열었다. 그의 입가에는 미소가 번져 있었다.

"무슨 지혜 말입니까?"

"시간에 관한 지혜 말입니다."

"시간의 지혜라뇨?"

그는 길을 걷다가 잠시 멈추고 나를 바라보았다.

"죽음은 당신을 지혜롭게 할 것입니다."

"무슨 말이죠?"

"진리를 깨달으면 지혜를 얻을 수 있습니다."

"진리가 뭐죠?"

"당신은 죽는다는 것입니다."

이제는 더 이상 두렵지 않았다. 어디서 이런 용기가 나왔는지는 모르겠지만, 분명한 것은 시간의 문 앞에서 느꼈던 공포가 지금은 사라졌다는 것이다. 그의 말을 들으며 내가 '빛'을 보고 있다는 것을 깨달았다. 이 빛은 무지의 어둠 속에서 내 안에 있던 진리를 밝혀주는 듯했다. 그의 질문이 나의 마음속 어둠을 걷어내고 있었다. 우리는 다시 침묵 속에서 걸었다.

"내가 알아야 할 또 다른 진리가 있습니까?"

나는 다소 차분한 톤으로 천천히 물었다.

"지금까지 살아온 시간보다 일할 수 있는 시간이 훨씬 적다는 것입니다."

"또 있나요?"

"많은 것을 생각했지만 적은 것을 했고, 적은 것을 했지만 많은 것을 기대하고 있다는 것입니다."

"그리고요?"

"10년 후에 무엇을 해야 할지는 생각하지 않고 있다는 것입니다."

"또 있나요?"

"당신이 매우 초조해 보인다는 것입니다."

나는 애써 웃어 보였다. 아니, 솔직히 말하자면 그 상황이 조금 우스워서 잔잔히 웃음이 나왔다. 그는 내가 웃는 것을 보고 있었고, 우리는 계속 길을 걸었다. 이제 내 집이 보였다.

"차 한잔하시죠?" 나는 조용히 말했다.

그는 대답하지 않았다. 우리는 그저 나란히 걸어 집으로 향했다.

"권민 씨, 현재라는 것은 없습니다. 오직 과거와 미래만이 존재할 뿐입니다. 현재는 신기루 같은 존재입니다. 아니, 사실은 존재하지 않는 것입니다. 만약 당신이 현재 속에 있다고 믿는다면, 당신은 과거의 사람이 되어버릴 겁니다. 내가 시간을 잘 사용하라는 말을 하려는 것이 아닙니다. 그저 시간을 상기시켜 주기 위해 이야기하는 겁니다. 하지만 중요한 것은 당신이 시간을 통해 무엇을 얻는가가 아닙니다. 당신은 시간 앞에서 아무것도 아닙니다."

"시간을 어떻게 이해할 수 있죠?"

나는 그를 쳐다보았다. 그는 아랫입술을 윗니로 물며 잠시 생각하는 듯했다. 그리고 나를 천천히 바라보며 말했다.

"당신은 죽습니다."

"알아요. 인정합니다. 내가 죽는다는 건 팩트죠."

"과거는 미래를 만들고, 미래는 과거를 자유롭게 합니다. 이것은 수수께끼처럼 말을 꼬아 당신을 놀리려는 것이 아닙니다."

그의 말을 더 이해하려고 했지만, 점점 더 어렵게 느껴졌다. 그와의 대화는 불가능해지는 것 같았지만, 그의 말이 지나가고 나서 내 마음속에 무언가가 남아 있었다. 그것은 단지 혼란만은 아니었다.

8. 새벽 약속

그는 아직 오지 않았다. 항상 이 시간대에 그를 만났는데, 벌써 10분이 지났지만, 그는 보이지 않았다.

새벽나라에 와서 집을 얻은 후, 5년 동안 틈틈이 가꾼 나의 정원은 이제 꽤 아름다워졌다. 작은 인공 연못을 정원 한가운데 두고 그 주위에 꽃을 심었다. 뒤편에는 나무들이 늘어서 있고, 연못을 따라 배치한 네 개의 분재는 마치 또 다른 소인국의 정원을 보는 듯한 느낌을 주었다. 나의 정원에는 항상 새들이 날아온다. 왜냐하면 정원 오른쪽에 새들을 위한 먹이통을 놓았기 때문이다. 덕분에 새들의 지저귐이 정원의 일상이 되었다. 나무가 없는 정원 바닥에는 나무 발판을 깔아 마치 마루 같은 느낌을 냈다.

내가 가장 즐겨 앉는 곳은 정원을 마주하고 있는 흰색 탁자다. 그곳에 앉아 나는 하루의 일과를 준비하거나, 새벽 거인들을 초대해 이야기를 나누거나, 2시간 정도 음악을 듣곤 한다. 내가 만든 이 정원에서 안식은 그저 평화로운 시간을 의미하지 않는다. 그것은 내가 살아 있음을 느끼게 해주며, 단순히 숨을 쉬고 있다는 것 이상의 존엄성을 되새기게 한다.

내 삶의 의미와 가치를 생각하게 되는 이 감정은 고요함 속에서, 그리고 침묵이 강요되는 이 공간에서만 느낄 수 있는 것이다. 마치 완벽한 정적 속에서는 침이 넘어가는 소리마저 들리는 것처럼, 이곳에서는 내 내면의 아주 작은 모습들까지도 선명하게 드러난다.

처음부터 이런 고요함이 편했던 것은 아니다. 자신을 직시하는 일은 결코 유쾌한 경험만은 아니기 때문이다. 처음 나 자신을 발견했을 때, 나는 큰 좌절과 상처를 받았다. 비굴하고, 연약하며, 주관 없는 나 자신을 처음 마주했을 때, 그것을 인정하기 싫어하는 마음에 피곤함과 허무함이 엄습했다. 하지만 가장 먼저 해야 했던 일은 그 모든 것을 인정하는 것이었다. 그리고 주변 사람들에게 나에 대한 솔직한 평가를 듣는 것이 중요했다.

예상치 못한 답변이 돌아올 수 있었다. 그러나 그것도 받아들여야 했다. 나는 새벽나라에 있는 내 집으로 돌아와, 정원 앞에 있는 탁자에 앉아 사람들이 말했던 나의 퍼즐 조각들을 풀어놓고 하나씩 맞춰나가는 시간을 가졌다. 물론, 친한 친구들이 준 조언들은 맨 마지막에 검토하거나 처음부터 배제했다.

대신, 그들이 말한 내 모습을 상대방의 입장에서 생각해보며, 그에 대한 나의 감정과 반응을 그대로 느끼려 노력했다. 그리고 다시 한 번 반성의 거울에 비추어 나 자신을 살펴보았다. 반성은 변화의 시작이며, 가장 겸손한 자세다. 반성은 자기 혁신을 이끄는 힘이자 선택이며, 그 선택은 변화를 불러온다.

아무도 보지 않을 때의 나는 누구인가? 사람들 앞에서 내가 어떤 가면을 쓰고 있는지에 대해 고민하기 시작했다. 다른 사람들과 함께 있을 때 우리는 종종 자신이 누구인지를 모른다. 그러나 침묵 가운데 혼자 1시간을 보내면, 마치 어둠에서 나오는 자신의 진짜 얼굴을 마주하게 된다. 그것이야말로 나의 진짜 얼굴이다. 그 얼굴을 인정할 수 있을 때 비로소 우리는 진보할 수 있으며, 성장과 성숙의 길로 나아갈 수 있다.

새벽나라에서 만든 내 정원에서 내가 하는 중요한 일 중 하나는 바로 다듬는 것이다. 웰링턴은 "인격은 공상으로 형성되는 것이 아니라 망치와 틀을 사용해 다져지는 것이다"라고 말했다. 정원도 저절로 만들어지지 않는다. 머릿속에 그려진 정원과 눈앞의 정원이 동일해지려면 끊임없는 노력이 필요하다. 새들의 배설물을 치우고, 잡초를 제거하며, 연못의 물을 신선하게 갈아주는 일들을 해야 한다. 정원을 즐기는 시간보다, 그것을 가꾸는 데 드는 시간이 훨씬 더 많이 걸린다.

파스칼은 '인간의 모든 불행은 단 한 가지, 고요한 방에 들어앉아 휴식할 줄 모른다는 데서 비롯된다'고 말했다. 이렇게 정원에 앉아 있는 것은 그야말로 침묵 속에서 즐기는 휴식이었다. TV도, 사람도, 심지어 음악조차 없는 완전한 고요. 처음엔 그저 공포뿐이었다. 소크라테스가 살던 시절엔 TV, 라디오, 잡지 같은 여가 소비 상품이 없었을 테니 그는 고독한 시간을 어떻게든 자연스럽게 받아들였을 것이다. 그가 말했던 '혼자 있는 한가로운 시간은 무엇과도 바꿀 수 없는 재산이다'라는 말은 현대인에게는 이해하기 힘든 경지일지도 모른다. 고독의 휴식이란 현대인에게는 고문에 가깝지만, 소크라테스에게는 현대인들이 누리지 못한 진정한 재산이었다.

새벽나라로 처음 들어왔을 때 나를 가장 놀라게 한 것은 바로 큰 정원이 딸린 집을 얻게 된 것이었다. 나는 서울에서 태어나 동대문구 이문동과 은평구 신사동, 이 두 곳에서만 살아왔다. 둘 다 정원은커녕 작은 집들이었고, 정원 있는 집에 살겠다는 생각은 거의 하지 못했다. 광고 촬영 때문에 미국 뉴저지에 갔을 때, 그곳의 넓은 집들과 정원을 보고 느꼈던 상실감은 정말 컸다. 뉴저지에서는 마치 도시 전체가 하나의 거대한 정원 같았고, 그 안에 집들이 자리하고 있었다. 솔직히 너무 부러웠고, 또 약간은 화도 났다.

그래서 새벽나라로 이민했을 때 가장 먼저 한 일은 큰 정원을 가진 집을 찾는 것이었다. 결국 200평이나 되는 정원을 얻게 되었고, 그것을 가꾸는 데는 매우 많은 시간과 노력이 들었지만, 그 정원에서 휴식을 즐기게 된 지금은 말로 다할 수 없는 즐거움을 얻고 있다. 사실 완벽한 휴식을 즐기는 것도 일종의 훈련이다. 나는 휴식을 통해 에너지를 만드는 법을 배웠고, 그 에너지를 일상으로 흘려보내는 회로를 만들었다. 휴식과 소비의 기준은 결국 이 회로에 있다.

휴식이 소크라테스처럼 재산이 될 수도 있지만, 소비가 될 수도 있다. 나는 상상을 휴식과 연결하는 훈련을 했다. 상상의 훈련, 그것은 곧 가치와 비전을 향한 열정이다. 상상 속에서 나는 새로운 흥분을 느꼈고, 그 과정에서 명상이라는 도구를 얻게 되었다. 테오

도르 레빗은 그의 저서 《마케팅 상상력》에서 '상상력은 과학적 탁월성이 수많은 비용을 지불해 일 년 내내 얻어내는 결과보다 훨씬 더 많은 것을 단숨에 얻을 수 있게 해준다. 상상력을 고양해 바른 목적을 세우고, 그것을 실천하는 것이 무엇보다 중요하다'고 말했다. 상상은 현재 있는 것뿐만 아니라 없는 것도, 그리고 지금까지 실제로 경험해 보지 못한 것조차 마음속에 그릴 수 있게 한다고 주장했다. 그는 상상에서 힘을 얻는 비밀을 알고 있었다.

내가 새벽나라에서 배운 것은 인생의 그림을 그리는 것이었다. 비전의 그림, 소망의 그림. 그런 상상 속에서 그려진 커다란 그림들이 결국 내게 용기를 주는 거대한 퍼즐이 되어, 눈앞에 걸리는 순간들이 있었다.

나는 결심했다. 그를 찾기로. 무작정 떠난 나는 코엘의 숲을 향해 걸었다. 과거의 두려움이 조금은 남아 있긴 했지만, 오늘은 아무런 감정이 없었다. 평온했다. 코엘의 숲에는 시간의 문뿐만 아니라 수많은 문들이 있다. 그중에서도 내가 가장 호기심을 느꼈던 것은 '생명의 문'이었다. 그 문은 어떤 비밀을 간직하고 있을까? 그 문 뒤에는 어떤 생명이 존재하고 있는가? 사실 그 길을 정확히 아는 사람은 없다. 다만 그 길은 작고, 위험하며, 그곳에 이르기 위해서는 험난한 여정을 거쳐야 한다는 소문이 있을 뿐이다. 그는 그 문이 풍성한 생명을 품고 있는 것처럼 보이지 않는다고만 했었다. 그러나 오늘 나는 그 문을 찾고, 그 길을 가기로 마음먹었다.

"안녕하세요?"

누군가 내 뒤에서 인사를 건넸다.

"예, 안…녕하세요."

두 명의 여자가 내 뒤에 있었다. 한 명은 안내인처럼 보였고, 다른 한 명은 새벽나라에 온 지 얼마 안 된 방문객 같았다. 보통 새벽나라에 도착하고도 2년은 지나야 코엘의 숲에 올 수 있는데, 그녀가 벌써 여기 있다는 것이 의외였다.

"좋은 새벽입니다."

나는 정중하게 인사했다.

"네, 좋은 새벽입니다."

안내인은 미소를 지으며 대답했다. 하지만 방문객으로 보이는 여자는 말없이 계속 걸었다. 우리는 한동안 말없이 함께 걸었고, 나는 혼자만의 산책을 위해 걸음을 빠르게 하여 그들을 앞서가려했다. 그런데 그들도 속도를 맞춰 걷기 시작했다. 나는 다시 천천히 걸었고, 그들도 다시 천천히 걸었다. 새벽나라에서 이렇게 자연스럽지 않게 다른 사람들과 함께 걷는 경우는 거의 없기에 나는 약간 당황스러워졌다.

"저는 뒤따라가겠습니다."

말을 마치고 그 자리에 멈춰 섰다.

"거인님, 저희가 무슨 잘못을 했나요?"

안내인 여자가 물었다.

"거인? 저는 거인이 아닙니다."

나는 손을 좌우로 흔들며 대답했다.

"어, 죄송합니다. 저는 오늘 만나게 될 거인인 줄 알았습니다."

안내인은 정중하게 고개를 숙여 사과했다. 그제야 옆에 있던 방문객처럼 보이는 여자가 처음으로 미소를 지어 보였다.

"아직 안내인이 오지 않아서 혼자 산책 중입니다."

나는 낮은 목소리로 설명했다.

"여기는 코엘의 숲인데… 혼자서는 들어올 수 없는 곳인데요."

안내인이 나를 의아하게 쳐다보았다.

"아, 저번에 한 번 안내인과 함께 온 적이 있습니다."

"한 번 오셨는데, 어떻게 이 길을 그렇게 잘 아시죠?"

안내인은 여전히 궁금하다는 표정으로 나를 주시했다.

"글쎄요, 처음에 올 때 이곳저곳을 유심히 살펴본 것 같네요."

"그렇군요… 그래도 쉽지 않은데요."

안내인은 나를 바라보며 고개를 갸웃거렸다.

"오늘은 어떤 거인을 만나시나요?"

나는 화제를 돌려 물었다.

"탐구의 거인을요."

안내인이 대답하기 전에, 지금까지 말이 없던 방문객이 먼저 대답했다.

"그래요? 아, 저는 권민이라고 합니다."

나는 인사를 건넸다.

"안녕하세요, 저는 민은영입니다."

그녀가 짧게 대답했다.

"탐구의 거인은 한 번도 본 적이 없는데, 민은영 씨는 이전에도 탐구의 거인들을 만나본 적 있나요?"

나는 호기심에 물었다.

"오늘이 처음이에요."

그녀가 대답했다.

"아, 그래서 오늘 긴장하고 있군요."

나는 고개를 끄덕였다.

"그런데 코엘의 숲에서 만나는 건가요?"

나는 이번에는 안내인에게 물었다. 보통 거인들은 새벽나라에 이주한 사람들의 정원에서 만나는 것이 일반적이었다. 코엘의 숲은 특별한 일에만 오게 되는 장소였고, 함부로 오는 곳이 아니었다.

"탐구의 거인이 코엘의 숲에 있다고 들었습니다."

안내인이 말했다.

"그래요? 그렇다면 아마 시간의 문 근처에 있을지도 모르겠군요."

"어느 쪽인가요?"

안내인은 나에게 물었다. 순간 너무 황당해서 실수를 할 뻔했다.

"모르십니까?"

나는 되묻고 말았다.

안내인은 "처음입니다"라고 대답했다.

그녀가 안내인으로서 자질이 부족하다고 느꼈다. 나는 그녀에게 길을 안내해 주고 가벼운 인사를 나눈 뒤 그들과 헤어졌다. 집으로 돌아오는 길, 나는 탐구의 거인에 대해 생각하기 시작했다.

탐구는 혁신과 마찬가지로 겸손에서 시작된다. 탐구는 겸손한 자만이 가질 수 있는 마음, 즉 배우려는 마음이다. 배우려는 마음이 있다면, 이미 알고 싶은 것에 대해 반은 알게 된 것이나 다름없다. 왜냐하면 배우고자 하는 마음은 자신의 부족함을 인식한 결과이기 때문이다. 따라서 자신이 모르는 부분을 열심히 탐구하기만 하면 된다. 이렇게 탐구는 시작된다.

탐구는 여러 요소로 구성되어 있다. 오른쪽에는 열정이 있고, 왼쪽에는 믿음이 있으며, 앞에는 노력, 뒤에는 겸손이 자리 잡고 있다. 이 네 가지가 DNA의 사슬처럼 서로 얽혀 탐구를 완성한다. 결국 탐구는 모든 거인의 열정의 산물이다. 탐구는 거인들이 남긴 열매이며, 그 열매 덕분에 우리는 많은 것을 나누고 배우게 되었다.

맹자는 탐구의 열정에 대해 이렇게 말했다.

"아무리 아홉 길의 깊이끼지 우물을 파도, 물이 솟아나는 곳까지 파지 않으면 그 우물은 쓸모없다. 일을 해내려면 끝까지 해야 한다. 그렇지 않으면 아무리 고생해도 무의미한 것이 된다."

많은 거인은 자신들의 삶을 단 한 가지 진리를 탐구하는 데 바쳤다. 시간과 열정, 그리고 재산을 모두 한 가지 목표에 쏟아부었다. 그러나 목표에 도달하지 못한 거인들도 적지 않다. 그런데도 그들이 우물을 팠기 때문에 우리는 오늘날 생수를 마실 수 있다. 솔직히 탐구는 막연함과 불확실함에서 시작된다. 간디, 에디슨, 마틴 루터 킹과 같은 이들은 모두 필요와 가능성에서 출발해 탐구를 이어갔다. 현실은 불확실하지만, 그 믿음이 결국 탐구로 이어지고, 탐구는 가치와 진리를 발견하게 한다.

자기 탐구는 용기가 없으면 시작할 수 없는, 가장 어려운 작업이다. '나는 누구인가?'라는 질문에서 시작되는 탐구는 종종 많은 이들이 포기하는 여정이다. 정도가 심하면 정신적 혼란을 겪는 사람도 있을 정도다. 나 역시 내 자신을 탐구할 때 큰 좌절감을 느꼈다. 특히 새벽나라에 오기 전의 내 모습은 매우 역겨웠다. 인격과 행동의 불일치, 신앙과 양심의 불일치, 가치와 인생의 불일치. 이런 모순을 안고 살아왔고, 스스로 견디며 지냈다. 내가 탐구한 것은 내 안에 있을 법한 가치였다. 그러나 유감스럽게도 나는 선한 것을 발견하지 못했다. 탐구를 통해 깨달은 것은, 이렇게 살면 안 된다는 사실뿐이었다.

나를 탐구하는 과정에서 느낀 역겨움은 참기 힘들었다. 자신을 직면할 때 마주하는 불쾌한 진실은 정말 포기하고 싶게 만들었다. 특히 주변 사람들이 제공한 나에 대한 정보들을 모아 나 자신을 구성해 보았을 때, 나는 내가 괴물이라는 사실을 깨달았다. 그 순간 나에게 필요했던 것은 용기, 인내, 그리고 용서였다. 비참한 결과였지만, 그런 과정을 통해 나의 나약함과 결점을 알게 되었고, 그것이 결국 새벽나라로 오게 된 계기였으니 나는 이 탐구를 만족스럽게 생각한다.

탐구의 깊이는 진정한 침묵 속에서 이루어진다. 깊은 침묵을 경험한 사람만이 또 다른 영혼의 깊이를 체험할 수 있다. 그 영혼의 깊이만큼 지혜는 더 잠기게 되고, 그 지혜를 통해 탐구를 이어 나가면 우리는 쉽게 보지 못하는 내면의 세계를 볼 수 있게 된다. 탐구는 우리에게 내면을 보는 힘을 준다. 이는 고독을 견디는 힘과도 같을 것이다.

지금까지 탐구하면서 발견한 것은, 탐구는 연습이라는 점이다. 탐구는 끊임없는 연습을 통해 배우는 지혜자의 훈련이라고 할 수 있다. 탐구의 연습은 일상에서부터 시작된다. 탐구의 자세로 일상을 바라보면, 마치 유리 상자에 갇힌 것처럼 평소 보지 못했던 광경과 사건들이 보이기 시작해 당황하게 될 것이다. 평범하다고 여겼던 것들이 갑자기 새로운 모습으로 변할 때, 우리는 그 놀라움에 경이로움을 느낄 것이다. 무엇보다도 탐구의 기쁨은 다른 세계의 경험을 통해 온다.

자유 민주주의 사회에서 많은 사람들은 돈을 중심으로 돌아가는 삶을 살고 있다. 돈을 벌고, 돈을 쓰고, 그로 인해 마음고생하며, 욕망과 비전들이 돈으로 뒤엉키는 삶. 이것이 우리가 살아가는 현실이다. 냉정하게 말하자면, 우리는 직장에서 월급을 받고, 사업을 통해 돈을 벌고, 그것을 소비하는 데 대부분의 시간을 쓴다. 그래서 쇼핑은 어느새 인생의 행복을 위한 이유로 둔갑해 버렸다. 그러나 돈으로만 인생을 즐기기엔 우리가 모르는 것들이 너무 많다. 돈으로는 이해할 수 없는 일들이 많고, 돈으로 확인할 수 없는 진리들이 많다.

돈으로 모든 것을 할 수 있다는 생각은, 결국 외부 세계에 대한 권력을 의미한다. 돈으로 물건을 사고, 사람들을 매수하거나 마취

시키고, 건물과 권력을 살 수 있다. 그러나 돈으로는 자신의 내면에 있는 가치와 목적을 살 수 없다. 오늘날에는 사람을 평가할 때도 연봉을 기준으로 삼는 경우가 많다. 그로 인해 우리의 가치는 연봉에 따라 결정되지만, 아무도 우리 내면에 있는 놀라운 기적의 씨앗을 돈으로 측정할 수 없다. 우리는 진정한 자신을 찾아야 한다. 내 안에 있는 목적에 대해 탐구해야 한다.

새벽에 대한 탐구는 내가 또 다른 세계를 보게 했다. 나는 아무도 보지 못하는 나라를 보았다. 마음에 대한 탐구를 통해 나는 내안에 정원이 있다는 것을 깨달았다. 그리고 그 안에 있는 정원사가 누구인지도 알게 되었다. 사람에 대한 탐구를 통해, 모든 사람이 과거의 아픔과 상처를 안고 있다는 사실을 알았다. 상처의 크기와 종류는 다르지만, 그들은 모두 상처를 지닌 채 힘겹게 살아가고 있었다. 내 안을 탐구할 때, 나는…

"권민 씨?"

굵은 목소리가 나를 불렀다. 처음에는 내가 잘 아는 안내인인 줄 알았다. 그러나 뒤돌아보니, 그 목소리의 주인은 새벽 거인 중 한 명이었다. 오늘 처음 만난 이 거인은 다른 거인들과 달리 연약해 보였지만, 그의 눈빛과 목소리는 그 어느 거인보다 강력하게 느껴졌다.

"누구십니까?"

나는 물었다.

"리더입니다," 그가 대답했다.

"리더라니요?"

"자리에 앉아도 될까요?"

"네, 앉으세요."

나는 그에게 자리를 내어주고, 차를 대접했다. 그는 잔에서 나오는 향기를 코로 음미한 후, 한 모금 마셨다.

"무슨 생각을 그렇게 골똘히 하고 계셨습니까?"

그가 물었다. 이 거인은 왜 갑자기 나타나서 자신을 리더라고 소개하는 걸까?

"탐구에 대해 생각하고 있었습니다."

"탐구라…. 음,"

그는 고개를 끄덕이며 다시 찻잔을 들었다.

"리더라고 하셨죠?"

"네, 리더의 리더입니다."

그의 대답은 다소 당황스러웠다. 동문서답인가 싶었지만, 곧 그의 의도를 이해하게 되었다. 그는 내가 요즘 고민하던 리더십에 관해 설명해 주기 위해 온 리더의 거인이었다. 내가 그를 알아차린 것을 느낀 듯, 그는 미소를 지으며 내게 말했다.

"오늘은 깊은 이야기를 하기엔 시간이 너무 짧군요. 당신의 집에 왔을 때, 당신이 자리에 없어서 잠시 기다리고 있었습니다."

"아, 저는 안내인을 찾으러 갔었습니다."

"안내인이라니요?"

그는 다시 한 번 웃음을 지으며 조용히 일어섰다.

"권민 씨, 내일부터 우리는 리더십에 관해 이야기하게 될 겁니다. 리더십의 첫 번째 원칙은 '너 자신을 알라'입니다. 내일은 다른 사람을 향한 리더십이 아닌, 자신을 향한 리더십에 대해 탐구해 보겠습니다."

그는 가벼운 농담과 함께 악수를 청했고, 나는 그와 악수를 나눈 후 그가 문 쪽으로 나가는 모습을 지켜보았다.

"아! 권민씨, 자신을 알아야 합니다."

그는 미소를 띠며 마지막으로 한마디를 남기고 집을 나섰다. 앞으로 이 새벽 거인과 만나게 될 시간이 쉽지 않으리란 것을 직감했다. 재미있으면서도 어려운 시간이 될 것이다. 나는 잠시 연못가의 분재를 바라보며, 그가 말한 리더십에 대해 생각했다. 그는 확실히 내 문제를 알고 있었다. 그 문제를 해결해야 할 부분인지, 아니면 보강해야 할 부분인지 정확히는 알 수 없었지만, 분명한 것은 그가 내 약점을 꿰뚫고 있다는 점이었다. 앞으로 리더십에 대한 탐구의 시간이 1년 동안 지속될 것이고, 나는 이제 일상의 모든 것을 리더십의 관점에서 다시 보게 될 것이다.

개미들의 행진을 관찰하고, 동물 다큐멘터리를 보며, 신문을 읽고, 책을 통해 리더십에 관한 정보를 얻는 데 내 에너지를 쏟아부을 것이다. 나는 탐구의 희열을 또 한 번 느끼게 될 것이다.

이제 일상으로 돌아갈 시간이 되었다. 그를 만나지 못한다는 것이 이토록 두려운 줄은 몰랐다. 나는 마지막으로 차 한잔을 마시며 일어서려다가, 예전에 그와 나눴던 대화가 떠올랐다.

그때 그는 손안에서 작은 종이를 꺼내 뭔가를 적었다. 종이를 세 번 접어 바지 왼쪽 주머니에서 작은 봉투를 꺼내 그 안에 넣더니, 봉투의 접착제를 떼어 완전히 밀봉했다.

"새벽 어머니를 만난 후에 이것을 열어 보세요." 그가 말했다.

"이름인가요?"

"아니요. 당신이 다시 만나야 할 새벽 거인의 이름입니다."

나는 갑자기 그 봉투가 생각나서 서재로 들어갔다. 책상 위 유리판을 들어 올려 그 안에 깔려 있던 봉투를 꺼냈다. 5년 전, 안내인이 내게 주었던 바로 그 봉투였다. 몇 번이나 열어보려 했지만, 그는 항상 "나중에 열어보라"고만 말했다. 내가 "나중이 언제냐"고 물으면, 그는 "지금은 그때가 아니다"라며 개봉을 허락하지 않았다.

권민 씨에게

당신이 이 편지를 보게 되어 무척 기쁩니다. 솔직히, 이 편지를 쓰면서도 당신이 이 봉투를 열지 않을까 봐 마음이 무거웠습니다. 처음 당신을 만나고 새벽나라로 돌아와 이 편지를 쓸 때, 당신이 과연 이 편지를 보게 될지 확신할 수 없었습니다. 그러나 믿음으로, 이 편지를 씁니다. 만약 지금 이 편지를 읽고 있다면, 제 불안감이 얼마나 헛된 것이었는지 깨닫게 될 것이고, 저 자신이 부끄러워질 것입니다. 그리고 당신에게 용서를 구할 것입니다.

우리는 이제 몇 가지 사실을 인정해야 합니다. 먼저, 오늘 당신은 나를 찾으려 여러 곳을 헤맸을 것입니다. 그리고 내가 당신이라는 사실을 지금 깨달았을지도 모르고, 이 편지를 열며 그 진실을 마주했을 것입니다. 우리는 너무도 다른 목표와 갈등 속에서 살아왔습니다. 이상과 현실, 가치와 돈, 꿈과 직장, 비전과 진급—당신은 항상 서로 다른 두 세계 사이에서 살아왔습니다. 그러나 이 편지를 읽고 있다면, 당신의 목적과 목표, 가치가 이제 하나가 되었음을 의미합니다. 이제 당신은 더 이상 분리된 영혼을 가진 존재가 아닙니다.

새벽나라에서 당신은 마음속에 집을 짓고 정원을 가꾸어왔습니다. 매일 새벽마다 그 정원에 나와 차 한잔과 함께 긴 명상을 하며 자신을 돌아보았을 것입니다. 사람마다 마음의 정원이 있듯이, 당신도 그 정원 속에서 수많은 거인과 대화하며 성장해 왔습니다. 이 편지를 읽고 있는 지금, 당신 안에 있는 거인을 만난 것입니다. 저는 당신의 거인입니다. 오랫동안 잠자고 있었던 거인이지요.

당신은 나를 단지 길을 안내하는 안내인 정도로 생각했을지 모릅니다. 솔직히 말해, 당신이 나를 무시하거나 공격했더라도 저는 아무런 반응을 보이지 못했을 것입니다. 하지만 시간이 흐르며, 당신이 점점 나와 하나가 되고 우리가 일치되는 순간들을 느꼈을 것입니다. 그리고 마침내 거인이 되어가는 자신을 보았을 것입니다. 모든 사람은 마음속에 거인이 있다는 것을 직감적으로 알고 있지만, 그 거인을 불러내지 못하고 죽여버리기도 합니다. 저도 당신에게 여러 차례 생명의 위협을 받았습니다.

새벽 시간을 통해 당신은 자신을 얼마나 사랑했는지를 깨달았을 것입니다. 혹시 아직 모를 수도 있지만, 저는 확신합니다. 제가 지금 당신 곁에 없다는 것, 그것이 당신이 스스로를 사랑하고 있다는 증거입니다. 당신 안에는 이제 거인으로 성장할 수 있는 그 무엇인가가 있습니다. 그리고 당신은 그것을 발견할 것입니다. 앞으로 많은 사람들이 당신에게 와서 지혜를 구하고 도움을 청할 것입니다. 그들을 위해 일하십시오.

당신이 진정한 거인이 되기 위해서는, 당신에게 주어진 24시간이 모두 새벽이 되어야 합니다. 새벽에 얻은 감정과 깨달음이 휘발성 감격으로 끝나지 않도록, 배운 것을 실천하고 느낀 것을 전하며, 낮과 밤에 그 목적을 이루어야 합니다. 당신은 거인이 되고 싶어 했지만, 거인이 되려고 애쓰지 마십시오. 그저 당신을 움직이는 가치를 따라 살기 바랍니다. 당신은 아직 거인이 아닙니다. 그러나 오늘, 당신 안에 있는 거인을 보았을 것입니다.

우리가 다시 만나는 것은 아픔입니다. 하지만 언젠가 다시 만날 수도 있습니다. 그러니 부디 부끄러워하지 마십시오. 다른 나라로 들어가기 위해서는 겸손이 필요합니다. 저를 다시 만난다면, 당신은 교만해진 것입니다. 꼭 기억하세요. 교만은 시력을 잃게 만듭니다. 다른 나라로 가기 위해서는 겸손의 마음이 필요합니다. 새벽에 일어나는 것이 곧 겸손입니다. 반성하는 마음, 배우려는 마음, 만나고 싶은 마음, 듣고자 하는 마음, 자신이 부족하다고 느껴서 새벽에 이를 채우려는 마음이 바로 겸손입니다. 새벽의 시간 속에서 배운 가장 큰 가치는 바로 겸손입니다. 시간을 존중하며, 가치 앞에서 용기 있는 거인이 되시길 바랍니다.

다시는 만나지 않기를 바라며, 안녕히 계십시오.

PS: 겸손의 눈을 가지면 당신은 신을 볼 수 있습니다.

* * *

스코틀랜드 에딘버러 출신의 작가 로버트 스티븐슨은 그의 소설 《지킬 박사와 하이드》에서 인간의 복잡한 본성을 드러내고 있다. 소설을 읽으면서 나 또한 내 안에 숨겨진 하이드가 깨어나는 것을 여러 차례 느꼈다. 하지만 5년간의 새벽 시간 동안 나는 거의 죽어 가던 지킬 박사를 다시 살려냈다. 그 과정에서 내 안에 하이드와 지킬 박사 외에 또 다른 인물이 있다는 사실을 깨달았다. 바로 나를 새벽으로 이끌었던 새벽 안내인이었다. 나는 5년 동안 하이드, 지킬 박사, 그리고 새벽 안내인 사이에서 혼란을 겪으며 방황했다. 그동안 나는 내가 누구인지, 어느 쪽이 진정한 나인지 알지 못한 채, 자아의 붕괴 현장에서 무너진 시간의 잔해와 잘못된 선택의 파편을 뒤지며 나를 찾아다녔다. 지금 돌이켜보면, 이 세 명 모두가 전부 나 자신이었다. 내가 새벽마다 쌓아왔던 것들이 바로 나를 찾아가는 과정이었다.

새벽마다 마음의 정원을 가꾸는 작업,
새벽마다 일어나 책을 읽고 반성하는 습관,
새벽마다 상상으로 현실을 바꾸는 훈련,
새벽마다 나 자신을 사랑하고, 인정해 주는 태도,
새벽마다 내 안에 있는 가치를 꺼내어 닦는 정성.

이 모든 것을 배우며 나는 새벽을 살아왔다. 새벽마다 나는 기적을 보았고, 생명의 힘을 느꼈다. 내 안에서 끊임없이 성장하는 나 자신을 느꼈다. 그 불일치 속에서 일치를 이루어가는 거룩한 시간 속에서 마침내 내 안에 숨겨진 거인을 만났다.

[자기다움 소설 쓰기 4원칙]

1. 소설 작법 책은 읽지 않는다.

이 말을 반복하는 이유는 수강생들이 '소설'을 쓰려고 하기 때문이다. 하지만 우리는 소설을 쓰는 것이 아니라, 미래의 기억을 기록하는 과정에 있다. 글쓰기는 미래의 나를 체험하고, 내면의 또 다른 자아와 만나는 여정이다. 이 시간여행에서 작가이자 독자는 오로지 나 자신이다. 만약 누군가를 의식하며 글을 쓰게 되면, 허구에 빠져 소설 속 주인공에게 몰두하게 된다. 특히 남에게 보여주려는 순간, 글은 자기다움을 찾는 여정에서 벗어나고, 소설의 본래 의도도 변질된다. 글을 잘 쓰려고 애쓰기보다는 상상에 몰입하는 것이 중요하다. 자기다움을 찾아가는 소설은 전통적인 소설이 아니라, 나를 관찰하는 다큐멘터리 일지에 가깝다.

2. 주인공은 미래의 나다.

자기다움 소설에는 현재의 나와 미래의 나가 함께 존재해야 한다. 미래의 나는 〈스타워즈〉의 요다, 〈쿵푸 팬더〉의 마스터 시푸, 혹은 〈반지의 제왕〉의 간달프처럼 현재의 나에게 지혜를 전하는 현자의 역할을 한다. 그가 선배나 동기이든 심지어 곤충이든 상관없다. 중요한 것은 그가 나를 이끌 위치에 있다는 점이다. 옆에서 조언하는 이가 새로운 시각을 열어주듯, 자기 코칭을 통해 미처 보지 못했던 길을 발견할 수 있다. 따라서 자기다움 소설은 내가 나의 스승이 되어가는 일기다. 글쓰기는 현재의 나가 문제를 제시하고, 미래의 나가 그 해법을 찾는 구조로 풀어나가는 것이 효과적이다.

3. 매일 일기처럼 꾸준히 써야 한다.

시간여행 소설은 일기처럼 매일 일정 분량을 꾸준히 써야 한다. 중요한 것은 소설을 쓰는 행위 자체가 아니라, 내가 만들어낸 사건 속에서 내 생각과 고민, 그리고 반응을 관찰하는 것이다. 처음에는 그 변화를 알아차리지 못할 수 있지만, 한 달 또는 몇 달이 지나면 주변 사람들이 '어딘가 달라졌다'고 느낄 수 있다. 매일 소설을 쓰는 과정은 하루에 한 번씩 미래의 내가 되어 현재의 문제를 바라보고 조언하며, 미래의 나를 실제로 경험하는 방법이다. 직접 해보면 매일 조금씩 미래의 나로 변화하는 과정을 체감할 수 있다. 《새벽나라에 사는 거인》역시 실제로 일어난 사건에 픽션을 더해 매일 조금씩 쓴 소설이다.

4. 상황 설명과 주제 묘사보다는 대화로 쓴다.

미래의 나와 현재의 나가 대화를 나누는 방식으로 글을 써보자. 특히 미래의 나가 더 많이 말하도록 한다. 이를 통해 '내가 되는 근육'이 생긴다. 나는 자주 자전거를 탔다. 주중에는 30~40킬로미터, 주말에는 100킬로미터까지 달렸다. 그런데 한 번은 10킬로미터 달리기 대회에 참가했는데, 너무 쉽게 생각한 탓에 다음 날 심한 근육통을 겪었다. 자전거와 달리기가 다른 근육을 사용하기 때문이었다. 골프도 마찬가지였다. 처음 배울 때는 1시간 정도 연습했을 뿐인데, 그 후에 겪은 근육통은 훨씬 더 고통스러웠다. 역시 평소에 쓰지 않던 근육을 사용했기 때문이다.

미래의 내가 생각하는 근육도 비슷하다. 시간여행 소설을 쓰면서 낯선 상황에 직면할 때, 미래의 나는 조언을 해주지만, 처음에는 그 조언이 어색하고 두서없이 느껴질 수 있다. 때로는 미래의 내가 계속 변하는 듯한 혼란을 겪는다. 이는 미래의 내가 생각하는 근육이 아직 충분히 발달하지 않았기 때문이다. 많은 사람들이 시간여행 소설을 쓰다가 포기하는 이유가 바로 '생각 근육통' 때문이다. 하지만 꾸준히 글을 쓰며 이 근육을 단련하다 보면, 미래의 나와의 대화가 점차 자연스러워지고, 더 깊게 자기성찰을 할 수 있다.

나의 새벽은
가장 나다워지는 시간이다.

나의 새벽은
크로노스가 아니라 카이로스다.

나의 새벽은
시간이 아니라 타이밍이다.

자기다움 소설 쓰기

"소설은 기억의 집이다."

소설 쓰기는 단순히 글 쓰는 행위가 아닙니다. 그 과정에서 이루어지는 사고와 결정이 더 중요합니다. 소설을 쓰면서 미래의 나와 현재의 내가 자연스럽게 대화하는 방식을 만들어낼 수 있습니다. 소설 쓰기는 미래의 기억을 창조하고, 자기다움을 이해하는 도구가 됩니다. 다음의 작가들은 소설을 이렇게 정의합니다. 소설가들이 말한 소설의 기능이 자신에게 어떻게 작동하는지 확인하기 위해서 다음 질문에 답해보세요.

"소설은 우리가 미처 보지 못한
삶의 조각들을 엮어 완성하는 예술이다."
- 버지니아 울프
"소설은 자가기 자신의 경험을 통해
다른 이들의 마음을 이해하는 방법이다."
- 윌리엄 포크너
"모든 위대한 소설은 인간 존재에 대한 탐구다."
- 도스토예프스키
"소설은 우리가 다른 사람의 삶을 살 수 있게 해준다."
- 하퍼 리
"소설은 우리를 낯선 상황에 빠뜨림으로써
우리 자신의 진실을 마주하게 한다."
- 조지 엘리엇

Q1. 소설이 새로운 의미를 창조한다는 점에서 나는 내 삶의 어떤 조각들을 놓쳤고, 그래서 어떻게 다시 만들고 싶은가요?

Q2. 내 일상에서 놓친 부분이나 의미를 재발견할 수 있는 소설적 주제는 무엇일까요?

Q3. 소설이 인간 존재를 탐구하는 예술이라면, 나는 어떤 인간적인 경험이나 갈등을 탐구하고 싶은가요?

Q4. 나 자신 또는 타인의 경험 중 무엇을 통해 인간에 대한 더 깊은 통찰을 얻고 싶은가요?

Q5. 소설이 타인의 마음을 이해하는 도구라고 했을 때, 나는 소설을 통해 어떤 사람의 시각이나 삶을 체험하고 싶은가요?

Q6. 내가 공감하고 싶은 인물이나 상황은 무엇이며, 그들의 삶을 나의 이야기 속에 어떻게 반영할 수 있을까요?

Q7. 소설이 나를 낯선 상황에 빠뜨리며 나의 진실을 마주하게 한다면, 나를 불편하게 하거나 직면하기 어려운 진실은 무엇인가요?

Q8. 내가 피하고 싶었던 감정이나 상황을 소설 속에서 어떻게 다뤄보고 싶은가요?

Q9. 지금까지 접한 소설, 영화, 드라마 중에서 나와 가장 닮았다고 느낀 인물은 누구인가요? 그 인물의 어떤 면이 당신과 공명하나요?

Q10. 가장 애착이 가는 소설, 영화, 혹은 드라마를 나만의 방식으로 재구성한다면, 어떤 부분을 어떻게 바꾸고 싶나요? 그 변화를 통해 나에게 어떤 새로운 의미가 생길까요?

Q11. 오늘 하루를 영화 대본으로 옮긴다면, 어떤 장면들이 펼쳐질까요? 어떤 대사와 행동이 나의 하루를 가장 잘 표현할 수 있을까요?

Q12. 오늘 하루 중 가장 인상 깊었던 순간을 소설의 한 장면으로 생생하게 묘사해 보세요. 그 순간의 감정, 분위기, 그리고 세세한 디테일을 담아보세요.

Q13. 아직 오지 않은 내일을 상상하며 소설로 써보세요. 내가 꿈꾸는 이상적인 하루일 수도 있고, 현실적인 예측일 수도 있습니다. 이 창작 과정이 실제 내일에 어떤 영향을 미칠 수 있을까요?

새벽나라에서 알게 된 것들

새벽은 모든 것이 정지된 순간이자,

진정한 자아와 대면하는 시간이다.

"당신이 가장 좋다고 생각하는 그것 때문에
지금 당신은 여기에 와있다."

— 미국 알코올중독자 모임

[자기다움은 아름다움이다]

'아름다움'이라는 단어는 단순히 외형적인 미를 넘어서 더 깊은 의미를 담고 있다. 최근 10년 동안 '죽인다' '간지' '대박' '쩐다' 같은 표현들이 유행하면서 아름다움이라는 단어는 우리의 일상 언어에서 점차 사라지고 있다. 그러나 이 단어의 본래 의미를 되새길 필요가 있다. 아름다움은 다양한 해석이 가능한데, 특히 '자기다움'의 관점에서 재조명할 수 있다. 먼저 '아름'은 '알다' '안다'와 같은 동음이의어로 해석될 수 있고, 따라서 '아름다움'을 '알고 있음'으로 풀 수 있다. 15세기 문헌에 따르면 '아'는 '나'를 의미하기도 한다. 이를 바탕으로 '아름다움'을 '나다움'으로 해석할 수 있다. 또한 '아름다움'의 원래 표기는 '앓음다움'이었다. '앓음'은 병이나 괴로움에 시달림을 의미하는데, 이를 확장하면 아픔과 고난을 이겨내려는 상태로 해석할 수 있다. 결국, 아름다운 사람은 아픔과 고난을 극복한 사람으로 이해할 수 있는데, 이는 아름다움이 단순한 외적 미를 넘어서 자기다움의 완성된 형태임을 보여준다.

이처럼 다양한 해석을 종합하면, '자기다움은 아름다움이다'라는 명제가 더욱 분명해진다. **자기다움이란 '나다운 존재가 되기 위해 아픔과 고난을 극복하여 참된 자아로 충만해진 상태'를** 의미한다. 또는 '자신의 약점과 결핍을 극복하고 진정한 나다움에 도달하는 과정 자체'로 볼 수 있다.

　서구의 자기경영 학문에서는 '강점 경영'을 강조한다. 성공을 위해 굳이 약점을 설명하지 말고 강점에만 집중하라는 것이다. 시간은 한정되어 있으니, 약점에 신경 쓰기보다는 강점을 더욱 강화하는 것이 효율적이라는 논리다. 이는 긍정적이고 논리적인 접근처럼 보일 수 있다. 그러나 성숙한 사람들을 살펴보면, 오히려 강점을 강화하기보다 약점을 극복하는 과정에서 그들의 강점이 더욱 빛을 발하는 경우가 많다. 그래서 약점의 극복에 중점을 두는 접근 방식이 다소 이질적으로 느껴질 수 있다. 이 말이 강점을 무시하라는 뜻은 아니다. 다만 강점을 과도하게 강조하고, 그것만으로 자기다움이 완성된다고 착각하지 않도록 주의해야 한다. 자기다움은 강점만이 아닌, 약점을 극복하고 성장해 나가는 전반적인 과정에서 완성된다.

　자신을 알아가는 과정에서 강점만을 연구할 수도 있지만, 약점을 파악하는 것 역시 중요한 '자기 지혜'다. 많은 사람들이 자신에 대한 비판을 받아들이기 어려워하는 이유는 크게 두 가지다. 첫째, 이미 고치려 했으나 실패한 경험이 있기 때문이며, 둘째, 누군가 그것을 지적할 때 자신의 부족함이 드러난다는 수치심 때문이다. 그러나 '아름다움'의 본래 정의에 따르면, 자신의 부족한 면을 알고 그것을 극복하며 받아들이는 것이 진정한 아름다움이다. 약점을 숨기고 강점만을 드러내는 것은, 그 강점이 진정한 것일 때는 문제가 없지만, 과장된 강점이라면 그것은 자기다움이 아닌 자기 과장에 불과하다. 과장된 자아는 결국 좌절과 자아 상실로 이어질 위험이 크다.

사람이라면 누구나 인정하는 사실이 있다. 자랑할 만한 강점보다 숨기고 싶은 약점이 더 많다는 것이다. 다른 사람과 비교해 보면, 많은 강점이 상대적으로 작은 약점에 불과할 수 있다. 강점과 약점을 이분법적으로 나누는 것은 자기다움을 훼손할 수 있다. 자기다움이란 강화된 인간이 되는 것이 아니다. 오히려 자신의 부족함 속에서 진정한 완전함을 발견하는 것이다. 기혼자라면 이 모순된 진실을 쉽게 이해할 수 있다. 결혼한 상대가 나와 똑같은 사람일까? 부부는 서로 다른 점을 이해하고 보완하며 함께 성장하는데, 이는 약점과 강점의 상호작용과 비슷하다. 즉, 부부는 서로 다르지만, 그 차이를 통해 자신을 완성하는 짝이라고 믿는다.

과거에 함께 일했던 동료가 고군분투하는 내 모습을 안타까워하며 밥을 사준 적이 있다. 그 동료의 눈에는 매달 적자를 내는 〈유니타스 브랜드〉 잡지 사업이 한심하게 보였을지 모른다. 우리는 식사하며 잡지 사업의 대안과 전략, 그리고 필요하다면 사업을 접는 플랜 B에 관해 이야기를 나눴다. 식사가 거의 끝날 무렵, 나는 동료에게 물었다.

"만약 네가 하는 일을 연봉 3억 5천만 원을 받지 않고도 하라고 하면, 할 수 있겠어?"

동료는 1초의 망설임도 없이 대답했다.

"미쳤냐? 돈도 안 받고 이런 일을 하게!"

나는 미소를 지으며 말했다.

"너는 3억 5천만 원을 받아야만 하는 일을 하고, 나는 3천5백만 원을 주고도 이 일을 한다면, 누가 미친 걸까? 또, 누가 더 행복한 걸까?"

비교의 기준이 돈이나 타인이 되는 순간, 자기다움과 자기 가치는 사라지고 자기 부패가 시작된다. 비교하는 순간, 자신이 초라해지고 인생을 헛되게 살아온 것처럼 느껴진다. 자신이 세상에 하나뿐인 원본임을 인정한다면, 다른 원본과 비교할 필요가 없다. 비교하는 순간 '복사' 버튼을 누르게 되고, 결국 자신은 원본이 아닌 복사본의 인생을 살게 된다.

[시인이 되다]

《참을 수 없는 존재의 가벼움》의 저자 밀란 쿤데라는 "소설은 인간의 마음을 탐구하는 가장 중요한 수단이다"라고 말했다. 자신에 대한 소설을 쓴다면, 이 말의 진정한 의미를 직접 경험할 수 있다. 하지만 소설 외에도 글로 경험할 수 있는 또 다른 장르가 있다. '4

월은 가장 잔인한 달이다.' 이 문장을 한 번쯤 들어본 적이 있을 것이다. 이 문장은 뮤지컬 〈캣츠〉의 원작자이자 시인인 토머스 엘리엇의 시 〈황무지〉에서 나온 것이다. 엘리엇은 시를 "설명할 수 없는 것을 느끼게 하는 힘"이라고 정의했다.

소설은 마음을 탐구하는 도구이고, 시는 설명할 수 없는 감정을 우리 마음속에 불러일으키는 힘을 지닌다. 나는 이 두 가지를 모두 경험했다. 그래서 소설을 쓰는 것을 어려워하는 자기다움 수강생들에게 "자기다움에 대해 시를 써보라"고 권한다. 자신이 누구인지 모르는 사람들에게 시 쓰기는 마치 심폐소생술과 같다. 대부분의 수강생은 처음에는 혼란스러워한다. 초등학교 이후로 시를 써본 적이 없고, 학교에서 시를 접했던 이들에게 시 쓰기는 마치 노래방에서 직원들이 지켜보는 가운데 '엄마 앞에서 짝자꿍' 노래를 부르는 것만큼 어색한 일이다. 그러나 나의 강력한 요청에 결국 그들은 시 쓰기를 시작한다. 처음에는 모두 크게 웃음을 터뜨리지만, 곧 강의실은 진지한 분위기로 바뀐다. 가끔 옆 사람의 시를 슬쩍 훔쳐보는 이들도 있지만, 대부분은 진지하게 자신에 대한 시를 쓰기 시작한다. 시가 완성된 후, 나는 주제를 바꾼다.

"이번에는 나의 삶에 대한 시를 써보세요."

더 큰 웃음이 터져 나오지만, 나는 한마디로 그 분위기를 다시 진지하게 돌려놓는다.

"우리가 우리 인생을 시로 표현할 수 없다면, 도대체 어떤 인생을 살고 있는 걸까요?"

잠시 모든 수강생들이 조용히 앞에 놓인 A4 용지를 바라본다. 그러자 갑자기 어떤 사람은 유서를 쓰는 듯한 표정을 짓고, 또 다른 사람은 자신과 마주한 듯 혼란스러워 보인다. 시는 자신을 느끼고, 만지고, 심지어 맛볼 수 있게 한다. 어떻게 바라보느냐에 따라 그 시는 시가 될 수도, 대중가요가 될 수도, 종교적인 시편이 될 수도 있다. 참회의 시, 기쁨의 시, 다양한 깨달음이 담긴 시들이 그 순간 탄생한다.

'시poem'의 어원은 고대 그리스어 '포이에마poiema'로 '만들다, 창조하다'라는 뜻을 가지고 있다. 시를 쓰는 목적은 단순히 감성을 일깨우거나 시인을 양성하는 데 있지 않다. 오히려 자신의 경험을 되돌아보고, 막연했던 가치를 구체적인 언어로 표현해 내면에 불을 지피는 데 있다. 처음 시를 쓰는 사람들은 마치 평생 거울을 외면하다가, 갑자기 자기 모습을 직면한 듯한 충격을 경험하곤 한다.

많은 이들이 다음 날 첫 시를 다시 읽고 부끄러워하며 찢어버리기도 한다. 문장력이 부족해서가 아니라, 그 시가 솔직하지 않았기 때문이다. 자신에 대한 시를 다른 사람들 앞에서 읽으라고 하면 극도로 창피함을 느낀다. 시를 통해 현재의 나, 과거의 나, 그리고 꿈속의 내가 한자리에서 만나는 강렬한 경험 때문이다. 마치 거울 속 자신의 모습을 보고 놀라는 것과 같으며, 정신분석학에서는 이를 '정신분열 상태'라고 설명한다. 자신의 꿈과 인생, 그리고 자신에 대해 시를 써보는 일은 마치 번지점프만큼 강렬한 경험이다. 하지만 한 번의 강렬한 경험만으로는 충분하지 않다. 매일 새벽 시를 쓴다면, 1년 후에는 어떤 시가 탄생할까? 정신분열 상태에 빠지거나, 시에 걸맞은 삶을 살게 될지도 모른다.

매일 새벽 시를 쓰는 이유는 내가 무엇에 감동하고, 무엇을 지향하며, 세상을 어떤 시각으로 바라보는지를 스스로 탐구하기 위함이다. 어떤 이는 이를 잔잔한 호수에 낚싯대를 드리우는 일에 비유한다. 내 마음이라는 호수에서 어떤 물고기가 잡힐지는 결국 낚싯밥, 즉 그날의 주제에 달려 있다. 이 훈련의 핵심은 기존의 시적 규칙에 얽매이지 않고, 자유로운 창조적 글쓰기를 하는 데 있다. 중요한 것은 운율에 맞춘 시를 쓰는 게 아니라, 자신을 구성하는 언어를 재정비하는 일종의 '영혼의 정비 작업'이다. 매일 아침, 자기다움에 관한 시를 쓰면서 내가 어떤 언어와 개념에 끌리는지를 살펴보는 것이다. 이는 영혼의 일기처럼 어제를 돌아보고, 내 안의 위선과 부족함을 반성하는 과정이다. 자는 척하는 사람을 아무리 흔들어도 깨우기 어렵다. 마찬가지로 '자기다움' 없이 '평범함'에 안주하는 사람들은 자기다움의 소중함을 깨닫기를 거부한다. 그들은 생계를 핑계로 자신의 존재 가치를 무시하고 외면한다.

자기다움이 내 안에서 확립되면 더 이상 남의 평가에 휘둘리지 않는다. 다른 사람들에게는 실패로 보일지라도 나에게는 그것이 성장의 기회로 다가온다. 자기다움을 깨달으면 더 이상 성공을 향해 조바심을 낼 필요가 없으며, 남을 부러워하거나 눈치를 볼 필요도 없어진다. 그저 자신의 길을 따라 꾸준히 나아가면 되는 것이다. 또한 '시간'이라는 소중한 선물을 얻게 된다. 평범함의 틀에서 벗어나 자신만을 위한 시간을 가질 수 있으며 책을 읽고, 사색하고, 일기를 쓰는 등 오롯이 나에게 집중할 수 있는 시간을 즐긴다. 바쁜 현대인들에게 다소 낯선 경험일 수 있지만, 더 이상 무의미한 강박에 얽매일 필요가 없어진다.

아래 두 편의 시는 보육원을 퇴소한 청년들이 자기다움 교육 시간에 쓴 작품이다. 이 청년들은 태어나서 단 한 번도 시를 써본 적이 없었다. 그들은 잠시 눈을 감고 무언가를 생각한 뒤, 바로 시를 써 내려갔다.

자기다움 시 1

매일 다니는 길에도 조금만 눈을 돌려보면 항상 다른 풍경이 보인다.

처음 보는 작은 골목으로 평소와 조금만 다른 길로 가도

평소와 다른 기분으로 주위를 둘러보게 된다.

처음 보는 사람들, 처음 보는 풍경.

가끔은 늘 가던 길의 정면대로 가도 시간은 오래 걸려도

목적지에 갈 수 있다는 게

막다르게 걸을까 걱정하고 너무 늦지 않을까 초조해도

평소와 다른 풍경에

평소와 다른 느낌에 입가에 미소가 번진다

자기다움 시 2

사랑받고 싶어 믿음을 주고

그대가 나를 배신할지라도

한없이 인간을 믿는 개들처럼

나도 그대를 신뢰하고 믿어 의심치 않고

한자리에 오래도록 머무르는 나무처럼

그대를 기다리며 사랑이란 행복을 맛보고 싶다.

[자기다움 면역 시스템]

여성이 임신하면 생물학적으로 여성의 몸은 정자와 수정란을 부분적으로 거부하는 반응을 보인다. 이는 여성의 면역 체계가 정자와 배아를 자신의 유전 물질과 다른 외부 물질로 인식하기 때문이다. 마찬가지로 현재의 내가 미래의 나를 거부하는 것도 유사한 현실의 '면역 반응'이다. 가치에 기반한 미래의 나는 끊임없이 '왜?'와 '자기다움이란 무엇인가?'를 묻는다. 만약 현재의 내가 자기다움에 대한 인식이 부족하다면 '왜?'라는 질문을 던지는 미래의 나를 외부인으로 여길 것이다. 현실과 현재의 삶을 유지하려는 나의 면역 체계는 '자기다움'을 위협으로 인식하고 방어한다. 이 방어 기제를 깨지 않으면 우리는 안전한 선택에만 머물게 되고, 진정한 자기다움에 도달할 수 없다.

《새벽나라에 사는 거인》을 쓰면서 나는 직장생활의 본질을 깨달았지만, 그 사실을 부정하며 현실을 지키려는 '현재의 나'와 충돌했다. 이는 직장이라는 조직의 면역 체계 때문이었다. 직장에서 자아를 실현하려는 현재의 나는 더 깊은 자기다움을 추구하는 미래의 나를 방어하고 있었다.

그러던 내가 자기다움 소설을 쓰면서 깨달은 것은, 자기다움이란 자신이 추구하는 가치, 즉 자기다움이라는 큰 그림 안에서 과거의 모습을 생생하게 기억하고, 그것을 현재의 삶과 연결해 설명할 수 있다는 점이다. 자기다움은 우리의 핵심 가치, 열정, 그리고 우리를 진정으로 움직이게 하는 동기다. 이를 명확히 인식하고 표현하는 것이야말로 진정한 자기이해의 시작이다. 자기다움은 단순히 직장에서 성공하기 위한 도구가 아니다. 구직용 자기소개서를 스스로에게 보여줄 때 느끼는 부끄러움에서 알 수 있듯이, 우리는 종종 남들에게 보여주기 위해 자신을 과장하거나 왜곡한다. 그러나 자기다움은 진정한 자신의 이야기를 A4 한 장에 솔직하게 담는 것처럼 자신을 정직하게 마주하는 것에서 시작한다. 마치 프리즘이 햇빛을 7개 빛의 파장으로 분리하는 것처럼 나는 자기다움으로 직장인을 관찰하며 다음과 같이 크게 세 가지 유형으로 나누었다(이는 지극히 주관적인 해석이며, 직장과 업종에 따라 다르게 나타날 수 있다).

1. 자아실현 형

직장을 단순히 생계 수단이 아닌, 성격과 능력을 발전시키고 인간관계를 확장할 기회로 여긴다. 직장에서 진정한 행복을 느끼며, 직장을 지식의 학교로 본다. 하지만 이런 사람들은 매우 드물다.

2. 생존 형

최소한의 성과를 달성하고 안정적인 생존을 위해 직장에 적응한다. 자기다움보다는 조직의 흐름에 순응하며, 주로 보수를 위해 직장을 옮긴다. 그러나 '자신을 위해 일한다'는 개념은 이해하지 못하며, 궁극적으로 생계유지와 사회적 안정을 추구하는 데 초점을 맞춘다.

3. 잔존 형

조직과 자신을 하나로 여기며, 조직에 붙어 생존하려 한다. 기술적으로 조직에 적응하지만, 때로는 조직 내에서 가장 위험한 존재가 되기도 한다. 이들은 조직 내의 자아를 자기다움으로 착각하며 살아간다.

이 관점에서 보면 대부분의 직장인은 직장생활 속에서 자신의 자기다움을 잃어버리고 있다는 것을 알 수 있다. 나의 두 지인 사례를 통해 직장에서 자기다움을 상실했을 때 삶이 어떻게 변화하고, 어떤 결과를 초래하는지 살펴보자. 첫 번째는 명예퇴직자이다. 그는 자신의 삶에서 다섯 가지 후회를 털어놓았다. 성실하지 못했던 점, 자기 능력을 발휘하지 못했던 점, 명확한 비전이 없었던 점, 인간관계를 잘 맺지 못했던 점 등이다. 그는 오랜 직장생활 속에서 자신의 비전을 잃어버린 채 안전한 선택만을 했다고 후회했다. 그가 직장에서 쌓아온 성취는 한순간에 무의미하게 느껴졌고, 이 과정을 통해 자신의 생각과 실제 삶 사이의 커다란 괴리를 처음으로 깨달았다. 이것이 바로 '불편한 진실'과 마주하는 순간이었다.

두 번째 사례는 자진 퇴사자이다. 그는 직장에서 소모되어 결국 사표를 던졌지만, 몇 달 지나지 않아 또 다른 직장에 들어갔다. 그는 직장을 바꾸었을 뿐, 자신을 바꾸지는 못했다. 자기다움을 찾지 못한 그는 새로운 환경에서도 같은 패턴을 반복하고 있었다.

'자기다움'을 깨달으면 내가 왜 이 직장에 있어야 하는지, 혹은 왜 이직해야 하는지가 명확해진다. 연봉이나 근무 조건, 대우가 아닌 '왜'라는 질문이 가장 중요한 기준이 된다. '자기다움'을 찾기 위해 세 가지 질문을 제안한다.

'나는 무엇을 진정으로 원하는가?'
'나에게만 보이는 아름다움은 무엇인가?'
'나는 어떤 가치를 위해 살고 싶은가?'

이 질문에 대한 답을 통해 우리는 자신의 방향을 찾을 수 있다. 자기다움은 평생에 걸쳐 구축해야 할 목표이다. 따라서 직장생활이든 창업이든 모든 결정은 이 기준을 중심으로 내려져야 한다. 자기다움을 잃지 않을 때, 우리는 진정한 삶의 주체로서 살아갈 수 있다. 물론 자기다움을 지키며 살아가는 것은 쉽지 않다. 그러나 자기다움을 추구하는 그 자체가 우리 삶의 방향을 결정하는 나침반이다.

자신의 가치관, 열정, 재능을 탐구하고, 일상에서 이를 실천해 나가는 것이 바로 자기다움을 구축하는 첫 걸음이다. 우리는 매일 거울 앞에서 자신의 선택과 행동이 진정한 '나'를 반영하는지 물어야 한다. 자가면역 반응을 극복하기 위해서 먼저 나의 방어기제를 인식하고, 그 불편함을 외면하지 않을 용기가 필요하다. 불안정함을 감수하고 진정한 자기다움을 추구할 때, 우리는 비로소 삶의 진정한 주체가 될 수 있다.

[복사본으로 죽다]

미래의 내가 현재를 살면서(자기다움 소설을 쓰면서) 가장 충격을 받았던 것은, 직장에서 점점 내가 소멸해 가고 있다는 사실이었다. 나는 자기다움을 잃어가고 있었고, 그 과정에서 '직장에서의 죽음'에 대해 깊이 생각하게 되었다. 직장인이라면 누구나 피하고 싶은 두 가지 비극적인 결말이 있다. 하나는 과로사이고, 다른 하나는 '복사'다. 과로사는 과중한 업무와 스트레스로 인한 산업재해로, 말 그대로 일하다 죽는 것을 의미한다. 반면에 복사(複死)는 복사(複寫, copying)에서 유래한 신조어로 원본으로 태어나 회사에 입사했지만, 결국 비슷한 사원들 속에 묻혀 복사본으로 사라지는 것, 즉 은퇴나 해고로 끝나는 직장생활을 뜻한다.

직장에서 복사된 존재가 되는 것은, 자신의 고유한 가치관이나 본능, 그리고 인생을 걸 만 한 신념을 따르기보다는 안정적인 직장을 선택한 결과로 일종의 자발적인 안락사와 같다. 이 불편한 현실에도 불구하고, 자본주의 체제에서 기업이 직원을 '복사'시키는 것은 기업 생존 전략의 일환이기도 하다. 새로운 인력을 투입하고 오래된 인력을 내보내는 것은 대량 생산과 소비를 기반으로 한 기업 운영의 지속 가능 전략이기 때문이다. 물론 직장생활에 만족하며 회사에 잘 적응하는 사람들도 있다. 그러나 대부분의 직장인은 기업의 속성에 적응하지 못한 채, 냉소적이고 허무주의에 빠진 선배들의 조언에 흔들리며 방황한다. 자신의 비전과 능력을 펼칠 수 있는 곳을 찾아 이직을 시도하지만, 결국 새로운 직장도 이전과 크게 다르지 않다는 사실을 깨닫게 된다. 이렇게 직장생활에 지치다 보면, 어느새 자신도 모르게 비슷한 사람들과 함께 그저 오늘을 살아가는 '복사본'으로 전락한다. 그렇게 복사된 자신은 누구의 인생을 살고 있는지도 모른 채 살아간다.

수많은 복사본 중 하나가 된 사람은 언제든 버려질지 모른다는 불안감 속에서 하루하루를 견뎌낸다. 그들은 생존 모드와 견딤의 모드 사이를 오가며, 어제와 다를 바 없는 오늘과 내일을 반복할 뿐이다. 더 안타까운 것은 자신이 복사되고 있다는 사실조차 깨닫지 못한다는 것이다. 직장인들이 '복사'의 길로 접어드는 이유는 무엇일까? '모험하지 않는 인생이 가장 위험하다'는 말처럼 자기다움이라는 가치를 추구하는 것을 포기했거나 또는 미래의 자신에 대해 진지하게 고민하지 않기 때문이다.

그렇다면 왜 우리는 이런 사실을 알면서도 인정하지 않을까? 자본주의 사회에서 자기다움 없이도 직장에서 신처럼 살 수 있고, 직업을 통해 신격화될 수 있다는 문화와 사상 때문이다. 단편적인 예를 살펴보자. 언론은 매년 '신의 직장'을 영생불멸의 상징처럼 소개한다. 그들이 말하는 '신의 직장'은 일이 적고 보수가 높으며, 지각이나 조기 퇴근이 자유롭고, 근무 중에도 여가 활동이 가능한 곳이다. 무엇보다 정년이 보장되는 직장을 의미한다. 심지어 신들도 부러워할 직장이라는 표현도 등장한다. 이런 곳에서는 자신의 노력이나 성과를 훨씬 뛰어넘는 혜택을 누릴 수 있다고 한다. 그렇다면 '신의 직장'에서 일하는 사람들은 정년 후에 과연 어떤 신이 될 수 있을까?

내 생각에 이른바 신의 직장은 스스로 생존하지 못하고, 타인의 에너지에 기대어 살아가는 곳이다. 이는 생물학에서 말하는 기생과 크게 다르지 않다. 정말로 신의 직장이 이런 모습일까? 한 번은 소문만 듣던 신의 직장에서 일하는 지인을 만난 적이 있다. 그는 자신의 직장이 뉴스에서 신의 직장으로 소개된 것을 큰 자부심으로 여기며, 마치 자신도 신과 같은 존재로 생각하는 듯했다. 그에게 이렇게 물었다.

"너는 5년 전에 살아 있었다는 걸 증명할 수 있니?"

신의 직장에서도 자신을 잃어버리고 복사본으로 전락하는 사람들이 많다. 일이 적고 보수가 높다고, 소위 신의 직장에 다닌다고 해서 자동으로 자기다움을 획득하는 것은 아니다. 진정으로 살아 있음을 증명할 수 있는 사람은 단순히 비전과 목표를 세우고, 시간을 관리하며 업무를 수행하는 데 그치지 않는다. 그들은 자신만의 고유한 가치, 즉 자기다움이라는 큰 그림 안에서 과거의 모습을 생생하게 기억하고, 그것을 현재의 삶과 연결해 설명할 수 있어야 한다. 5년 전 어떤 인생 그림을 그리고 있었고, 그 그림이 지금까지 어떻게 이어져 왔는지 진솔하게 이야기할 수 있는 사람만이 그 질문에 답할 수 있다.

살아 있음을 증명할 수 있는 근거는 오직 자신만이 제시할 수 있다. 그것은 타인이 반박할 수 없는 자신만의 독특한 이야기다. 자신의 과거와 현재를 잇는 그 연결고리를 당당히 보여줄 때, 우리는 비로소 진정으로 살아 있는 존재로 인정받는다. 신의 직장이든 지옥의 직장이든 그 명칭에 집착할 필요는 없다. 중요한 것은 그곳에서 자신이 어떤 존재였는지를 지각하는 것이다. 자신의 존재를 인식하는 것, 그것이야말로 자기다움을 발견하는 첫걸음이다. 우리의 존재감은 오직 자신의 창조에서 비롯된다. 신의 직장에서 일하고 있다고 자동으로 존재감이나 자기다움이 보장되는 것은 아니다. 어떤 환경에 있든 그 안에서 자기다움을 유지하고 살아갈 수 있는가, 그것이 가장 중요하다.

"그렇다면, 자기다움을 유지하며 사는 삶이란 어떻게 사는 것인가요?"

이 질문을 자기다움 수업에서 자주 받는다. 그러나 자기다움을 이해하지 못한 사람에게 그 유지 방법을 설명하는 것은 쉽지 않다.

나는 이렇게 답한다.

"늘 어떻게 죽을지를 생각하는 것입니다."

이것이 내가 할 수 있는 최선의 대답이다. 나 역시 그렇게 살고 있기 때문이다. 나는 지금 이 순간에도 죽어가고 있음을 자각하고 있다. 지금의 삶 역시 죽음을 받아들이는 행위이다. 그렇다고 염세적이거나 우울해지는 것은 아니다. 오히려 그 반대다. 자기다움에 대한 글을 쓰며, 나는 죽음을 바라보는 새로운 관점을 얻었다. 인간의 죽음은 일반적으로 자연사, 사고사, 자살, 타살로 나뉜다. 그런데 이 범주에 속하지 않는 죽음도 있다. 그것이 바로 의문사다. 의문사란 사망 원인이 명확하지 않은 죽음을 뜻한다. '코마COMA'라는 의학 용어는 그리스어로 '깊은 잠'을 뜻하며, 뇌사 상태를 의미한다. 이외에도 안락사와 존엄사라는 또 다른 형태의 죽음이 있다. 이는 고통 속에서 본인이나 가족의 결정으로 치료를 중단해 죽음에 이르는 경우를 말한다. (지나친 비약일지 모르지만) 남의 인생을 살다가 비슷한 사람 중 하나로 전락해 용도폐기 되는 '복사(複死)'는 자기다움을 추구하지 않은 일종의 자살이라고 생각한다. 자기다움 없이 사는 것은 그야말로 코마 상태와 같다. 즉, 자신이 죽을 때 '나답게 죽는다'는 의미를 깨닫지 못하고 죽어가는, 일종의 의문사라고 할 수 있다. 과연 이렇게 말하는 것이 정말 과장된 표현일까? 다시 한 번 생각해 보자.

생명의 물리적 기준은 심장의 박동이다. 평균 수명 70년 동안 심장은 약 27억 번 뛰지만, 단 10분만 멈춰도(약 600번의 박동) 생명은 끝난다. 그러나 살아 있으면서도 심장이 뛰지 않는 것처럼 사는 사람이 있다. 혹은 심장은 뛰고 있지만, 이미 죽어 있는 사람도 있다. 그들이 진정 살아 있는지 확인하기 위해 손목 맥박을 짚어볼 필요는 없다. 대신 이렇게 질문하면 된다.

"왜 당신은 살아야 하나요?"

이 질문은 내가 '새벽나라에 사는 거인'을 쓰며 끊임없이 고민했던 부분이다. 이제 이 질문을 자기 스스로에게 던져보자.

'왜 나는 살아야 하는가?'

이 질문에 답을 찾는 과정에서 우리는 비로소 진정한 자기다움이 무엇인지 경험하게 된다. 왜 나는 살아야 하는가? 그리고 왜 나는 살기 위해 이 직장에 다녀야 하는가? 이 질문들은 쉽게 답할 수 있는 것이 아니다. 그러나 나는 이 질문에 대해 '나답게 죽고 싶다'를 삶의 기준으로 삼았다. 우리 주변에는 죽어가는 사람들이 많다. 과거의 꿈을 그리워하며 현재를 후회하는 사람들, 타인의 꿈을 자신의 것으로 착각하는 사람들, 과거의 영광에 갇혀 현재와 미래를 낭비하는 사람들이다. 특히 영적 코마 상태에 빠진 사람들은 자신의 존재 이유를 설명하지 못한다. 이들은 살아야 할 이유도, 생존 본능도 없이 그저 존재할 뿐이다. 식물인간 상태는 의학적으로 심장이 뛰고 있어서 완전한 죽음으로 간주하지 않는다. 하지만 자본주의 체제에서 복사된 존재로 살아가는 것은, 비록 심장은 뛰고 있지만 이미 죽은 것이나 다름없다.

심장은 뛰지만 존재의 가치가 없다면, 그것은 죽음과 무엇이 다를까? 나는 자신의 정체성을 설명하지 못하는 사람을 이미 죽은 사람이라고 본다. 이들에게 필요한 것은 존재에 대한 질문이다. 이는 마치 심폐소생술CPR처럼 존재의 심장을 다시 뛰게 할 충격적인 질문이다. "나의 정체성은 무엇인가?"라는 질문이 그 시작이다. 현대 사회는 점점 더 스마트해지지만, 역설적으로 우리의 능력은 퇴보하고 있다. 우리는 스마트폰 기능을 잘 활용하는 것을 지혜로 착각하고, '좋아요' 하나에 만족하며 살아간다. 이는 마치 생명유지 장치에 의존해 하루하루를 버티는 것과 다르지 않다.

자기다움은 맹목적인 긍정이나 극단적인 비관주의가 아니다. 그것은 이기적이거나 자기중심적인 태도도 아니며, 단순히 자신의 성공을 자랑하거나 고집을 피우는 것도 아니다. 진정한 자기다움이란 스스로에게 질문하고 그 답을 찾는 상태를 의미한다. 더 나아가 자신이 속한 공동체와 조화를 이루는 '우리다움'을 함께 추구하는 것이다. 자기다움을 통해 우리는 왜 이 세상에 존재하며, 결국 떠나가야 하는지를 깨닫게 된다. 이것이 바로 인생의 의미를 찾는 과정이 아닐까? 미래의 내가 현재의 나에게 준 과제는 '자기답게 살고 자기답게 죽는 것'이다. 나는 이 과정을 하나의 '프로젝트'라고 본다. 프로젝트라는 단어는 라틴어 'proiectus'에서 유래했으며, '앞으로 던지다' 또는 '미래로 던지다'는 뜻을 지니고 있다. 죽음을 하나의 프로젝트로 바라보는 이유는 그것이 단순한 끝이 아니라, 새로운 시작을 의미하기 때문이다. 우리는 죽음이라는 필연적인 프로젝트를 통해 결국 자기답게 살아가는 것이 얼마나 중요한지를 깨닫게 된다. 그리고 현재의 나를 넘어 두 번째, 세 번째 나로 이어지는 이 여정은 죽음 이후에도 계속된다.

[새벽 전선]

나의 시간여행은 10년 후의 내가 현재를 살아가는 것이었다. 그런데 어느 날, 한 가지 질문으로 인해 나는 넘어서는 안 될 시간의 경계를 넘었다. '과연 가장 나다운 순간은 언제일까?' '인생의 정점에서 성공을 만끽할 때일까?' 아니면 '세상의 시선에서 벗어나 오롯이 나 자신과 마주하는 순간일까?' 이 질문을 통해 나는 처음으로 은퇴 이후의 삶에 대해 진지하게 고민하기 시작했다. 그리고 나의 시간여행은 크로노스에서 카이로스로 전환되었다. 언젠가 다가올 그 시간을 받아들이고, 더 이상 미래의 내가 아닌 진정한 나 자신과 마주하고 싶었다. 그 순간부터 나의 시간여행은 단순히 시간의 흐름을 넘어서는 것이 아니라, 그 결정적인 순간을 향한 여정으로 변모했다.

'더 이상 일하지 않을 때, 나는 누구일까?'
'일할 필요가 없을 때, 나는 어떤 모습일까?'
'일할 수 없게 되었을 때, 나는 무엇을 할까?'
'일을 해도 더는 수입이 없다면, 나는 어떻게 살아갈까?'

이 질문들은 나의 시간여행을 '자기다움의 여정'으로 항로를 변경시켰다. 만약 생계를 위해 더 이상 돈을 벌 필요가 없는 경제적 자유를 얻는다면, 나는 무엇을 할까? 아마도 미래의 내가 없었다면, 나는 죽을 때까지 이런 질문을 던져보지도 않았을 것이다. 내가 상상만 했던 '그때'에 이미 당도한 선배들을 만난 적이 있다. 일을 더 이상 하지 않거나 할 수 없게 된 이들과 대화를 나누며, 언젠가 맞이할 나의 미래 모습을 그려볼 수 있었다. 나는 그들에게 물었다. "10년 전 당신을 만난다면, 무슨 말을 해주고 싶나요?" 그들은 모두 이렇게 답했다. "어떻게든 되겠지, 이렇게 생각하지 마라. 그렇게 생각하면 너는 죽을 때까지 후회하며 지금처럼 살아갈 거다."

더 이상 일하지 않는 그들이 후회한 것은 충분히 노력하지 않은 게 아니었다. 오히려 너무 열심히, 너무 바빠 살아오며 자기다움을 잃어버린 것을 안타까워했다. 그들은 자기다움을 값비싼 물건의 소유, 화려한 경력과 경험의 축적, 높은 지위와 인맥의 획득으로 착각했다. '많을수록 좋다'는 단순한 덧셈과 곱셈의 논리에 사로잡혀 타인과의 비교 속에서 만족을 찾으려 했다. 하지만 그 결과, 진정한 성숙 대신 표피적 성공과 성장에만 초점을 맞추고 말았다. 그들은 자신이 더 이상 일할 수 없는 날이 올 것이라고는 상상조차 하지 못했다. 커리어와 성과를 쌓으면 저절로 미래가 보장될 것이라 막연히 믿었지만, 돌이켜보면 그것은 자기기만에 불과했다. 이러한 잘못된 인식과 기대는 결국 그들에게 인생의 무거운 짐으로 남았다.

모든 여행에서 무거운 짐은 말 그대로 짐일 뿐이다. '어떻게 죽을 것인가'를 결정하는 순간, 그동안 지고 있던 수많은 짐들이 사라지고 삶의 방향은 더욱 선명해진다고 앞서 말했다. 짐을 내려놓으면 현재의 선택은 명확해지고 단순해진다. 나 또한 자기다움을 찾기 위해 소설을 쓰면서 하지 않을 것들을 과감히 포기함으로써 진정한 나를 만날 수 있었다. 시간여행을 통해 얻은 **자기다움의 본질은 남들에게 보여주기 위한 커리어를 쌓는 것이 아니라, 진정한 나를 보기 위해 가짜 커리어라는 짐을 내려놓는 것이었다. 결국 자기다움은 '뺄셈'이었다.**

자기다움은 타인과의 차이를 덧셈이나 곱셈으로 계산해 얻을 수 없다. 오히려 불필요한 것들을 덜어내고, 본질을 단순화하는 '뺄셈'을 통해서 타인에게 가려져 있던 진정한 나를 발견할 수 있다. 이 뺄셈은 단순히 무언가를 제거하는 데 그치지 않는다. 그것은 나만의 고유성을 찾기 위해 타인의 영향과 불필요한 요소들을 걸러내는 과정이다.

탈무드에는 "진실을 더하려면 진실을 빼라When you add to the truth, you subtract from it"는 경구가 있다. 이 말은 수천 년이 지난 오늘날까지 깊은 통찰을 건넨다. 나 자신을 제대로 알기 위해서는 남과 비교하며 과대 포장된 모습들을 걷어내야 한다. 이 과정의 첫 걸음은 직장에서의 직급과 지위가 주는 환상에서 벗어나는 것이다. 직장에서의 인정과 승진이 인생의 전부가 되는 순간, 우리는 자기다움을 성찰할 기회를 잃게 된다. 그 순간 우리의 정체성은 타인의 기대에 맞춰 재단되고, 자기다움은 서서히 사라진다.

현대 사회에서는 직장과 직업이 마치 삶의 전부인 것처럼 여겨진다. 이런 현실을 직시하고 타인의 기준에서 벗어나는 것은 큰 도전이다. 진정한 자아를 발견하는 여정은 이러한 편견과 환상을 떨쳐내고, 있는 그대로의 자신을 온전히 받아들이는 데서 시작된다. 그렇다면 '나만의 것'이란 무엇일까? 내 이름조차 이 사회에서 수천, 수만 명과 공유된다는 사실을 떠올리면, 모든 것을 덜어내고 도저히 더 뺄 수 없을 때 남는 것은 아무것도 없다는 허무한 결론에 도달할지도 모른다. 그러나 자기다움의 여정은 바로 그 허무함 속에서 시작된다. 자기다움을 희석하는 방식에는 덧셈과 곱셈이 있지만, 가장 치명적인 것은 나눗셈이다. 우리는 계층, 교육, 지역, 파벌, 트렌드, 혹은 선호하는 팀에 따라 여러 커뮤니티에 속하게 된다. 시간이 흐르면서 이러한 소속감은 개인의 독립적 사고를 방해하고, 다수의 의견을 자신의 의견으로 착각하게 만든다. 같은 드라마를 봐야 국민 정서를 이해할 수 있고, 같은 영화를 봐야 공감대를 형성할 수 있다는 착각에 빠지기 쉽다.

같은 연예인, 같은 브랜드, 같은 생각, 심지어 같은 음식을 선호하게 된다. 우리는 '같음'을 추구하면서도 정작 왜 그 선택을 했는지, 무엇을 좋아하는지조차 모른다. 백화점이나 홈쇼핑에서 자주 듣는 판매원의 이런 말은 대중의 취향을 맹목적으로 따르게 만든다. "이 제품은 가장 인기 있는 상품입니다. 강남 사람들이 선호하고, 연예인들도 많이 사용합니다." 사람들은 자신을 특별하고 독립적인 존재로 여기면서도 중요한 선택의 순간에는 왜 타인의 판단을 따르는 걸까? 그들이 대중의 선택을 신뢰하는 이유는 자신이 진정으로 원하는 것, 필요로 하는 것이 무엇인지 모르기 때문이다. 결국 대중의 취향을 비판 없이 수용하고, 그것을 자신의 취향으로 착각한다.

인간에게 공통점이 있다면, 모두가 저마다 다르다는 사실이다. 그럼에도 우리는 대중 속에 섞여 살기를 원하면서도 동시에 유명 인사의 취향에 자신을 맞추고 싶어 한다. TV 프로그램에 잠깐 등장한 연예인의 소품은 하룻밤 사이에 '대박 상품'으로 둔갑해 사람들을 무분별한 충동구매로 이끈다. 이것이 대중을 기만하는 행위임을 알면서도 사람들은 기꺼이 속아 넘어가며, 그런 연예인을 부러워하기까지 한다. 압구정과 신사동 일대에는 세계 최대 규모의 성형 병원들이 밀집한 '성형 벨트'가 자리 잡고 있다. 성형 클리닉들은 수술 전후의 사진을 나란히 전시하거나, TV에서 본 듯한 획일화된 얼굴들을 내세운다. 놀라운 점은 많은 이들이 이런 사진을 보고 거부감을 느끼기는커녕 오히려 부러워한다는 사실이다. 우리는 도대체 왜 이렇게 서로를 닮아가려 하는가?

모든 사람이 소중한 이유는 서로 다르기 때문이다. 지구상에 같은 지문을 가진 사람이 없다는 사실은 굳이 다른 사람의 손가락을 들여다보지 않아도 알 수 있다. 명동 거리를 걷다 보면, 같은 옷이나 신발, 가방을 든 사람을 찾아보기 쉽지 않다. 수천만 명이 있어도 똑같은 스타일이 겹치는 일은 드물다. 그래서 패션을 '문화적

지문'이라고 부른다. 이처럼 인간은 생물학적으로나 문화적으로 고유하고 독특한 존재다. 우리는 유일한 존재이며, 따라서 각자의 유일한 삶을 살아갈 권리가 있다.

그럼에도 우리는 그 다름의 기준을 타인에게 맞춘다. 대중의 흐름에 발맞추기 위해 스스로를 희석하고, 결국 독창적인 개성을 잃어버린 채 잉여 존재로 전락하고 만다. 그 결과, 독특한 개성을 지닌 원본으로 태어나지만, 사회화 과정을 거치며 점차 획일화된 복사본으로 변해간다. 대중 속에서 살아가는 데는 능숙해지지만, 정작 자신의 고유한 80년 인생을 주체적으로 이끌어가는 데는 어려움을 겪는다. 왜 우리는 자신이 좋아하고 잘하는 것, 즉 타인과 다른 고유한 점에 대해 이토록 무지할까?

조직 생활에 들어가면 소속감과 자기다움을 혼동하기 쉽다. 대부분의 조직에서는 개인이 잘하는 것과 좋아하는 것을 존중하기보다는 조직의 요구에 맞추기를 원한다. 특히 대기업일수록 개인의 특이성은 점차 퇴색되고, 조직에 동화되는 과정에서 잃어버린 자기다움은 뒤늦게야 실감한다. 조직 안에서 성공을 거두는 사람도 있지만, 시간이 흘러 인생의 중반에 이르면, 무엇을 좋아하는지, 잘하는지조차 모른 채 살아가는 자신을 발견한다. 그 순간, 자기다움이란 무엇인지, 그 답을 찾는 것조차 혼란스러워진다.

더 이상 일할 필요가 없게 되는 순간, 조직이라는 틀에서 벗어나면 비로소 무엇이 진실이었는지를 깨닫게 된다. 이 깨달음을 미리 경험하고 싶다면, 자신이 '나의 것'이라 믿었던 모든 것을 하나씩 걷어내보자. 그때 남는 것이 진정한 '나'라고 할 수 있는지 확인해보자. 그리고 다시 한 번 스스로에게 물어보자. '더 이상 일하지 않게 될 때, 나는 과연 누구인가?'

우리는 이 질문을 더 이상 회피할 수 없다. 머리가 아프다고 체념해서도 안 된다. 이 물음에 대한 답은 오직 나 자신만이 찾을 수 있다. 타인이 대신해 줄 수 없는 대답이다. 그동안 조직에서 부여한 직함과 지위로 가짜 자아를 규정해왔지만, 이제는 거울을 마주하고 내가 나에게 답해야 한다. 만약 대답하지 못한다면, 우리는 비로소 자기 삶에 대한 진실을 마주하게 될 것이다. 바로 내가 복사본이라는 사실을.

[내가 나의 스승이 되다]

글쓰기의 중요한 원칙 중 하나는 글을 완성한 후, 시간을 두고 다시 읽어보는 것이다. 아마 이메일이나 문자를 급하게 작성해 그대로 보냈다가 낭패를 본 경험이 한두 번은 있었을 것이다. 흥미롭게도 글은 고칠수록 좋아진다. 글을 반복해 고쳐 쓰는 것으로 유명한 헤밍웨이는 "첫 번째 초고는 전부 쓰레기다"라는 말을 남겼을 정도다. 그래서 글을 다듬는 과정을 '윤기 있게 한다'는 의미로 윤문(潤文)이라고 한다.

그런데, 인생은 언제나 초고와 같다. 인생이라는 초고는 퇴고도,

윤문도 할 수 없다. 주말 저녁, 일주일 동안 써 내려간 인생 초보의 일기를 다시 읽어보면, 부끄러워서 다시는 일기를 쓸 용기가 나지 않는다. 처음 쓴 글을 1시간 후에 읽어보는 것과 하루 뒤에 읽어보는 차이는 창피함의 정도에서 확연히 드러난다. 그러나 일주일이 지나면 그 글이 내 것이 아닌 것처럼 느껴지고, 한 달이 지나면 내가 그런 글을 썼는지조차 기억나지 않을 때가 있다. 생각으로 쓴 것이 아니라, 휘발성 감정에 의해 썼기 때문이다.

그런데 내가 내 글을 퇴고하는 데는 한계가 있다. 이는 '지식의 저주'라는 인지적 편향에서 비롯된다. 지식의 저주란 특정 지식이나 정보를 이미 알고 있을 때, 그것을 모르는 사람의 관점에서 객관적으로 생각하기 어려워지는 현상을 말한다. 지식의 저주에 빠진 나를 도와줄 사람은, 내가 쓴 글을 읽고 중학생 정도의 이해력으로 내가 당연하게 여긴 부분에 질문을 던져줄 사람이다. 더 욕심을 낸다면, 빨간 펜을 들고 글의 구조를 다듬고, 부적절한 단어를 쉬운 표현으로 고쳐주는 편집장 같은 존재가 필요하다.

초고 인생을 돌아보면, 결정을 내리기 전에 잠시 멈춰 상대방의 입장에서 생각해 보거나, 내 원칙과 가치를 곰곰이 따져봤다면 좋았을 순간들이 떠오른다. 만약 실수를 저지르기 전에 누군가가 순수한 시선으로 "왜 이런 선택을 하려는 거야?"라고 물어봤거나, 친한 선배처럼 "이 일을 하려는 진짜 동기가 뭐니?"라고 본질적인 질문을 던져줬다면, 나는 아마 다른 결정을 내렸을지도 모른다. 그랬다면 인생이라는 초고를 적어도 두 번은 퇴고할 수 있었을 것이다.

초고 인생의 중요한 순간마다 원칙에 따른 조언을 건네줄 선배나 스승이 있었다면 얼마나 좋았을까. 그런 아쉬움이 여전히 남는다.

내가 인생에서 만나고 싶은 스승은 영화 속 그랜드 마스터 요다나 마스터 시푸 같은 인물이다. 〈스타워즈〉의 제다이 그랜드 마스터 요다는 제자에게 이렇게 말한다. "크기는 중요하지 않다. 나를 봐라. 나를 크기로 판단하는가?" 〈쿵푸 팬더〉에서 주인공 포의 스승인 마스터 시푸도 정체성의 혼란을 겪는 포에게 이렇게 가르친다. "누군가가 태어날 때의 모습은 중요하지 않다. 중요한 것은 성장해 어떤 사람이 되느냐이다." 요다와 시푸는 심오한 인생의 진리를 중학생도 이해할 수 있을 만큼 쉬운 언어로 전한다. 무엇보다 그들은 제자들에게 무술뿐만 아니라 삶의 태도와 가치관을 일깨워준다. 주인공들은 스승의 가르침 덕분에 자신의 한계를 극복할 수 있었다. 만약 내게도 이런 스승이 있었다면, 나는 어떻게 성장하고 성숙했을까?

내가 쓴 회고록과 일기를 보면, 과거의 나에게 마스터 요다나 마스터 시푸처럼 조언해주고 싶을 때가 많다. 복잡한 이야기보다는 간단하지만 핵심을 찌르는 조언들이다. "진짜 네가 원하는 게 뭐야?" "지금의 선택이 너다운 것 같니?" "오늘 밤에 결정하지 말고, 내일 아침 4킬로미터 조깅을 한 뒤에 다시 생각해보는 게 어때?" 돌이켜보면 과거의 내게 정말 필요했던 건 특별한 기술을 가르쳐주는 스승이 아니라, 나를 믿고 응원해주는 누군가였다. 초고를 퇴고하듯, 현재의 내가 과거의 나에게 조언하듯이, 미래의 나 또한 현재의 나에게 스승이 될 수 있다. 나는 '새벽나라에 사는 거인'처럼 미래의 내가 현재의 나를 이끌어주기를 바랐다. 지금 막 쓴 글을 일주일 뒤에 다시 읽고 퇴고하듯, 미래의 내가 새로운 시각으로 현재의 나를 바라보고 조언해 주기를 기대한 것이다.

'이 선택은 내 가치관에 맞는가?'
'이 결정을 통해 나는 더 나다워질 수 있을까?'
'내가 진정으로 원하는 것은 무엇인가?'

미래의 나는 현재의 나에게 구체적인 해결책을 제시하기보다, 근본적인 질문을 던져 스스로를 돌아보게 했다. 마치 초고를 마감하기 전에 한 번 더 읽어보는 과정과 같았다. 그렇게 미래의 나는 현재의 나를 다듬고 교정하며, 자기기만에 빠지지 않도록 도와주었다. 시간이 흐르면서 미래의 나는 더 많은 조언과 통찰을 제공했고, 현재의 나는 점차 그 모습을 닮아갔다. 어느새 미래의 나는 마스터 시푸나 요다처럼 삶의 지혜를 전하는 스승이 되어 있었다.

이렇게 태어난 '두 번째 나'는 바로 새벽나라에 사는 거인, 즉 미래의 나였다. 나는 미래의 나와 대화를 나누며 그 모습을 닮아가려 노력했다. 그 과정에서 어른으로서, 스승으로서 자질을 키워나갔고, 이 노력은 현재의 나를 끊임없이 성장시키는 원동력이 되었다.

어떤 것들은 믿어야 비로소 보이지만, 반대로 믿기 때문에 오히려 보이지 않는 것들도 있다. 이 원리는 내가 미래를 바라보는 방식에도 그대로 적용된다. 만약 2040년의 내가 시간여행을 통해 지금, 이 순간을 살고 있다고 믿는다면, 많은 것이 더 선명하게 드러날 것이다. 현재의 실수와 오판뿐 아니라, 과거에 얽매인 지금의 나 자신도 보이기 시작한다. 이 깨달음은 변화를 이끄는 중요한 전환점이다. 특히 내가 옳다고 믿었던 것들, 그리고 반드시 옳다고 여겼던 것들의 허상이 더욱 뚜렷하게 드러난다.

글쓰기는 내면을 가장 명확하게 드러내는 방법이다. 글을 쓰는 과정에서 생각과 감정이 밖으로 표출되며, 막연했던 감정이나 생각이 구체적으로 드러난다. 이 과정을 통해 진정으로 알고 있던 것과 단순한 잡념을 구별할 수 있다. 글을 쓰기 전에는 많은 것을 알고 있다고 생각할지라도 막상 A4 한 장조차 채우기 어려울 정도로 생각이 빈약할 수 있다. 반면에 단순해 보였던 생각이 글을 통해 깊은 철학으로 드러나기도 한다.

이러한 글쓰기의 장점을 극대화하는 한 가지 방법은 소설과 편지를 쓰는 것이다. 소설 속에서 우리는 주인공이 되어 새로운 세계를 경험하는 동시에 그 세계를 창조하는 작가의 역할을 맡는다. 이 과정에서 현실에서는 미처 보지 못했던 것들을 발견할 수 있다. 무엇보다 소설 쓰기를 통해 현실의 모호함을 직면하고, 내가 처한 상황을 더 입체적으로 이해하게 된다. 소설을 쓸 때, 자신이 주인공이자 동시에 조력자가 되는 1인 2역을 맡으면, 현실에서 놓쳤던 새로운 통찰을 얻게 된다. 중요한 것은 '내가 주인공이 된다'는 사실이다. 이는 단순히 주인공의 입장에서 생각하라는 뜻이 아니라, 주인공의 경험을 자신의 것으로 받아들이고, 그 경험을 통해 성장해야 한다는 의미다. 그러한 믿음을 통해 현실에서는 보이지 않던 것들, 오직 미래에서만 드러날 수 있는 통찰을 발견하게 된다.

편지 쓰기는 소설과는 또 다른 방식으로 우리의 내면을 깊이 들여다보게 한다. 편지는 더 직접적이고 개인적이기 때문에 쓰는 과정에서 자신의 감정과 생각을 솔직하게 마주하게 된다. 이를 통해 자신에 대한 새로운 통찰을 얻을 수 있다.

자기 자신에게 배우기

"미래는 항상 움직이고 있다."

자신을 스승으로 삼으면, 자신의 장단점을 누구보다 정확히 파악할 수 있습니다. 이는 단순한 자기 평가를 넘어 끊임없는 성찰과 개선의 기회를 제공합니다. 외부 조언은 피상적일 수 있지만, 자신과의 대화는 더 깊은 이해와 진정한 자기 발견으로 이어집니다. 이 과정을 통해 자신의 가치관, 목표, 잠재력을 더욱 명확하게 인식하게 됩니다.

자신을 스승으로 삼을 때, 독립적인 사고와 결정 능력도 자연스럽게 향상됩니다. 외부의 지시나 조언에 의존하기보다는 스스로 문제를 분석하고 해결책을 찾는 습관이 형성됩니다. 이는 중요한 결정을 내릴 때 더 큰 자신감과 책임감을 갖게 하며, 장기적으로 자율적이고 주체적인 삶의 태도를 기르는 데 도움이 됩니다.

무엇보다 내적 동기가 크게 강화됩니다. 외부의 인정이나 평가에 휘둘리지 않고, 자신의 목표와 가치관에 따라 행동하게 되죠. 이를 통해 더 진정성 있는 삶의 방향을 설정하고, 지속적인 동기 부여를 얻을 수 있습니다. 또한 자신의 판단과 능력에 대한 신뢰가 쌓이며, 자신감도 함께 향상됩니다. 자신을 스승으로 여기고 자기 자신에게서 배우기 위해 다음 질문에 답해보세요.

Q1. 현재의 상황과 목표를 고려할 때, 어떤 특성과 경험을 가진 스승(멘토)이 나에게 가장 도움이 될까요? 그 이유는 무엇인가요?

Q2. 만약 과거의 나에게 스승이 될 수 있다면, 어떤 지혜와 경험을 나누고 싶나요? 어떤 실수를 피하게 하고, 어떤 기회를 잡을 수 있도록 도와주고 싶나요?

Q3. 지금 내 삶에서 가장 큰 도전이나 발전이 필요한 영역은 무엇인가요? 이 부분의 성장을 위해 어떤 종류의 지도나 지원이 필요하다고 생각하나요?

Q4. 소설, 영화, 드라마 속 스승 중에서 미래의 내가 닮고 싶은 스승은 누구인가요? 그 스승의 어떤 특성이 내 이상과 맞닿아 있나요?

Q5. 지난 일주일을 되돌아보며 스승의 관점에서 과거의 나에게 어떤 조언을 해주고 싶나요? 어떤 교훈을 얻었고, 앞으로 어떤 점을 다르게 할 수 있을까요?

Q6. 다가오는 일주일을 앞두고, 스승의 입장에서 나에게 어떤 조언을 해주고 싶나요? 목표 달성을 위해 어떤 마음가짐과 행동이 필요할까요?

새벽나라에서 쓰는 편지

소설로 편지 쓰기는 자신의 페르소나와의
대면이자 '미래의 나'와의 대화로
자신의 완전한 모습을 발견하는 과정이다.

"편지를 쓰는 것은 자신을 더 깊이 이해하는 방법이다."

— 아나이스 닌

[소설이 어렵다면, 편지 쓰기로]

매일 새벽에 일어나 소설을 쓰는 일은 쉬운 일이 아니다. 이런 어려움 속에서 나는 수강생들에게 특별히 '편지 쓰기'를 제안하곤 한다. 이 방법은 자신이 자신에게 보내는 편지로 소설처럼 1인 2역을 맡는 형식이다. 편지 쓰기는 소설과 마찬가지로 내면의 다양한 캐릭터와 생각을 경험하게 해준다. 이 과정은 마치 원심분리기를 돌려 혼합물을 밀도에 따라 분리하는 것과 같다. 우리는 내면에 존재하는 스승, 선배, 또는 부모와 같은 다양한 모습을 발견하게 된다. 먼저, 편지에 관한 명사들의 정의를 살펴보자.

"편지는 영혼의 거울이다."- 볼테르
"편지를 쓰는 것은 자신의 영혼을 종이 위에 맡기는 것이다."- 존 뮤어
"편지는 시간과 공간을 초월하는 마법이다."- 에밀리 디킨슨
"편지는 마음의 대화이며, 그 어떤 대화보다 더 진실하다."- 레베카 웨스트

"편지는 우리가 말하지 못한 것들을 전달하는 방법이다."- 귀스타브 플로베르

"편지는 시간을 초월하는 대화의 한 형태다."- 메리 울스턴크래프트

　나는 아나이스 닌의 말, "편지를 쓰는 것은 자신을 더 깊이 이해하는 방법이다"에 전적으로 동의한다. 내 경험에 의하면, 새벽에 쓴 편지를 저녁에 읽거나, 저녁에 쓴 편지를 새벽에 다시 읽는 것이 매우 효과적이다. 때로는 일주일이나 한 달 후에 다시 읽기도 했다. 이런 시간적 간격은 내 생각과 감정을 객관적으로 바라볼 기회를 제공한다.

　나는 편지를 소설이나 일기처럼 썼다. 하지만 소설과는 달리, 편지에는 복잡한 등장인물이나 사건이 필요 없다. 단지 내가 하고 싶은 이야기만 담으면 된다. 편지는 쓰는 동시에 답장을 쓰는 것과도 같아서 나 자신에게 보내는 것만으로도 충분하다.

　사실 편지를 쓰는 것만큼 중요한 것은 그것을 읽는 과정이다. 한 번 읽고 끝내는 것이 아니라 반복해서 읽어야 한다. 이를 통해 우리는 '미래의 나'와 '현재의 나' 사이의 간극을 좁히고, 더 통합된 자아를 발견할 수 있다. 이 과정은 자기 이해를 심화시키고, 시간에 따른 우리의 성장과 변화를 인식하는 데 큰 도움을 준다. 결국, 편지 쓰기는 단순한 의사소통을 넘어 자아 탐구와 성찰의 강력한 도구가 될 수 있다. 편지 쓰기는 궁극적으로 자기 문제를 해결하고, 자기다움을 더 쉽게 이해하고 체험할 수 있는 방법이다. 미래

의 내가 현재의 나에게 보내는 편지는 다음과 같은 몇 가지 중요한 효과를 가져다준다.

첫째, 자기 성찰의 도구이다.

자신에게 보내는 편지로 감정이나 고민, 그리고 과거의 경험을 명확하게 정리할 수 있다. 막연하게 느껴졌던 감정들이 글로 표현되는 순간 구체화되며, 더 깊은 자기 이해로 나아갈 수 있다.

둘째, 자기 인식을 높이는 방법이다.

편지를 쓰는 동안 우리는 일상적으로 무심히 지나쳤던 내면과 현재 상황에 더욱 집중하게 된다. 이를 통해 스스로 무엇을 진정으로 원하는지, 그리고 어떤 가치를 추구하고 있는지를 명확히 깨닫게 된다. 이는 결국 자기다움을 인식하는 데 중요한 단서를 제공한다.

셋째, 감정적 거리 두기가 가능하다.

편지를 쓰는 과정에서 우리는 자신의 문제를 타인의 시각에서 바라보는 듯한 심리적 거리를 갖게 된다. 이에 따라 복잡한 감정이나 상황을 더 객관적으로 분석할 수 있으며, 문제 해결에 도움이 된다.

넷째, 자기 긍정과 위로의 역할을 한다.

우리는 스스로에게 엄격하고 비판적일 때가 많다. 그러나 편지에는 긍정적인 메시지와 스스로를 위로하는 말들이 담길 수 있다. 이는 자기다움을 추구하는 과정에서 중요한 감정적 지지대가 될 수 있다.

다섯째, 감정 조절을 훈련할 수 있다.

글로 감정을 표현하는 과정에서 분노, 슬픔, 두려움 같은 부정적인 감정이 차분해지고, 이를 건강하게 다루는 방법을 배우게 된다.

마지막으로 미래 자신과의 대화가 가능하다.

자신에게 쓰는 편지는 단지 현재의 나를 위한 것만이 아니다. 우리는 종종 미래의 나에게도 편지를 보낼 수 있다. 미래의 내가 현재의 나에게 보내는 편지는, 나를 미래의 자신과 동기화시키고, 지금 해야 할 중요한 결정을 돕는다. 종종 수강생들에게 시간여행 편지 쓰기를 추천한다. 이 방법은 실제로 매우 효과적이며, 자신 내면의 스승을 발견하는 데 중요한 역할을 한다.

[매일 편지 쓰기, 매일 답장 하기]

새벽나라에서 편지 쓰기는 단순히 미래의 자신에게 보내는 메시지가 아니다. 이는 소설 속 등장인물들처럼 유사한 경험을 가진 다양한 인물들 사이의 대화를 통해 자신을 더 깊이 이해하는 방법이다. 이 접근법은 문학적 용어로 전지적 작가 시점omniscient point of view과 유사하다. 이러한 관점에서 글을 쓰는 목적은 자신의 문제를 마치 타인의 상황처럼 객관적으로 바라보며, 새로운 시각에서 자신을 이해하고 문제를 해결하는 데 있다. 이 방법을 실천하기 위해 먼저 자신이 직면한 문제들을 열거해 보자. 그리고 다음과 같은 다양한 관점에서 편지를 작성해 보는 것을 추천한다.

- **선배의 시선** : 경험 많은 선배가 후배에게 조언하는 마음으로 쓰는 편지다. 이를 통해 자신의 상황을 더 넓은 맥락에서 바라볼 수 있다.
- **부모의 관점** : 자녀를 무조건 사랑하는 부모의 마음으로 편지를 쓴다. 이는 자기 자신에 대한 연민과 이해를 깊게 할 수 있다.
- **과거의 나** : 과거의 내가 현재의 나에게 쓰는 편지다. 이를 통해 자신의 성장과 변화를 인식하고, 현재 상황에 대한 새로운 시각을 얻을 수 있다.
- **미래의 나** : 미래의 내가 과거의 나에게 쓰는 편지다. 이는 장기적 관점에서 현재의 문제를 바라보고, 미래에 대한 희망과 방향성을 제시할 수 있다.

이러한 다양한 관점에서 편지 쓰기는 자기 성찰의 강력한 도구가 될 수 있으며, 문제 해결에 대한 새로운 접근법을 제공한다. 이 과정을 통해 우리는 자신의 상황을 더욱 입체적으로 이해하고, 보다 창의적이고 효과적인 해결책을 찾을 수 있다. 자신에게 편지 쓰는 것이 어색하고 막연하다면, 먼저 자신에게 예약 문자나 예약 이메일을 보내 일정 기간 후에 받는 방법도 추천한다. 나는 회사에서 중요한 발표나 결정을 해야 할 때, 미리 자신에게 보내는 문자를 예약해서 다음과 같이 남기곤 한다.

'오늘 발표는 어떻게 끝났어? 예상대로 어려웠지? 원래 계획대로 발표할 때 경솔하게 대답하거나 변명처럼 말을 길게 하지는 않았어? 결과는 이미 알고 있잖아. 너에게 과정은 결과이고, 결과도 과정이야. 이제 준비한 것을 다시 하자.'

간단한 문자도 과거 혹은 미래의 나에게 받은 문자는 나를 '다스린다.' '다스린다'라는 표현이 어색할 수 있지만, 직접 쓰고 받아보면 이 단어가 주는 느낌이 무엇인지 알 수 있다. 현재의 감정에 치우치지 않고, 미래의 내가 이미 알고 있던 것을 담담히 이야기해 주는 기분이다.

[소설 편지]

샘플로 보여줄 편지는 크게 세 가지 유형으로 나뉜다. 첫 번째는 '미래의 나'인 권민 이사가 '현재의 나'인 박 차장에게 보내는 편지다. 두 번째는 '미래의 나'인 아버지가 '현재의 나'인 아들에게 보내는 편지, 세 번째는 '미래의 나'인 친구가 '현재의 나'인 친구에게 보내는 편지다.

이 세 편지는 모두 내가 쓰고 내가 받는 것이지만, 관계에 따라 정체성과 그에 따른 이해가 달라진다. 관계가 바뀌면 정체성도 변화하고, 그에 따라 우리의 관점과 감정도 변화하게 된다. 이러한 편지 쓰기를 통해 우리는 자기다움을 더 깊이 이해하고, 나아가 삶 속에서 이를 실천할 기회를 얻는다. 먼저 미래의 내가 현재의 나에게 쓴 편지를 읽어보자.

소설 편지 1

안녕하신가? 박 차장. 나는 지금 런던에 있네. 예전에는 시장 조사를 하러 와서 매장만 보고 돌아갔지만, 이번엔 매장에 들어가지 않고 공원에서 책을 읽고 있지. 4박 5일의 일정 중 이틀을 런던 공원에서 보낸다는 게 예전 같았으면 상상도 못 할 일이네. 호텔비와 시간이 아까워 여기저기 돌아다니며 볼거리를 찾아다녔겠지만, 지금은 런던의 햇빛을 즐기며 여유를 만끽하고 있네. 오리털 파카를 두툼하게 입고, 차가운 바람을 뚫고 들어오는 런던의 태양도 제법 좋다네. 런던 셀프리지 호텔에는 아직 인터넷이 없어서 리젠트 스트리트에 있는 애플 스토어에 들어와 메일을 쓰고 있는 것이니, 핵심만 간단하게 말하겠네.

자네의 긴 편지를 읽어보니, 결론은 하나군. 시장 조사를 할 것인가, 말 것인가. 새로운 시장에 새로운 상품을 출시하는 것이어서 시장 조사가 필요 없다는 의견과 새로운 시장과 상품이라도 지금의 위치를 파악하기 위해 시장 조사가 필요하다는 의견이 맞서고 있지 않나? 내가 제대로 이해하고 있는 거 맞지? 그런데 누가 시장 조사를 하자고 하고, 누가 하지 말자고 했는지 궁금하네. 자네는 객관적인 상황을 만들려 두 의견을 나름 대조해서 설명하려 했지만, 솔직히 나는 자네의 생각과 사장님의 생각이 무엇인지 알고 있네.

　우선 2월에 론칭할 브랜드에 대해 생각해 보세. 두 달밖에 남지 않는데, 이 기간에 우리에게 무엇이 중요한지 고민해 보는 게 더 중요한 일 아닐까? 시장 조사는 그 시기가 관건이지. 만약 지난 5월쯤에 시장 조사를 했다면, 그것이 적절한 시장 조사일 거야. 시장을 분석하고 소비자에게 묻고, 현 상황을 파악하는 기준점을 세울 수 있으니 말이야. 하지만 론칭을 3개월 앞두고 시장 조사를 하자는 의도는 무엇일까? 내 생각에는 시장 조사를 제안한 사람에게 나름의 목적이 있을 것 같아. 지금 진행 중인 프로젝트에 주저함이 있거나, 실패에 대비한 조커^{Joker}를 만들려는 것이 아닐까 싶네. 반면에 하지 말자는 의견도 깊은 의도가 있을 것 같네. 론칭에 대해 자신이 없거나, 뭔가 잘못된 것을 덮어두려는 것일 수도 있지. 솔직하게 말해볼까?

　신규 주얼리 브랜드에 대해 디자인팀, 마케팅팀, 영업팀 모두가 한 방향으로 나아가고 있었지. 내가 떠날 때만 해도 그랬으니, 자네도 기억하겠지. 내가 처음 시작할 때 시장 조사를 하라고 했을 때, 필요 없다고 강력히 주장한 사람이 자네와 사장님이었잖아. 그때 다른 사람들도 내 노파심을 이해하지 못했고, 굳이 시장 조사가 필요 없다고 했지. 그런데 지금 와서 시장 조사를 다시 언급하는 건 내부적으로 뭔가 문제가 있다는 신호일 게야. 정확히 말하자면, 현재 디자이너가 만든 상품에 대해 영업팀과 마케팅팀 모두 자신이 없다는 얘기일 거야. 아니면 자네도 시장은 좋지만, 상품이 잘 나오지 않아서 론칭 이후 매출 하락에 대한 일종의 변명거리를 찾고 있는 것일 수도 있지 않겠나.

박 차장, 내가 너무 직설적이었다면 미안하네. 원래 이런 이야기는 소주 한잔 기울이면서 슬쩍 떠보듯이 말해야 하는데, 여기 애플 매장에서 눈치 보며 글을 쓰다 보니 단도직입적으로 말할 수밖에 없었네. 그래도 나는 이 상황을 이미 예상했기에 감정 없이 이야기하고 있어. 예상했다는 것이 빈정거림이 아니라, 나 역시 비슷한 상황을 여러 번 겪었고, 시장 조사를 통해 두세 번은 매출 하락 위기를 넘겼거든.

혹시 자네가 주임이었을 때 내가 박박 우겨서 '아르페'라는 브랜드의 시장 조사를 했던 것 기억하나? 그때도 비슷한 상황이었네. 처음에는 시장이 있어서 모두 그 시장으로 뛰어들었지만, 시장이 변하거나 내놓을 상품이 기대에 못 미쳤을 때 회사의 미래를 위해 뭔가를 해야 하는 상황이었지. 나 역시 그때 비슷한 경험을 했기에 충분히 이해하네. 지금 내가 이런 이야기를 하는 이유는, 우리가 더는 이런 문제로 시간을 낭비할 때가 아니기 때문일세.

결혼식보다 결혼 생활이 더 중요하지 않나. 많은 사람이 결혼식에만 신경을 쓰고, 그 하루의 화려함을 위해 싸우기도 하고 이혼까지 하기도 하지. 브랜드 론칭도 마찬가지야. 성공에 대한 기대를 버려야 하네. 로또가 생긴 이후, 우리 사회에 '대박'이라는 나쁜 단어가 생겼는데, 나는 이 말을 매우 싫어하네. 대박을 염두에 두고 브랜드를 설계하면 기대에 못 미치는 매출로 인해 조직이 와해되고 브랜드도 사라지게 되지.

그러면 지금 우리는 무엇을 해야 할까? 혹시 '데프콘Defense Readiness Condition'이라는 말을 들어본 적 있나? 군대에서 적의 위협 정도에 따라 대응 단계를 설정하는 프로그램이지. 우리도 지금 성공에만 집중하는 마케팅 보고서를 작성할 게 아니라, 실패에 대비한 단계별 대응 시나리오를 만들어야 하네. 기대가 크면 실망도 크네. 브랜드 론칭의 기대는 단지 새로운 소비자를 만나는 것에 두어야 하네. 론칭으로 돈을 벌겠다는 생각은 가장 위험한 발상일세. 아이가 태어나면 여러 가지 백신을 맞듯이, 우리도 론칭 전에 대비책을 마련해야 한다네. 매출이 예상대로 나오지 않으면 어떻게 대응할 것인지 미리 준비해야 해. 지금 시장 조사를 해서 누가 실수를 했는지 따지는 게 아니라, 실패할 확률이 높은 론칭에 대응할 준비를 해야 하네. '잘 되겠지'라는 막연한 기대는 절대로 하지 말게.

사람을 오래 곁에 두는 방법은 처음 만난 사람을 영원히 함께할 사람이라고 생각하고, 오랫동안 알고 지낸 사람을 내일 헤어질 사람이라고 생각하는 것이네. 브랜드 론칭도 마찬가지야. 성공을 염두에 두고 계획하되, 실패할 가능성도 고려한 계획을 세워야 하네. 지금 시장 조사를 해서 서로 면책하려 하지 말고, 처음부터 모든 것이 어렵다는 가정하에 계획을 다시 세우는 게 낫겠네.

사장님께도 솔직하게 말씀드리는 게 좋을 걸세. 예를 들어 "상품 디자인이 안 좋다" "계획을 세우기 전과는 시장 상황이 달라졌다" "성과가 기대에 미치지 못한다" "예산이 부족하다" 같은 상황 말일세. 지금은 솔직함이 필요할 때야.

박 차장, 'Marus aeneus conscientia sana.' 이 말이 어렵나? 라틴어로 '건전한 양심은 청동벽이다'라는 뜻일세. 사람을 강하게 만드는 것은 용기나 근육도 있지만, 나는 정직이 가장 중요하다고 생각하네. 자네는 지금 그 자리에서 미래에 대해 정직해야 해. '예'라고 말할 때는 '예'라고, '아니오'라고 말할 때는 '아니오'라고 해야지. 지금까지 수고한 디자인팀과 기획팀이 안쓰럽다고, 조직 분위기를 해치기 싫다고 분명히 보이는 위험을 말하지 않는다면, 우리 회사는 타이타닉호처럼 침몰하게 될 거야. 부디, 예전의 나처럼 선택하지 않길 바라네.

그리고 말인데, 다음은 일본으로 갈 예정일세. 시간이 된다면 하라주쿠에서 만나자고. 자네에게 일본 사람들의 브랜딩 감각에 대해 이야기해주고 싶네. 그럼 수고하게.

편지 설명 : 권민 이사(미래의 나)는 박 차장(현재의 나)에게 전지적 관점으로 편지를 쓰고 있다. 지금, 이 편지는 소설과 같기 때문에 충분히 가능한 일이다. 사람은 자신을 가장 잘 속이는 존재다. 나 역시 내가 하는 일을 잘못하고 있다고 인정하지만, 그것을 시인하는 것은 쉽지 않다. 박 차장(현재의 나)이 차마 말하고 싶지 않은 것을 미래의 나(권민 이사)가 상담하듯이 설명하고 있다. 나는 내 문제에 관해 글을 쓰는 나, 현재의 나(박 차장), 그리고 미래의 나(권민 이사)를 통해 다각도로 살피는 중이다. 편지 쓰기의 핵심은 편지를 모두 쓰고 나중에 읽어 보면서 어떤 사람이 가장 나다운지를 가늠

하는 것이다. 이제 다시 세 편의 권민 이사의 편지를 보면서 현재의 나와 미래의 내가 어떻게 다른지를 확인해 보자.

소설 편지 2

안녕하신가? 박 차장. 정확히 박 차장이 나에게 이번 프로젝트에 대해 자신감 넘치는 보고서를 제출하고, 그 후 사장님에게 사표를 제출하기까지 32일이 걸렸어. 나는 그분과 처음 만나고 7일 만에 첫 사표를 냈으니, 자네는 나보다 최소 5배는 더 강한 것 같군.

사장님이 자네를 신뢰하지 않는다고 생각하는가? 그것은 자네가 아직 브랜드가 되지 못했다는 얘기일세. 박 차장이 보낸 4장의 편지로 내가 이해한 바를 잠시 적어보겠네.

자네는 사장님께 보고서를 세 번 제출했고, 사장님은 계속 검토를 지시했지. 자네는 내가 그 보고서를 들고 갔다면 이미 통과되었을 거로 생각했기에, 사장님이 자네를 신뢰하지 않는다고 판단한 것 같군. 그래서 더 이상 이곳에서 근무할 필요가 없다고 느낀 거지. 맞나? 이게 팩트일세.

속편이 전편보다 재미있었던 영화를 본 적 있나? 〈터미네이터 2〉 정도는 봐줄 만했지. 하지만 3편부터는 끔찍했어. 〈람보〉 시리즈도 마찬가지야. 최근 속편 중에서 재미있던 영화가 뭐 있었나? 〈캐리비안의 해적 3〉도 별로였지. 박 차장이 패기 있고, 아이디어가 뛰어난 점은 인정하네. 상품으로서 가치는 분명히 있지만, 이런 편지를 보고 자네의 태도를 생각해 볼 때, 솔직히 말해서 자네가 브랜드로서 가치를 지녔다고는 확신하기 어렵네.

자네가 내 말을 진지하게 들어줄 것이라고 믿네. 먼저 하고 싶은 말은, 자네가 전임자인 나의 그늘에 가려져 있다는 사실일세. 사장 님은 나와 10년을 함께 일해오면서 내가 말하고 행동하는 것에 대해 어느 정도 예측할 수 있지. 하지만 자네는 이번이 처음이잖아. 아무리 훌륭한 보고서를 만들어도, 결국 결정권자는 보고서를 쓴 사람을 보고 결정을 내린다네.

자네는 '가재는 게 편이다'라는 생각을 할지 모르겠네. 솔직히 말하면, 나는 가재고, 사장님은 게일세(이 표현이 조금 이상하긴 하군). 그렇다면 자네는 뭔가? 자네는 확신이 서는 아이디어에 30억을 투자할 사장들이 세상에 몇 명이나 있다고 생각하나? 만약 자네가 정말 탁월해서 사장님이 전세금 3억을 빼서 투자하고 싶어 할 정도라면 얘기는 달라지겠지. 하지만 자네 보고서에 자네 돈을 투자할 수 있겠나?

박 차장, 나는 자네가 나보다 탁월하다고 생각하네. 그래서 자네에게 모든 것을 맡기고 나는 1년 동안 인생의 하프타임을 즐기고 있지 않나(돌이켜보면 정말 미안하군). 하지만 박 차장, 보고서 뒷장에는 또 다른 페이지가 있어야 하네. 그것은 자네와 사장님 사이의 신뢰 관계일세. 이를 단순히 부하의 충성심으로 설명하는 것은 아니네.

우리가 브랜드의 구성 요소를 말할 때, 네 가지를 강조하지 않나? 1) 인지도 2) 선호도 3) 연상 이미지, 그리고 마지막 품질. 여기서 중요한 것은 단순한 품질이 아니라 '소비자가 인식하는 품질'이네. 우리가 품질이 좋다고 외치는 것보다 중요한 것은 소비자가 인정하는 품질이지. 자네의 품질이 나쁘다는 게 아니라, 아직 사장님이 자네의 품질을 인정하지 않았다는 거야.

사실 아직 인정받지 못한 것이 아니라 '인정받는 과정'에 있는 중일세. 이외에 자네가 나에게 미처 말하지 못하거나 쓰지 못한 일들이 있을 것으로 생각하네. 자네가 나에게 보낸 편지를 보니, 무척 완곡하게 표현하려 애쓴 흔적이 보이네. 자네가 이 편지를 썼다는 것 자체로도 무언가 고통스러운 일이 있다는 걸 알겠네.

내가 자네에게 꼭 전하고 싶은 말은, 중요한 것은 '내가 생각하는 품질'이 아니라 '타인이 판단하는 품질'이라는 점일세. 사람의 품질 역시 보고서가 결정하는 것이 아니라, 함께 시간을 보내면서 알아가는 것일세. 위기 속에서 진정한 사람의 가치를 알 수 있지 않겠나. 너무 많은 힌트를 준 것 같은데…. 타인을 알면 지혜이고, 자신을 알면 현명하다는 말을 들어본 적 있나? 말은 달려봐야 알고, 사람은 사귀어 봐야 안다는 말도 있지 않나?

박 차장, 지금 자네의 위치에서는 잘 모를 수 있지만, 브랜드 론칭이 코앞인 상황에서는 상관의 인정을 받는 것보다 중요한 것이 많네. 결과가 좋으면 어려웠던 과정은 스토리가 되고, 결과가 나쁘면 좋았던 과정들은 단지 징조일 뿐일세. 자네의 판단을 어느 정도 인정하지만, 어떤 부분은 부정하고 싶군.

자네가 모르는 부분은 경험해 보기 전까지 알 수 없는 영역일세.

미안하지만, 자네가 모든 것을 다른 시각에서 다시 보기를 바라네. 그럼 수고하게.

편지 설명 : 편지 내용만으로도 박 차장(현재의 나)의 심적 상태를 충분히 알 수 있다. 이때, 요다와 같은 스승인 권민 이사(미래의 나)는 문제의 본질을 보라고 독려한다. 사실 많은 사람들이 실수하면서도 그 실수를 모르는 경우는 드물다. 심리학에서는 이러한 상황을 근본적 귀인 오류Fundamental Attribution Error와 자기 봉사적 편향Self-serving bias이라고 부른다. 근본적 귀인 오류란 타인의 행동을 해석할 때, 상황적 요인보다 개인의 성격이나 성향 같은 내적 요인에 과도하게 무게를 두는 경향을 말한다. 즉, 타인의 행동은 주로 개인의 성격, 태도, 능력 등으로 이해하고, 자기 행동은 주로 외부 상황이나 환경적 요인으로 설명하는 경향이다. 자기 봉사적 편향도 비슷하다. 성공은 자신의 능력으로, 실패는 외부 요인으로 돌리는 경향을 말한다. 이는 흔히 '내로남불'이라고 불린다. 자신에게 편지를 쓰는 이유는 내 문제를 타인의 관점에서 바라보는 일종의 훈련이라고 할 수 있다.

소설 편지 3

안녕하신가? 박 차장. 바로 답장하지 못해 미안하네. 하지만 자네의 편지를 받고 즉각 응답하는 것은 불에 기름을 붓는 것과 같다고 생각해서 잠시 시간을 두었네.

브랜드 론칭을 전면 재검토한다는 것은 브랜드를 기획한 사람들에게 사형선고와 같지 않나. 아니, 실제로 사형선고일세. 무엇보다도 브랜드를 처음부터 기획한 자네가 론칭의 심각성을 사장님께 보고했다는 점에서 자랑스럽게 생각하네. 그리고 한때 그 회사에 몸담고 있던 임원으로서 회사의 심각한 재정적 손실을 막은 자네에게 감사를 표하고 싶네.

하지만 말일세, 내 마음 한편에서는 여전히 의심의 꼬리가 남아 있네. 과연 이 사태가 발생할 것을 자네가 정말 몰랐을까? 나도 브랜드를 네 번 론칭한 경험이 있는 사람으로서, 두 달 전쯤에는 이미 이런 조짐을 눈치챘을 것 같다는 생각이 든다네. 자네를 부끄럽게 만들려는 것은 아니야. 그저 영혼 대 영혼으로 솔직하게 이야기하고 싶은 것이네.

만약 자네가 몰랐다면, 그것은 무능한 것이고, 알았다면 잔인한 것일세. 만약 알면서도 부인하거나 인정하지 않았다면, 자네는 몰지각한 사람이네. 우리는 이미 시장 조사와 다양한 접근을 통해 시장의 변화를 수시로 관찰하고 분석해왔지 않나. 론칭 3개월 전에 최종 조사를 했을 때 소비자의 태도가 변하기 시작했다는 신호가 있었지 않나? 자네는 그때, 특정 계층의 취향 변화일 뿐이라고 평가했었네. 내가 자네와 함께 일했던 것을 떠올려보면, 이런 결과가 나왔을 때 보통 자네는 집요하게 문제를 짚고 넘어가자고 했던 기억이 나네. 하지만 이번 프로젝트에서는 그냥 넘어간 것 같아 보이는군. 아마도 자네는 개인적으로 소비자 취향의 변화를 조사했을 것이라고 생각하네. 왜냐하면 자네는 항상 기획 의도와 다른 결과가 나오면 조사를 철저히 하는 사람이니까.

물론 론칭 일주일 전에 자네가 사장님께 론칭 전면 재검토를 요청한 것이 양심의 가책 때문인지, 기획자로서 실수를 자각한 것인지, 아니면 재점검을 통해 발견한 것인지는 모르겠네. 하지만 분명한 것은, 그 전에 이미 여기저기서 문제의 징조가 나타났다는 점일세. 왜 나에게 이 문제에 대해 조언을 구하지 않았는지 솔직히 궁금하네.

　박 차장, 내가 혼자 가설을 세워 자네에게 선택을 강요하는 것이 불편할 수 있다는 점은 이해하네. 하지만 자네가 나를 진정한 멘토로 생각하고 사표 문제까지 조언을 구했던 사람이라면, 우리 사이에 이런 대화쯤은 가능하지 않겠나.

　지금 자네는 론칭 중지로 인해 30억 원의 자본 잠식을 막았다고 안도할 수 있을지 모르겠지만, 이미 투자된 10억 원의 비용과 자괴감에 빠진 팀원들의 사기는 어떻게 해야 할지 생각해 보았나?

　자네는 자신의 성향과 시장의 징후를 종합해볼 때, 이런 상황이 올 것을 예측하고 대처해야 했다고 생각하네. 나도 자네처럼 한때는 사실을 인정하지 않으려 했던 경험이 있네. 6년 전에 자네와 비슷한 상황에서 나도 똑같이 행동했었지. 그래서 자네의 행동이 낯설지 않았던 걸세.

　내가 자네에게 실수를 고백한 것은 자네의 실수를 지적하기 위해서가 아니라, 나의 과거 실수를 통해 자네가 무언가 배울 수 있기를 바랐기 때문일세. 지금 자네가 해야 할 일은 작은 실수에 실패하지 않도록 다시 재점검하고 철저히 준비하는 것이네. 그것이야말로 자네 자신과 자네와 함께 일했던 사람들을 위한 최선의 선택일 걸세.

자네에게 실수를 고해성사하라는 것은 아니네. 그런 행동은 혼란과 불신만 가중시켜 브랜드팀을 와해시킬 수 있네. 나의 경험상, 처음으로 돌아가야 하네. 이번 브랜드가 트렌드성 강한 제품이라는 사실을 인정하고, 그 출발점에서 다시 기획을 검토해야 할 것이네.

기획이 처음부터 잘못되었음을 인정하는 것은 쉽지 않은 일이네. 하지만 론칭을 연기하거나 방법을 바꾸기 전에 기획의 시작점으로 돌아가서 문제를 파악하고 수정하길 바라네. 나는 그렇게 하지 못했지만, 자네는 꼭 그렇게 하길 바라는 마음으로 이 편지를 끝맺으려 하네.

편지 설명 : 이 글의 도입에서 아나이스 닌이 "편지를 쓰는 것은 자신을 더 깊이 이해하는 방법이다"라고 정의한 문장을 보았을 것이다. 남에게 편지를 쓰면 자신의 감정을 관조할 수 있듯이, 자신에게 편지를 쓰면 현재의 나를 입체적으로 관찰할 수 있다. 그 심리학적 이유를 살펴보면, 소설 형식으로 편지를 쓰는 가장 큰 장점은 자신과 상황 사이에 심리적 거리를 두어서 더 객관적인 시각을 갖게 한다는 것이다. 이는 심리적 거리Psychological Distance를 형성하기 때문이며, 감정적 관여도가 낮아져 냉철한 판단이 가능해지는 감정적 분리Emotional Detachment가 발생하기 때문이다.

이렇게 미래의 나(권민 이사)는 편지를 쓰면서 자신의 상황에 직접 관여될 때 느끼는 스트레스와 부담감이 줄어드는 인지적 부하 감소Cognitive Load

Reduction, 다른 관점에서 상황을 바라보며 문제를 새롭게 재해석하는 프레임 전환Frame Shifting, 주관적 판단이 줄어들어 더 객관적인 평가가 가능해지는 자기중심적 편향 감소Reduction of Self-Serving Bias, 그리고 자신의 사고과정을 객관적으로 관찰하고 평가할 수 있는 메타인지 활성화Meta cognition Activation를 경험할 수 있다. 무엇보다 권민 이사(미래의 나)는 박 차장(현재의 나)과 달리 세부 사항에 매몰되지 않고 상황 전체를 조망하는 전체적 관점 Holistic View을 가질 수 있다. 이제 이런 심리 코드로 권민 이사(미래의 나)가 박 차장(현재의 나)에게 보내는 편지를 읽어보자.

소설 편지 4

안녕하신가? 박 차장. 먼저, 많은 이슈와 어려움 속에서도 신규 브랜드를 성공적으로 론칭한 것을 축하하네. 특히 마지막 어려운 순간에도 자네의 정직하고 빠른 판단 덕분에 사장님께서 올바른 결정을 내리실 수 있었다는 점에서 자네가 참 대단하다고 생각하네. 끝까지 자네를 믿은 나 자신이 자랑스럽고, 그 과정에서 자네의 결정에 대해 의구심을 가졌던 내가 오히려 미안하고 민망하네.

그런데 어제 자네와 함께 일했던 김 과장(아마 자네의 오른팔이었지?)이 내게 안부 메일을 보냈네. 내용은 간단했어. 사표를 내고 여행을 하려는데, 어느 나라가 좋을지 추천해달라는 메일이었지. 그 친구가 원래 싱겁기는 했지….

그런데 나는 자네가 왜 그 친구를 잡지 않았을까 궁금하네. 혹시 내보낸 건가? 아니면 방관한 건가? 여러 가지 상황을 상상해 보며 자네를 이해하려고 노력하고 있다네. 김 과장이 대리였을 때, 내가 권고사직을 제안하자 자네가 그 친구의 장점을 이야기하며 말리지 않았던가?

궁금한 마음에 마침 내게 안부 전화를 걸었던 인사과 최 이사에게 김 과장의 사직 이유를 물었네. 그랬더니 자네가 그 친구의 단점에 대해 나와 똑같이 말했다고 하더군. 사람은 참 쉽게 변하지 않나 보네. 하지만 자네는 변한 것 같군. 자네는 4년 전에 김 과장에 대해 '적극적이다, 주도적이다, 일관성이 있으며 아이디어가 많다'고 말했었지. 그런데 지금은 '고집이 세다, 융통성이 없다, 독단적이고 임기응변에 능하다'고 평가하는 이유가 뭔가?

박 차장, 프로젝트의 위기가 지나가면 마치 쓰나미처럼 모든 것이 뒤엉킨 쓰레기만 남는다네. 처음 만들었던 보고서부터 시작해 모든 자료가 더 이상 쓸모없는 쓰레기가 되고, 사람들의 감정도 마찬가지일 걸세. 아마 신규 론칭을 진행하면서 자네도 사람의 본성을 보았으리라 생각하네.

최 이사가 내게 김 과장에 대해 물었을 때, 나도 자네와 똑같이 답했네. 그 친구는 그때나 지금이나 변하지 않았지. 하지만 변한 건 자네일세. 사람은 위기 속에서 그 본모습이 드러나지 않나.

박 차장, 신규 론칭 TFT의 기준이 무엇이었나? 혹시 내가 자네를 처음 팀에 영입하면서 물었던 이 질문을 기억하나?

"자네, 잠을 안 자고 얼마나 견딜 수 있나?"

신규 브랜드를 론칭하는 것은 본질적으로 시장의 흐름을 거스르는 일이지. 모든 것이 비정상적으로 움직인다네. 시장 판단도 그때마다 달라지고, 전략에 대한 집중도도 작은 변수에 의해 흔들리지. 정상적인 것은 아무것도 없네. 결국 브랜드 론칭의 핵심은, 론칭 후에 어떻게 하느냐에 달렸지. 일단 시작해봐야 알 수 있는 거야. 브랜드가 시장에서 어떻게 작동할지 예측하기 어렵고, 그 과정에서 사람들의 판단도 비정상적으로 흘러갈 수밖에 없다네. 특히 김 과장처럼 자기 중심적인 사람은 신규 브랜드 과정에서 더 큰 혼란을 겪기 마련이지. 하지만 이것은 매출이 오르거나 론칭이 완료되면 사라지는 일시적인 현상일세. 신규의 고통은 그저 견뎌내야 할 뿐이야.

지금 생각해보면, 김 과장은 애초에 신규 팀에는 맞지 않는 사람이었지. 하지만 사람을 쉽게 정리하는 것이 자네의 습관이 되지 않기를 바라네. 내가 알기로 자네는 처음으로 함께 일한 사람을 정리한 거지. 처음 사람을 정리하는 것은 어려운 일이지만, 두 번째는 쉬워지고, 세 번째는 자연스러워진다네. 하지만 신규 브랜드가 끝나면 브랜드뿐 아니라 자네 곁에 남아 있는 사람도 있어야 하지 않겠나.

내가 이런 잔소리를 해서 혹시 내 메일이 수신 거부나 스팸으로 처리되지 않을까 걱정되는군. 어쨌든 김 과장에 대한 자네의 판단은 조금 늦었지만, 나로서는 바른 판단이었다고 생각하네. 다만, 김 과장에 대한 판단이 다른 팀원들에게는 똑같이 적용되지 않기를 바라네. 자네 혼자서는 일을 할 수 없지 않은가? 어쨌든 신규 론칭

을 다시 한 번 축하하며, 빠른 시일 내에 정상적인 매출로 돌아오
길 기도하겠네.

추신: 사실, 나도 자네를 정리하려고 두 번이나 사장님께 제안했
던 것 알고 있지?

> **편지 설명 :** 사람은 자신의 이익을 기준으로 선과 악을 판단한다. 이를 흔
> 히 '내로남불'이라고 한다. '욕하면서 배운다'는 말처럼 나 역시 다른 사람
> 의 약점을 비난하지만, 막상 같은 상황에 처하면 똑같은 실수를 저지르곤
> 한다. 이 편지는 나 자신에게 보내는 축하와 경고의 메시지다. 겉으로는 성
> 공을 인정하면서도 그 과정에서 드러난 달라진 태도와 변화된 인사 관리
> 방식을 경계하며, 관계와 신뢰의 중요성을 다시 일깨우고 있다. 소설 형식
> 의 편지는 자기 자신을 속이려는 마음을 폭로하고, 이를 객관적으로 바라
> 볼 수 있게 해준다.

소설 편지 5

사랑하는 아들아. 네 메일을 받고 첫 문장을 쓰는 데 이틀이 걸렸
다. 하고 싶은 말은 적어 두었지만, 어디서부터 시작해야 할지 몰
라 답장이 늦었어. 아침 산책 후 네 메일을 다시 읽어봤다. 이 세 줄
을 쓰는 데도 꽤 시간이 걸렸구나. 너도 알겠지만, 내 성격상 바로
본론으로 들어가는 게 좋을 것 같다.

네 메일을 보니 내가 브랜드 론칭을 도와주지 않았다는 서운함
이 느껴졌다. 구체적으로 내가 알고 있는 유통 관계자들에게 힘을

써서 네 상품이 백화점에 입점되도록 도와주지 않았다는 것, 그리고 실패할 걸 알면서도 왜 널 말리지 않았는지, 조언해 주지 않았는지에 대한 서운함이 보였어. 여러 이야기가 담겨 있었지만, 네가 정말 나에게 하고 싶은 말이 무엇인지, 내가 진심으로 답할 수 있을지 고민이 되었다.

솔직히 말하자면, 그때 네가 도움을 요청할 때마다 나는 답장을 썼었다. 하지만 다시 읽어보고 결국 보내지 않았지. 그 이유는, 그때는 내 조언이 필요 없다고 느꼈기 때문이야. 너는 이미 결정을 내렸고, 그저 너의 생각을 확인받고 싶었던 것 같았다. 아마 나와 의견이 일치하면 실패해도 위로를 받을 수 있을 거라고 생각했겠지. 그래서 답장을 보내지 않았던 거야.

네 브랜드 론칭이 실패한 원인은 완벽한 플랜이 없어서가 아니라, 그 브랜드를 왜 론칭하려는지에 대한 목적이 불명확했기 때문이라고 생각해. 네가 보내준 보고서는 시장과 경쟁사 분석에 기반한 전략으로 꽉 차 있었지만, 브랜딩 전략, 즉 플랜 B는 없었지. 나는 너에게 없었던 플랜 B를 이야기하려고 한다.

이 편지가 건조하게 들릴지 모르지만, 우리가 다루는 내용 자체가 감정적일 수는 없다는 걸 알 거다. 지금 연민에 빠져 있을 때가 아니고, 이 문제는 네가 스스로 해결해야 한다. 너의 브랜드 론칭에 대해 간단히 말하자면, 너는 명확한 목적 없이 시장에 뛰어든 것 같아. 예전에 내가 천 원짜리 라면에 팔천 원짜리 전복을 넣어 끓였을 때, 네가 놀랐던 걸 기억하니? 너에게 라면은 그냥 분식이지만, 나에게는 요리였지.

나는 라면 하나로도 일곱 가지 다른 맛을 낼 수 있다. 그 이유는 정말 맛있는 라면을 찾고 싶었기 때문이야. 하지만 그 일곱 가지 맛 중 최고의 맛은 없어. 모두 다른 맛일 뿐이지. 너에게 라면은 그냥 라면이겠지만, 나는 그 다른 맛으로 일곱 번의 기쁨을 느낄 수 있어. 너는 노트 브랜드를 론칭하면서 팔 생각만 했고, 사람들이 노트를 어떻게 사고 왜 사는지에 대한 관심은 없었던 것 같아. 그래서 너는 하나의 노트로 여러 가지 다른 노트를 만들어낼 방법도 몰랐던 거야.

너의 관심을 끌기 위해 다소 아픈 부분을 건드렸을지도 몰라. 만약 통증을 느꼈다면, 그 부분이 이미 곪아 있었을지도 모르지. 네가 나에게 보낸 메일을 다시 읽어봐라. 그 편지에는 네가 왜 노트 브랜드를 만들어야 했는시에 대한 명확한 이유나, 이 시장에서 네 브랜드가 왜 가치 있는지에 대한 설명이 부족했어. 브랜드 론칭은 그런 질문들에서 시작해야 해.

진짜 브랜드를 만들고 싶다면, 너의 목숨보다 중요한 가치를 찾아내고, 그것을 세상에 표현할 수 있는 아이템을 선택해야 한다. 그 가치를 이웃과 나누는 것이 바로 인문학적 브랜딩이야. 그 가치가 너의 삶을 움직이는 원동력이라면, 너는 자연스럽게 그 일에 더욱 관심을 두게 되고, 결국 노트에 대해 더 깊이 이해하게 될 거다.

이제 다시 시작할 때다. 하지만 출발점으로 돌아가자는 말은 아니야. 네 실패는 100미터 경주에서 다른 사람들보다 이미 50미터 앞에서 시작한 것과 같아. 100년 브랜드를 만드는 데 실패한 1년은 그저 100분의 1일뿐이다. 그 100분의 1일을 통해 나머지 99를 배울 수 있으니, 오히려 출발이 좋았다고 할 수 있지.

너는 이번 실패를 통해 성공과 완성 사이의 차이를 배운 경험일 거야. 마치 산 정상에서 다른 산의 정상은 가까워 보이지만, 실제로는 그렇지 않은 것처럼 말이다. 주변 사람들에게 이유를 물어보면, 그들은 "경기가 안 좋다" "다들 힘들다" 같은 말로 위로할 것이다. 그들은 진짜 중요한 것을 말해주지 않아. 나의 경험으로는 실패의 원인은 늘 자기 자신에게 있다고 생각해. 그 시작은 바로 자신에게서 비롯된다.

만약 네가 나의 클라이언트였다면 나는 이렇게 말했을 거야. "브랜드 론칭이 처음이라면, 원칙과 전략을 세우고 그대로 밀고 나가라. 실패할 가능성도 고려하고, 그만둘 시점도 정해야 한다." 처음이라면 성공의 깊이를 반드시 배워야 한다.

성공할 것처럼 보이는 전략이나 시장도 마찬가지야. 맑은 물이 얕아 보이는 것처럼, 겉으로 보이는 것이 전부가 아니거든. 성공과 실패를 진정으로 이해하는 사람이 되기를 바란다. 이 편지를 다시 읽는다면 아마 너에게 보내지 않을 확률이 크다. 하지만 지금 내 진심을 너에게 전하고 싶었다.

편지 설명 : 이런 아버지가 있다면 어떨까? 그런데 정말 이런 아버지가 있을 수 있을까? 나는 자식에게 이런 아버지가 될 수 있을까? 이런 아버지는

어떤 어른일까? 현재의 나(권세민)에게 이런 편지를 쓰면서 나는 앞으로 내가 되어야 할 어른을 미리 경험했다. 어쩌면 부모가 되어 써보는 소설 편지는 일종의 어른 선행 학습과도 같다. 편지를 쓰면서 내가 되고 싶은 어른, 그리고 내가 갖고 싶은 성품을 경험할 수 있었다. 이렇게 편지를 써보면 내가 소중히 여기는 가치와 나의 기준이 자연스럽게 드러난다. 또한, 앞서 설명한 근본적 귀인 오류Fundamental Attribution Error와 자기 봉사적 편향Self-serving bias를 넘어선, 나다운 어른을 경험할 수 있다. 이제, 나답게 어른이 된 미래의 나의 관점으로 다음 편지를 읽어보자.

소설 편지 6

브랜드 경영의 세계에 입성한 것을 축하한다. 브랜드 론칭 사진은 페이스북에서 모두 보았다. 인테리어, 집기, VMD, 그리고 제품까지 처음 론칭했을 때보다 훨씬 안정적이고, 특히 너만의 브랜드 정체성을 찾아가고 있는 것 같더구나. 너와 동료들이 흘린 땀이 좋은 결실을 맺은 셈이지. 하지만 너도 알다시피, 내 위치는 칭찬만 하는 자리가 아니고, 너 역시 나에게서 잘했다는 말만 듣고 싶어 하지는 않겠지?

모든 면에서 너의 매장과 제품이 안정적으로 보이지만, 한 가지 부족한 점이 있다. 너무 완벽하다는 게 오히려 단점이야. 이 매장을 보면 단번에 노트를 팔고 있다는 느낌이 든다. 상품 진열 방식, 조명, 판매사원의 유니폼 등 모든 것이 다른 노트 브랜드 매장과 흡사해 보인다. 사람들은 너의 매장을 보면 노트 외에 다른 것이 있을 거라는 생각을 하지 못할 것 같아. 그것이 이번 매장의 한계야.

네가 나에게 "그럼 어떻게 해야 하죠?"라고 묻는다면, 나는 매장의 콘셉트를 '노트도 파는 곳'으로 잡으라고 말할 거야. 너는 '생각하는 방법'을 '노트'라는 형태로 파는 것이지, 단순히 노트를 팔면 안 된다. 그렇게 하면 다른 노트 브랜드와 비교될 수밖에 없어. 이제부터는 본격적인 브랜딩을 해야 할 때다. 네가 론칭하기 위해 준비한 것은 그저 연습에 불과해. 대부분 사람들은 론칭 전에 준비를 너무 중요하게 여기지만, 정작 론칭 후에는 뭘 해야 할지 몰라 쩔쩔맨다. 지금부터 내가 말하는 브랜딩의 세 가지 관점을 이해하고 적용해야 한다.

첫째, 싱귤러리티singularity를 찾아라. 네 노트를 구매한 고객들이 그것을 어떻게 사용하는지 파악해야 한다. 고객들이 노트를 단순 메모지로 사용하는지, 아니면 예상하지 못한 방식으로 쓰는지 알아보는 것이 중요하다. 이것은 네가 발견하지 못한 브랜드의 창조점일 수 있다. 네 브랜드가 가진 미래의 특이점을 발견하지 못하면, 네가 생각한 것과 전혀 다른 목적으로 사용하는 초기 고객을 놓칠 수 있다. 그들은 새로운 시장으로 너를 인도하는 나침반이 될 수 있어. 그들이 너의 브랜드에 부여한 가치를 빨리 파악해야 해.

둘째, 엔텔러키entelechy다. 너는 네가 만든 상품의 최종 모습을 상상해본 적이 있니? 엔텔러키는 '가능성에 대한 잠재성'을 뜻하는데, 이것은 마치 씨앗과 같아. 사과나무에서 사과는 셀 수 있지만, 그 씨앗 안에 담긴 사과나무는 셀 수 없지. 브랜드가 어떻게 성장할지는 아무도 모른다. 네가 원한다고 해서 브랜드가 그 방향으로 성장하는 것이 아니야. 브랜드는 사용자와 함께 만들어가는 것이기 때문에 네 브랜드가 어떤 잠재성을 가지고 있는지 항상 확인해야 한다.

셋째, 안티테제antithesis다. 진정한 브랜드의 시작은 상품을 부정하는 데서 온다. 예를 들어, 네 브랜드가 진정한 브랜드로 자리 잡았다면, 사용자는 "이것은 단순한 노트가 아니라 나의 다큐멘터리야"라고 말할 거야. 스타벅스가 커피 한 잔이 아니라 영혼을 평온하게 해주는 음료라고 하듯이, 너의 노트도 그 이상의 의미를 가져야 한다. 그러니 너의 노트를 단순 노트처럼 사용하지 않는 사람을 찾아라.

이 세 가지 개념을 종합하면, "너의 노트를 특이하게 사용하는 사람을 찾아 그들의 가치를 브랜딩의 핵심 요소로 삼아라"는 것이다. 단순히 물건을 파는 것이 아니라, 사람들에게 네가 진정으로 제공하고자 하는 가치를 팔아야 해. 브랜드는 존재의 이유를 찾아야만 진정한 브랜드로 성장할 수 있다.

너는 물건을 파는 사람이 아니라, 고객을 돕는 사람이 되어야 한다. 모든 비즈니스는 본질적으로 서비스업이기 때문이다. 브랜드 경영에서 항상 비즈니스 프로세스를 평가하고 개선하며 성장시켜야 한다. 성공이라는 목표보다는 성숙과 완성이라는 기준이 너를 바르게 이끌 것이다. 두 번째 브랜드 론칭을 축하하며, 진정한 '브랜드 경영의 세계'에 들어선 것을 환영한다.

오늘은 너에게 작은 선물을 주고 싶구나. 물론 눈에 보이는 것은 아니지만, 네가 퇴임할 때까지 가지고 있어야 할 중요한 필수품이다. 그건 바로 '경영'이다. 휴렛 팩커드의 공동 창업자인 데이비드 팩커드는 경영을 이렇게 정의했다. "사람들이 모여 우리가 회사라고 부르는 기관을 이룬다. 그들은 혼자서는 하기 어려운 일들을 함께 해내고, 그로써 사회에 기여하게 된다. 이 말은 사소해 보이지만, 사실 가장 중요한 본질이다." 나도 그의 말을 경영의 본질로 생각한다.

이제 이 모든 이야기를 네가 아닌 고객의 성공과 만족으로 채워야 한다. 네 생각이 실제가 되도록 노력해야 한다. 이것이 바로 경영이다.

편지 설명 : 역할극을 통해 내담자, 즉 '현재의 나'와 '미래의 나'는 감정을 표현하고 탐색할 수 있다. 미래의 나와 현재의 내가 특정 역할을 맡으면, 자신의 감정을 더 쉽게 드러내고 그 과정에서 억눌린 감정이나 숨겨진 문제를 발견할 수 있다. 또한, 소설 편지를 통해 하는 역할극은 미래의 내가 갖는 시각에서 현재 상황을 바라보는 기회를 제공한다. 이를 통해 현재의 나뿐만 아니라 과거의 나도 함께 체험하게 된다. 그 결과, 문제에 갇힌 현재의 나에 대한 공감 능력이 높아지고 상황을 더 객관적으로 이해할 수 있게 된다.

연극에서 방백Aside은 배우가 무대 위에서 관객에게 말을 걸거나 혼잣말로 자기 생각을 표현하는 것을 의미한다. 방백은 다른 등장인물들이 듣지 못하는 설정이지만, 관객은 그 내용을 듣고 인물의 내면을 더 깊이 이해하게 된다. 반면 독백Soliloquy은 무대 위에서 배우가 혼자 있을 때 자기 생각이나 감정을 길게 표현하는 방식으로, 주로 주인공의 내면을 탐구하고 이야기를 전개하는 중요한 도구다. 만약 일기 쓰기가 현재의 나의 독백이라면, 소설 편지는 미래의 나의 방백이다. 물론 그 방백의 관객은 현재의 나 자신이다. 소설 편지는 내가 쓰지만, 설정은 미래의 나가 현재의 나에게 보내는 편지로 진행된다. 그래서 글을 쓸 때는 그 차이를 잘 느끼지 못하더라도, 다 쓴 글을 다시 읽어보면 마치 타인이 보낸 편지처럼 느껴질 때가 있다. 역할극에 충실할수록 그 차이는 더욱 벌어진다.

다음 편지는 이러한 역할극의 차이를 극대화한 것이다. 권민(미래의 나)이 친구 김민섭(현재의 나)에게 보내는 편지다. 미래의 내가 부하 직원이나 아들에게 말할 때와 친구에게 말할 때의 태도는 완전히 다르다. 보통 '미래의 나'라고 하면 나이 들고 어른스러워진 나를 떠올리기 쉬워, 가르치려는 태도가 생기면서 자연스레 거부감이 들 수 있다. 그러나 이번 편지에서는 미래의 나와 현재의 나가 친구로서 대화하는 모습을 담고 있다.

소설 편지 7

민섭아, 이번 메일은 바젤컴 조직 진단 보고서에 대한 소견이 아니야. 김민섭 회장에게 보내는 게 아니라, 내 친구 민섭이에게 보내는 편지야. 형제보다 가까운 친구로부터 받은 편지라고 생각했으면 좋겠다. 우리가 친구로 지낸 지 벌써 51년이 되었더라. 초등학교 2학년 때 만나 지금까지 우정을 이어온 걸 생각하니 참 믿기지 않는다. 내가 너와 친구라는 사실에 늘 감사하고 있어.

평균 수명으로 보면 우리에게 20년은 더 남았겠지만, 분명한 건 둘 중 하나가 먼저 갈 거라는 거야. 물론 내가 먼저 가길 바라지만, 네가 먼저 간다면 문상객들 앞에서 너를 어떻게 소개할지 생각해 봤어. 이 메일은 그 질문에 대한 답을 고민하면서 쓰고 있는 거란 다. 과연 사람들에게 너를 어떻게 기억하라고 말해야 할까?

민섭아, 내가 이렇게 진지하게 시작하는 데는 이유가 있어. 본론 에 들어가기 전, 우리의 우정을 다시 한 번 확인하고 싶어. 내 아내 는 네가 소개해 준 친구의 동생이고, 네 아내는 내가 소개한 내 친 구의 동생이지. 서로에게 가장 잘 맞는 사람을 소개해 결혼도 하고 자식도 낳았지. 우리가 서로를 잘 모를 리가 없잖아?

이번 이야기가 네게 힘들게 들릴 수도 있어. 하지만 우린 언제나 서로의 편이었고, 앞으로도 그럴 거라는 걸 알기 때문에 친구라는 특권으로 너의 부족한 부분을 말하려고 한다.

연합방직을 바젤컴으로 바꾸면서 너는 회사의 비전과 전략, 조 직 문화에 대해 나에게 컨설팅을 요청했지. 이번 컨설팅을 하면서 나는 너의 또 다른 면을 보게 되었어. 김민섭 회장과 내 친구 민섭 이 너무 다르다는 걸 알게 되었거든. 먼 훗날 조문객들 앞에서 너 에 대해 얘기했다면, 너의 직원들은 뭐라고 생각했을까? 그래서 친 구로서 조금 아픈 이야기를 해야겠어.

박기우 책임 연구원이 너희 회사를 진단하고 400페이지 분량의 보고서를 작성했지. 그런데 그 보고서는 쓰레기통에 던져도 아깝지 않을 만큼 거짓이야. 문제의 근본 원인을 말하고 있지 않거든. 결론부터 말할게. 문제는 너였어. 네가 회사를 이렇게 만든 거야. 무례하게 들리겠지만, 상황의 심각성을 네가 정확히 알았으면 해서 솔직하게 말하는 거다.

첫 번째 문제는 직원들이 네 기분만을 맞추고 있다는 거야. "회장님이 뭐라고 생각하실까?" 이 말이 너희 회사 직원들이 가장 많이 하는 말이더라. 직원들은 네 생각을 맞추는 데만 집중하고 있어. 진정한 브랜드십이 없는 상태야. 직원들이 회장님 눈치를 보고, 결정을 내리는 데 있어 네 취향에 맞추려는 경향이 강해. 너는 그게 직원들이 단결된 것처럼 보일 수 있지만, 사실 그건 착각이야.

두 번째 문제는, 너는 탁월한 장사꾼이자 브랜더이지만, 돈에만 너무 집착하고 있다는 거야. 네가 브랜드 구축 회의에서도 자꾸 매출 이야기를 더 자주 꺼내는 것을 보고 놀랐어. '돈을 벌고 난 후에 브랜드가 있다'는 네 말이 틀린 건 아니지만, 돈은 브랜드를 구축한 결과로 따라오는 거야. 네 브랜드 철학은 결국 돈이 되는 브랜드 아닌가 싶다.

세 번째 문제는, 직원들이 10분짜리 보고를 위해 10시간짜리 보고서를 작성하고 있다는 거야. 그 시간에 진짜 브랜드를 구축할 생각을 해야 하지 않겠니? 네가 계속 보고서를 요구하니까 직원들이 그렇게 일하는 거야.

네 번째 문제는 네가 브랜드 매니저를 자주 바꾼다는 거야. 네 생각과 다르면 사람을 쉽게 교체하는 것 같아. 그게 정말 옳은 방법일까? 브랜드를 진정으로 사랑하는 사람을 뽑아야 해.

마지막으로 네가 말하는 브랜드십이 무엇인지 궁금해. 진정한 브랜드십이 있다면 직원들이 같은 문제에 대해 같은 선택을 할 수 있어야 해. 하지만 네 회사는 그런 브랜드 가치를 공유하지 못하고 있어. 네가 쓰는 경구는 멋있지만, 직원들의 의사결정에 영향을 미치지 않는다면 의미가 없어.

민섭아, 이 모든 얘기를 너에게 직접 하지 않고 다른 사람들에게 듣게 할 수는 없었어. 너와 나는 친구로서 아무 문제가 없지만, 너에게 진실하게 말해달라고 부탁했기 때문에 이 약속을 지키고 싶었다.

내 무례함을 용서할 수 있을 때 연락해주길 바란다. 그날을 기다릴게.

편지 설명 : 게슈탈트 치료는 1950년대에 프리츠 펄스Fritz Perls가 개발한 심리치료 기법이다. 이 치료법은 개인이 '미래'가 아닌 '현재'의 순간에 집중하고, 자신의 감정과 욕구, 행동을 자각함으로써 자기 이해와 성장을 돕는다. '게슈탈트'는 독일어로 '형태' 또는 '전체'를 의미하는데, 이 치료의 핵심은 인간의 경험을 개별적으로 나누는 것이 아니라, 하나의 통합된 전체로 보는 것이다. 내가 소설 편지에서 응용한 부분은 과거의 나, 현재의 나, 그리고 미래의 나를 통합된 하나로 바라보는 것이다.

게슈탈트 치료의 주된 목표는 개인이 자신과 환경을 더 명확히 인식하고, 억압된 감정이나 미해결된 감정을 처리하는 것이다. 이를 통해 자기 책임감을 높이고, 더 건강한 대인 관계를 형성하며, 삶에서 충만함을 느끼게 돕는다. 게슈탈트 치료의 기본적인 기능을 살펴보면 다음과 같다. 첫째, 현재에 집중하는 것이 중요하다. 과거에 얽매이지 않고 '지금—여기'의 순간에 집중함으로써 현재 느끼는 감정과 경험을 자각하고, 더 진실한 자기표현이 가능해진다. 둘째, 자기 인식이 핵심이다. 자신의 감정, 신체 반응, 생각 등을 자각함으로써 개인은 자신의 행동과 선택에 대해 더 책임감 있게 대처할 수 있다. 셋째, 미해결 과제를 다룬다. 억압된 감정이나 처리되지 않은 문제들은 지속적으로 개인에게 영향을 미친다. 게슈탈트 치료는 이러한 미해결 과제를 해결함으로써 감정적 자유를 얻도록 돕는다. 넷째, 빈 의자 기법Empty Chair Technique이 있다. 이 기법에서는 내담자가 상상 속 인물과 대화를 나누는 상황을 연출하여 억눌린 감정을 풀고 미완의 감정을 해결하도록 돕는다. 이는 감정적 통찰을 깊게 하는 데 매우 유용하다.

마지막으로 책임감을 강조한다. 내담자는 자신의 행동과 선택에 대해 책임을 진다는 개념을 배운다. "내가 ~한다"와 같은 주체적인 표현을 사용함으로써 자신의 삶을 스스로 통제하고 있다는 사실을 자각하게 된다. 게슈탈트 치료는 개인이 자신의 삶에서 더 자율적이고 주체적인 존재로 성장할 수 있도록 돕는 강력한 도구이며, 내면의 갈등을 해결하고 감정적 건강을 증진하는 데 효과적이다.

소설 편지는 게슈탈트의 '빈 의자 기법'을 응용한 형태로, 상상 속 인물과 편지로 대화하는 방법이다. 그러나 내가 사용하는 소설 편지 방식은 조금 다르다. 게슈탈트에서는 현재의 내가 대화의 주체라면, 소설 편지에서는 미래의 내가 주연이다. 미래의 내가 현재의 문제에 대한 해결책과 대안을 제시하는 것이다. 미래의 내가 '지금, 오늘, 여기'에 대해 이야기하는 방식으로, 차이점은 여기에서 발생한다.

소설 편지 8

친구 민섭아, 먼저 진심으로 고맙다는 말을 전하고 싶다. 네 메일을 받고 많은 생각을 했고, 사과의 편지도 썼지만 일단 임시 보관함에 넣어 두었단다. 너에게 더 많은 시간을 주는 것이 좋다고 생각했거든. 솔직히 네 답장이 일주일쯤 후에 올 거라 예상했는데, 이렇게 빨리 답장을 보내줘서 고맙다. 새벽 3시 20분에 보낸 메일을 보며, 너도 나처럼 많은 고민을 했다는 걸 알았다. 나도 경영자로서 그 고독을 잘 이해한다. 내가 지적한 부분들에 대해 즉각 반응하기보다는, 수술 전에 먼저 몸을 튼튼히 해야 하듯이, 회사를 튼튼하게 하는 것부터 시작해야 할 것 같다.

오늘은 네 질문들에 답하고, 지난번 메일에서 하지 못했던 두 가지 이야기를 해주려 한다. 첫째, 네가 물었던 다섯 가지 문제를 내가 너라면 어떻게 해결할지, 그리고 브랜드 정의를 실행에 옮기기 위해 네가 지금 해야 할 일이 무엇인지에 대해 말해주겠다.

먼저 네가 말한 바젤컴 양복에 대해 생각해보자. 네 말대로 바젤컴 양복은 아르마니와 견줄 만큼 훌륭한 재질을 자랑한다. 그런데 왜 아르마니보다 싸게 팔려야 할까? 너는 이렇게 말하겠지. "우리는 아르마니가 아니니까!" 맞다. 하지만 왜 30년 동안 아르마니 이상의 브랜드로 만들려 하지 않았는지 묻고 싶다. 이유는 단순하다.

너는 굳이 모험을 하고 싶지 않았던 거야. 브랜드는 결국 제품에 의미를 부여하고, 그 제품을 통해 가치를 창조하는 것이지만, 너는 양복을 만들면서도 아르마니를 본보기로 삼았을 뿐, 너만의 브랜드를 만들지 않았다. 브랜드는 단순히 차이를 만들어내는 것이 아니라, 차원을 만드는 거야. 네가 브랜드의 진정한 의미를 깨달았다면, 바젤컴은 지금보다 훨씬 다른 길을 갔을 거다.

이제 너의 질문에 대한 답을 해보겠다. 네가 왜 이 상품을 만들었는지 그 이유를 다시 한 번 깊이 생각해봐라. 이 과정에서 네가 얻는 답이 브랜드의 기원이 되고, 그 가치가 상품 품질, 디자인, 광고의 기준이 되어야 한다. 단순히 상품을 파는 것이 아니라 가치를 창출하는 것이 너의 역할이다.

또한, 네 아들 준영이에 대해 말하지 않을 수 없구나. 그 자리에 있는 준영이가 과연 충분히 배우고 있을까? 나는 네가 준영이를 더 넓은 세상에서 경험을 쌓게 하는 것이 그에게 더 큰 도움이 될 것이라고 생각한다.

마지막으로 네가 브랜드에 대해 더 깊이 고민하기를 바란다. 네 브랜드가 고객에게 주는 가치는 무엇인지, 그 가치를 직원들과 어떻게 공유할 수 있을지 생각해봐라. 이 편지가 너에게 힘든 이야기였을지 모르겠지만, 51년간 친구로서 진심으로 너를 도와주고 싶은 마음뿐이다. 답장을 기다릴게.

| **편지 설명 :** 편지 쓰기는 자기 성찰과 감정 조절을 돕는 강력한 도구다. |

자신에게 보내는 편지로 우리는 감정과 생각을 명확하게 정리하고, 일상에서 놓치기 쉬운 내면의 목소리에 귀 기울일 수 있다. 감정을 글로 표현하며 복잡한 문제를 객관적으로 바라보는 과정은 감정 조절에도 큰 도움이 된다. 이 과정에서 우리는 감정을 통제하는 능력을 기르고, 상황을 더 냉정하게 분석할 수 있다. 또한, 편지 쓰기는 새로운 관점에서 문제를 바라보게 하며, 더 나은 결정을 내릴 기회를 제공한다. 이를 통해 우리는 자신의 내면을 탐구하고, 더 성숙하고 주체적인 삶의 방향을 설정할 수 있다. 내러티브 치료의 관점에서 소설 편지 쓰기는 자신의 삶을 하나의 이야기로 바라보게 하며, 문제를 다른 관점에서 볼 수 있는 기회를 제공한다. 이를 통해 자신의 경험을 새로운 시각에서 다시 생각해 보는 과정을 거치며, 더 긍정적이고 희망적인 이야기를 만들어갈 수 있다.

소설 편지 쓰기

"편지를 쓰는 것은 자신을
더 깊이 이해하는 방법이다."

소설 편지에 등장하는 인물들은 융의 이론에서 말하는 상징적 존재일 뿐만 아니라, 내러티브 치료에서 중요한 역할을 하는 '다른 이야기'를 제시합니다. 이 인물들은 문제 중심적인 이야기에서 벗어나, 새로운 가능성과 잠재력을 발견하도록 돕습니다.

소설 편지 쓰기는 자신의 내면을 탐구하고 삶을 재구성하는 과정입니다. 무의식 속 다양한 측면을 이해하고 통합하는 것은 융의 개성화 과정과 맞닿아 있으며, 동시에 자신의 이야기를 새로운 시각에서 다시 구성하는 내러티브 치료와도 연결됩니다. 이 두 접근법은 개인이 자신의 진정한 모습을 발견하고, 더 주체적으로 삶을 이끌어갈 수 있도록 돕습니다.

이제 다음 진행 순서에 따라 질문에 답해보세요.

Q1. 문제 나열하기

현재 직면하고 있는 문제, 고민, 갈등 등을 자유롭게 적어보세요. 큰 문제에서 작은 문제까지 떠오르는 대로 모두 나열해 보세요. 이 단계에서는 문제의 우선순위나 해결책을 고민할 필요 없이 있는 그대로 적어보는 것이 중요합니다.

Q2. 편지 받을 대상 정하기

앞서 나열한 문제들 중 하나를 선택하세요. 이 문제에 대해 조언과 통찰을 받고 싶은 대상을 생각해 보세요. 실제 인물(부모님, 선배, 친구 등)일 수도 있고, 가상의 인물(영화나 소설 속 인물, 역사적 인물, 문제 해결 전문가 등)일 수도 있습니다. 선택한 대상의 이름을 적어보세요.

Q3. 편지 쓰기

Q2.에서 정한 인물이 되어, 자신의 문제에 대해 나에게 편지를 써준다고 상상해 보세요. 그 인물의 입장에서 이 문제를 바라본다면 어떤 모습일까요? 그 인물이 나에게 해줄 말, 조언, 위로 등을 편지에 담아보세요. 내가 미처 생각지 못한 부분을 그 인물의 시선으로 살펴보세요. 편지를 쓰는 과정에서 자신의 문제를 새로운 시각으로 바라보고, 내면의 목소리에 귀를 기울여 보세요. 편지 쓰기의 목적은 조언을 받는 것이 아니라, 쓰는 과정에서 문제를 다르게 바라보는 것임을 기억하세요.

Q4. 편지 읽기

편지를 쓴 지 2~3일 후, 편지를 꺼내 읽어보세요. 편지를 통해 알게 된 점, 깨달은 점, 느낀 점 등은 무엇인가요? 편지에서 발견한 자신만의 지혜와 통찰을 써보세요.

Q5. 편지 나누기 (선택사항)

팀이나 그룹으로 워크숍을 진행하는 경우, 원하는 사람들끼리 편지를 돌려 읽어볼 수 있습니다. 다른 사람의 편지를 읽으면서 글쓴이의 자기다움(성품, 성격, 가치관 등)을 느껴보고, 서로 나눠보세요

Q6. 현재와 미래의 나 비교하기

편지를 쓴 미래의 나와 현재의 나를 비교해 보세요. 두 '나' 사이의 차이점을 적어보고, 그 차이에서 배울 점을 찾아보세요.

Q7. 자기다움 정리하기

편지 쓰기와 나누기 과정에서 발견한 자신의 자기다움(성품, 성격, 가치관 등)을 정리해 보세요. 이 자기다움을 일상에서 어떻게 더 발휘할 수 있을지 생각해 보세요. 소설 편지 쓰기가 내 안의 지혜를 일깨우고, 자신의 고유한 모습을 발견하는 소중한 시간이 되기를 바랍니다.

오래된 미래, 과거로 여행

회고록의 목적 두 가지,

첫째, 과거의 경험 속에서 의미를 찾아내는 것,

둘째, 그 의미를 통해 미래를 준비하는 것.

"현재는 미래와 연결되어 있다는 믿음이
우리에게 자신감을 심어줄 것이다."

— 스디브 잡스

[회고록回顧錄과 회고록懷故錄]

"물론 제가 대학에 다닐 때는 미래를 보고 점들을 연결하는 건 불가능한 일이었습니다. 하지만 10년 후 되돌아보니 그것은 아주 분명했습니다. 다시 말해, 지금 당신은 점들을 연결할 수는 없습니다. 단지 과거로 되돌아보았을 때 그것들을 연결할 수 있습니다. 따라서 지금의 점들이 당신의 미래에 어떤 식으로든지 연결된다는 것을 믿어야 합니다. 당신의 기개, 운명, 삶, 업보 등 무엇이든지 간에 믿음을 가져야 합니다. 왜냐하면 현재의 점들이 미래로 연결된다는 믿음이 여러분의 가슴을 따라 살아갈 자신감을 줄 것이기 때문입니다."

2005년, 스티브 잡스는 50세 때 스탠퍼드 졸업식 축사에서 이렇게 말했다. 스티브 잡스처럼 나도 50세가 되어 20대에서 40대까지 삶을 되돌아보니 내 인생의 점들이 어떻게 연결되었는지 확인할 수 있었다. 이제야 그의 말이 진정으로 이해되었다. 스티브 잡스가 말한 "현재의 점들이 미래와 연결된다"는 것은 그의 개인적 경험에 국한된 것이 아니라, 나에게도 적용되는 삶의 법칙이었다(참고로 스티브 잡스의 인생에서 어떤 점들이 어떻게 연결되었는지 궁금하다면, 2011년에 출간된 그의 자서전을 읽어보길 권한다).

회고록을 쓰는 데에는 여러 이유가 있다. 첫째, 지금까지 삶을 돌아보며 앞으로 삶에 대한 방향성을 찾기 위해서다. 둘째, 살아온 경험을 통해 자기다움을 발견하고, 이를 바탕으로 진정 나답게 살고 나답게 죽기 위해서다. 셋째, 현재와 미래에 영향을 미치는 자신의 인생 패턴을 파악하기 위해서다. 넷째, 제삼자의 시선으로 자신의 삶을 되돌아보면, 의사결정 과정에서 무엇을 가장 중요하게 여겼는지 깨닫게 되기 때문이다. 이 과정을 통해 우리는 단순한 과거 회상을 넘어서 미래의 행동을 예측할 수 있다.

스티브 잡스가 "지금 하는 일이 미래와 연결되어 있다"고 말했다면, 회고록은 그 반대 방향의 여정이라 할 수 있다. 회고록은 지금의 나와 과거가 어떻게 연결되어 있는지를 탐구하는 과정이다. 회고록을 쓰다 보면, 마치 겹겹이 쌓인 인생의 퇴적층에서 공룡 화석을 발견한 고생물학자의 심정과 같아진다. 처음에는 자신의 몸집만 한 뼈를 발견하고 흥분하지만, 점차 수천 개의 뼈를 발굴해 나가면서 학자로서 느끼는 막중한 책임감과 부담을 함께 경험하게 된다. 만약 수십 마리의 공룡이 한꺼번에 묻힌 곳을 발견한다면, 그 고생물학자는 평생을 뼈를 맞추는 데 바쳐도 끝내지 못할 수 있다. 이처럼 인생의 수많은 사건이 지닌 의미를 파악하고, 그것들을 일관성 있게 연결하는 일은 쉬운 일이 아니다. 더구나 복잡한 대인

관계나 갈등의 동기를 제삼자의 시각으로 이해하는 것은 더욱 어렵다. 전지적 작가 시점이 아닌 이상, 타인의 마음을 완전히 파악하는 것은 거의 불가능하기 때문이다. 그래서 이런 사건을 회고록에 기록할 때면, 마치 범죄 현장에서 혈흔을 찾기 위해 루미놀을 뿌리는 법의학자가 된 기분이 들곤 한다.

미국의 대표적인 범죄 수사 드라마 CSI처럼 칼에 찔린 두 명의 시신이 있는 방에 들어선 법의학자는 상황을 파악하고 증거를 수집해 정황을 뒷받침한다. 범인의 정체, 누가 먼저 칼을 들었는지, 어떤 경로로 집에 침입했는지, 다른 공범은 없는지 등을 추적해 나가는 것이다. 이처럼 우리도 과거에 갈등이 있었던 인간관계가 어떻게 마무리되었는지 결정적인 단서를 찾으려 하지만, 대개는 추측에 그치고 만다. 그러나 스티브 잡스의 말처럼 '언젠가는' 그 연결고리가 드러난다. 비슷한 일이 반복되거나 관련된 사건이 발생하면서 마침내 과거의 점들이 미래와 이어져 있음을 깨닫게 되는 것이다. 어쩌면 이것이 잡스가 말한 '살아갈 자신감'이라는 믿음의 근원일지도 모른다.

회고록을 작성한 많은 사람들의 경험을 종합해 보면, 이는 단순한 믿음이 아니라, 일종의 삶의 법칙으로 받아들일 만하다. 회고록 작성은 단순히 과거를 되새기는 데 그치지 않는다. 그것은 우리 삶의 층을 깊이 파헤치며, 얽힌 인간관계의 실타래를 풀어내고, 과거와 현재, 그리고 미래를 이어주는 귀중한 작업이다. 이 과정을 통해 우리는 삶을 더 깊이 이해하고, 나아가 미래를 향한 용기를 얻게 된다.

회고록과 미래의 자기다움이 쉽게 연결되지 않는 이유는, 아마도 '회고록(回顧錄)'이라는 단어의 의미 때문일 것이다. 일반적으로 회고록은 정치나 경제 분야에서 뛰어난 인물이 자신이 겪었던 역사적인 사건과 인물에 대해 기록한 책으로 알려져 있다. 그런데 과거를 기록하는 방식은 매우 다양하며, 장르마다 고유한 특징이 있다. 저널journal은 개인적인 경험, 생각, 연구 내용을 일기장에 기록하는 글이다. 자서전autobiography은 자신의 일생을 직접 기술한 것이고, 연대기chronicle는 시간 순서대로 일어난 사건을 정리한 글이다. 회고록memoir은 주로 지인들과 기억에 남는 사건들에 대한 기록을 담고 있다. 이러한 장르들의 정의는 사전마다 조금씩 다를 수 있다.

일반적으로 회고록(回 돌아올 회, 顧 돌아볼 고, 錄 기록할 록)은 말 그대로 과거를 돌아보며 기록하는 것이다. 그러나 이 책에서 말하는 회고록은 저널, 자서전, 연대기의 형식을 모두 아우르며, 자기다움을 찾기 위한 글이다. 일종의 다큐멘터리 일지에 가깝다고 할 수 있다. 이를 '회고록(懷故錄)'이라 부를 수 있으며, 발음은 기존의 '회고록(回顧錄)'과 같지만 의미는 다르다.

회고록(懷故錄)의 한자 의미는 다음과 같다. '회(懷)'는 '품다', '고(故)'는 '연고', '록(錄)'은 '기록하다'라는 뜻이다. 이를 종합하면 회고록(懷故錄)은 '과거의 사건과 인물에 대한 연고와 이유를 품고 기록한다'는 의미가 된다. 이는 단순히 연대기적으로 사건을 나열하는 것이 아니라, 그 사건이 어떻게 자기다움으로 촉발되고 이어져 완성되었는지를 확인하는 과정이다. 이런 접근은 스티브 잡스가 말한 "점과 점을 연결하는 작업"과도 매우 유사하다.

여기서 설명하는 회고록은 단순히 과거의 사건을 기록하는 회고록(回顧錄)이 아니라 그 사건의 '이유'를 탐구하는 회고록(懷故錄)이다. 결국 이는 자기다움을 찾기 위한 다큐멘터리 작업이라 할 수 있다. 많은 사람들이 자신의 인생을 정리하는 다큐멘터리를 써보고 싶어 하지만, 막상 쓰려 하면 쓸 수 없는 자신과 마주하게 된다. 이는 과거의 경험과 사건을 객관적으로 바라보고, 자기 내면을 깊이 성찰하는 과정이 쉽지 않기 때문이다. 하지만 이 어려움을 극복하고 진정한 자기 이해에 도달하는 것이 회고록을 쓰는 궁극적인 목적이 아닐까. 세미나 현장에서 수강생들은 회고록을 쓰기 힘들다며 그 이유를 다음과 같이 말한다.

- 회고록이 될 만한 사건이 없다고 느낌
- 과거에 대한 기억이 거의 나지 않음
- 참담한 인생을 살아왔다고 생각하여 회고하기 싫음
- 회고록 작성 과정에서 우울증이 재발함
- 회고 과정에서 분노가 생겨 일상생활에 지장을 줌
- 부끄러운 인생을 살았다고 생각하여 쓰기 싫음
- 과거를 생각하는 것 자체가 싫음
- 과거의 자신에게서 배울 점이 없다고 느낌
- 지금까지 자기답게 살지 못했다고 생각함

- 과거의 자신을 기억하고 싶지 않음
- 일상이 바빠서 회고록 쓸 시간이 없음
- 현재의 삶도 힘들어서 과거를 돌아볼 여유가 없음

대부분의 사람은 여러 이유로 자신의 인생을 돌아보는 회고를 하지 못한다. 회고록(懷故錄)의 목적은 회개(悔改)가 아니라 회심(回心)에 있다. 즉, 과거의 잘못을 뉘우치는 것이 아니라, 제삼자의 시선으로 과거의 자신을 바라보며 마음을 살피는 데 그 목적이 있다. 그러나 많은 사람들이 이 과정에서 아픈 기억이라는 장애물에 부딪히곤 한다. 특히 회고록을 쓰는 동안 회의감(懷疑感)이 들 수 있다는 점을 주의해야 한다.

회고록을 쓰기 시작하면, 앞서 언급한 여러 가지 부정적인 생각들이 몰려올 수 있다. "앞으로는 이렇게 살지 말아야지" "아직도 그 사람을 용서하지 못했구나" "다음번에는 꼭 해봐야겠다" 등 다양한 생각들이 떠오른다. 동시에 "내가 이 정도로 심각하게 살았구나" "정말 하찮게 살았구나"라는 자책감에 빠질 수도 있다. "왜 그때의 기억이 없을까?" "지금 살기도 힘든데 굳이 힘든 과거를 떠올려야 하나?" 하는 회의감에 휩싸이기도 한다. 심지어 "그냥 귀찮다"는 생각마저 들 수 있다. 그런데도 회고록을 작성하는 것은 일종의 필수적인 시간여행을 위해서다. 단순히 과거를 기록하는 것을 넘어, 자기 자신을 깊이 이해하고 미래를 위한 통찰을 얻는 과정이기 때문이다.

미래의 내가 과거의 나를 바라보며 회고록을 쓸 때, 우리는 네 가지 기쁨을 누릴 수 있다. 첫째, 자기 삶의 패턴을 인식하고, 둘째, 과거의 경험에서 교훈을 얻으며, 셋째, 현재의 자신을 성찰하고, 넷째, 미래를 위한 통찰력을 기를 수 있다. 따라서 회고록을 쓰는 과정이 어렵다는 점을 인정하면서도 그 안에서 얻을 수 있는 가치를 믿고 임하는 자세가 중요하다. 그런데 막상 회고록을 쓰기 위해 자리에 앉으면, 많은 사람들이 마치 오래된 하드 디스크에서 데이터를 복구하려는 것처럼 답답함을 느낀다. 분명 자신이 경험했던 일인데도 왜 그랬는지, 어떻게 그런 일이 있었는지 기억이 흐릿해지는 상황을 마주하는 것이다.

[로카르의 교환 법칙]

20세기 프랑스의 범죄학자 에드몽 로카르(1877-1966)는 "모든 접촉은 흔적을 남긴다"고 주장했다. 100년이 지난 현대 과학수사에서도 그의 이론은 '로카르의 교환 법칙'이라는 이름으로 자리 잡고 있다. 회고록에 남아 있는 모든 흔적은 어떤 접촉에서 비롯된 것이다. 그중 90퍼센트는 사람과의 접촉에서 생긴다. 따라서 회고록을 쓰기 위해서는 자신의 기억뿐만 아니라 타인의 기억도 필요하다.

때로는 나와 부딪혔던 사람을 만나 그때의 상황을 이야기할 때, 블랙아웃된 기억이 되살아나기도 한다. 그렇다고 해서 만난다고 모든 것이 해결되는 것은 아니다. 나의 경우, 불편했던 사람을 찾아가면 오히려 악연만 확인하고 돌아서는 경우도 있었다. 따라서 굳이 그런 사람들을 만나기를 권하지 않는다. 하지만 어떤 사람에게는 다른 결과를 가져올 수도 있으니, 이 선택은 각자의 몫이다. 나는 사람을 만나기 전에 먼저 리스트를 작성한다. 나에게 결정적인 사건을 일으킨 사람에 대해 다음의 질문에 답해보자.

- 나는 왜 분노했을까?
- 나는 왜 그것을 결정했을까?
- 그가 마음에 들지 않은 이유는 무엇일까?
- 그와의 만남은 숙명이었을까?
- 그와 좋은 관계였다면 지금의 나는 어떤 변화가 있었을까?
- 그를 통해서 내가 지금 알게 된 것은 무엇일까?
- 나는 왜 그를 싫어할까?
- 그 사람이 나와 부딪히지 않았다면 내가 그를 싫어했을까?
- 만약에 나와 좋은 관계였다면 나는 어떻게 대했을까?
- 나는 그에게 왜 호감이 있었을까?
- 나는 그와 다시 일하고 싶을까?
- 그는 나에게 어떤 점이 불편했을까?

 사람에 대한 회고록은 때로 욕으로 시작해 욕으로 끝나도 괜찮다. 하지만 시간이 지나면 반드시 자신이 쓴 내용을 다시 읽어봐야 한다. 2주일에서 한 달 정도의 간격을 두고 회고록을 읽으며, 미래의 나에게 그때 왜 그렇게 썼는지 설명해 보는 것이다. "그때 내가 왜 그랬을까?"라는 질문을 던지며 읽다 보면, 스스로 유치하거나 쪼잔하다고 느껴질 수 있다. 그러면 아직 그 사람에 대한 미련이 남아 있다는 뜻일지도 모른다.

사람에 대해 쓰는 회고록의 목적은 용서가 아니라 감정 정리다. 감정을 정리하는 과정에서 그 사람과의 관계 속에 숨겨진 나의 의도를 발견해야 한다. 내가 그 사람 자체에 반응한 것인지, 아니면 우리 관계에 내재한 무언가에 반응한 것인지를 살펴볼 필요가 있다.

사람과 사람의 만남에는 필연적인 흔적이 남는다. 그렇다면 그 악연이 내게 남긴 흔적은 무엇일까? 나는 비슷한 유형의 사람에게 늘 같은 방식으로 반응하고 있지는 않은가? 나와 그 사람의 공통점과 차이점은 무엇일까? 우리의 갈등은 가치관의 차이에서 비롯된 것일까, 아니면 이해관계의 충돌 때문이었을까? 만약 둘 다 아니라면, 또 다른 원인이 있었던 걸까? 이 과정에서 끊임없이 자신에게 질문을 던져야 한다. 불쾌한 감정이 몰려와 그냥 덮어버리고 싶을 때도 있지만, 반드시 그 흔적을 찾아내야 한다. 만약 그 악인이 내가 주인공이 되기 위해 필요한 조연이었다고 생각한다면, 상황은 어떻게 달라졌을까? 악인과의 악연이 남긴 것은 나의 거부, 즉 분노의 반응이다. 내가 왜 화가 났는지를 알아야 한다.

좋은 사람과의 인연은 직접 찾아가는 것을 추천한다. 나 역시 회고록을 쓸 때 좋은 기억으로 남아 있는 사람들과는 직접 만나거나 메일을 주고받았다. 가능하다면 작은 선물을 준비해 직접 만나 이야기를 나누는 것이 좋다. 회고록을 쓰는 이유를 설명하면, 상대방이 전혀 기억하지 못했던 부분이나 의외의 기억을 제공할 수도 있다. 여기에서도 자신의 흔적을 발견할 수 있다.

우리의 인생에는 '자기다움'이라는 지문과 흔적이 새겨져 있다. 회고록을 통해 반복되는 패턴, 나를 움직이는 가치, 내가 반응하는 영역, 그리고 나를 끌어당기는 무언가를 깨달을 수 있다. 1,000조각짜리 퍼즐을 상상해 보자. 퍼즐 조각들만으로는 완성된 그림이 무엇인지 알아내기 쉽지 않다. 물론 끝내 맞출 수 있겠지만, 상당한 시간과 노력이 필요할 것이다. 그러나 완성된 퍼즐의 그림을 한 번이라도 본 적이 있다면 훨씬 더 수월하게 풀어나갈 수 있다. 예를 들어 해변과 산이 어우러진 풍경을 봤다면 퍼즐을 어떻게 풀어나갈까? 먼저 파란색과 초록색 조각들을 분류할 것이다. 그런 다음, 색깔별로 나눈 조각들을 적절한 위치에 배치하고 서로 연결해 가며 점차 전체 그림을 완성해 나갈 수 있다. 회고록을 쓰는 일도 이와 비슷하다. 인생이라는 거대한 퍼즐 속에서 기억의 조각들을 모아 '자기다움'이라는 그림을 완성해 나가는 과정인 셈이다.

회고록을 쓸 때는 같은 사건에 대해 두 번 써보는 것이 좋다. 먼저 기억을 더듬어 떠오르는 모든 것을 있는 그대로 적는다. 헤밍웨이의 말처럼 초고는 쓰레기나 다름없다는 사실을 받아들이고, 일단 써 내려가기만 하면 된다. 이렇게 엉망진창으로 글을 쓰는 이유는 그 과정에서 미처 떠올리지 못했던 기억들이 불현듯 떠오를 수 있기 때문이다. 두 번째 글을 쓸 때는 첫 번째 글을 돌아보며 그때는 보지 못했거나 의식적으로 외면했던 부분들을 새롭게 발견할 수 있다. 같은 사건에 대해 여러 번 써보는 것이 중요하다. 단순히 한 번 쓴 글을 수정하는 것이 아니라, 처음부터 다시 써보고 또다시 반복해서 써야 한다. 나중에 이렇게 쓴 글들을 모아 읽어보면, 같은 사건을 바라보는 나의 시선이 어떻게 변화했는지 확인할 수 있다.

모든 사람이 회고록을 쓴다고 해서 저절로 자기다움을 발견하는 것은 아니다. 마치 수학 문제를 풀듯 정답을 찾기 위해 기계적으로 글을 쓴다면, 진정한 자기 탐색으로 이어지기 어렵다. 어떤 이에게 회고록은 단지 추억을 '돌려막기' 하는 것에 불과할 수 있다. 반면에 또 다른 이에게는 현재의 고난과 어려움을 외면하고, 과거로 도피하는 일종의 가림막shielding이 될 수 있다. 자기다움과 자기기만은 동전의 양면처럼 쉽게 구분되지 않는다. 진실과 거짓을 가르는 명확한 기준이 없기 때문에 무엇이 옳고 그른지 단정 짓기는 쉽지 않다. 이 때문에 자기다움에 대해 설명하는 일 자체가 난해할 수밖에 없다.

비관적으로 들릴 수 있겠지만, 자기다움의 실체를 완벽히 규명하는 것은 불가능에 가까울지도 모른다. 회고록 교육 프로그램에 참여하는 사람들이 대부분 비슷한 과정을 거치지만, 각자가 마주하는 순간과 깨우치는 내용은 저마다 다르기 때문이다. 회고록을 쓰는 과정에서 현재의 내 관점과 위치는 과거의 사건들을 되짚는

데 큰 영향을 미친다. 마치 등고선이 지형의 높낮이를 연결하듯, 과거의 경험들은 서로 맞물려 하나의 흐름을 형성한다. 인생의 고비와 저점, 그리고 평탄한 시기까지 걸어온 길들이 회고록이라는 지도에 모습을 드러내기 시작한다. 이 작업을 통해 우리는 두 가지 중요한 깨달음을 얻게 된다. 하나는 지나온 삶에 대한 깊은 이해이고, 다른 하나는 앞으로 삶을 이끌어 줄 나침반을 얻는 것이다.

회고록은 단순한 과거의 기록에 그치지 않는다. 그것은 미래의 방향을 제시하며, 함께 걸어갈 동행까지도 비춘다. 기억 속 사건들이 하나로 이어지는 순간, 우리는 마침내 운명이라 부를 만한 인생의 밑그림을 마주하게 된다. 회고록을 통해 인생을 바라보는 관점은 우연에서 필연으로, 사건에서 섭리로, 결과에서 목적으로 확장될 수 있다. 자신의 삶을 이해하고 그 속에 의미를 부여하면, 현재를 더욱 힘차게 살아가고, 미래를 더 용기 있게 상상할 수 있다. 이렇게 '지금, 여기, 오늘'을 자기답게 살아가며 인생을 마감하는 것, 그것이야말로 자기다움으로 살아가는 삶이 아닐까.

회고록을 한 번이라도 써본 사람은 기억하지 못했던 하루하루가 얼마나 소중한 시간이었는지 깨닫게 된다. 나 역시 2000년부터 지금까지 매일 일기를 써온 덕분에 2000년 이후의 회고록을 쓸 때는 더 이상 기억의 편린을 더듬을 필요가 없었다. 일상에서 일어나는 작은 일들이 인생의 큰 변화를 일으킬 수 있다는 사실을 놓치지 않게 되었기 때문이다. 이제 나는 매일 일기를 쓰며 하루를 좀 더 자기답게 살아가려 노력하고 있다.

[인생 블랙아웃Blackout]

두려움이 있으면 통증이 더 심해진다는 말을 자주 한다. 그래서 간호사는 환자의 긴장을 덜어주기 위해 주사를 놓기 전 "따끔할 거예요"라고 미리 경고한다. 사람마다 '따끔함'에 대한 고통 반응은 다르지만, 나는 주사를 맞을 때 큰 고통을 느끼지 않는 편이다. 그러나 치과에서는 이야기가 다르다. "약간 불편할 수 있어요"라고 말하지만, 그 통증은 절대 가볍지 않게 다가온다.

회고록을 쓰다 보면 '기억의 블랙아웃'이라는 예상치 못한 현상을 종종 경험하게 된다. 이 현상은 주사를 맞기 전의 경고처럼 우리가 맞닥뜨릴 수 있는 심리적 어려움을 미리 알려주는 일종의 '따끔' 신호와 같다. 마치 치과에서 신경을 건드리며 "시큰거릴 거예요"라고 말하는 것과 비슷하다. 이때 느끼는 감정은 어둠 속 동굴에서 느끼는 적막함과도 닮았다. 단순히 어둠 속에 갇혀 있다는 느낌을 넘어 자신의 존재가 사라지는 듯한 절망감이 밀려온다. 회고록을 쓰는 과정에서 많은 사람들은 비슷한 심리적 공허함을 느낀다. 분명히 살아온 내 인생임에도 그 존재의 증거를 찾지 못하는 듯한 상황에 직면하게 된다. 단편적인 경력만 남아 있고, 실제로 그 삶을 살아온 생생한 기억들은 마치 사라져 버린 것처럼 느껴지곤 한다. 분명히 '따끔'한 경고를 받았지만, 그 뒤에 다가오는 공허함은 훨씬 더 깊고 무겁다. 이런 현상은 특히 중장년층에게 더 큰 좌절감을 안겨준다. 중장년기에 자기다움을 추구하지만, 이를 뒷받침할 개인적인 이야기나 기억이 부족할 때, 그들은 심각한 정체성 위기를 경험한다. 많은 이들이 과거의 지인들을 만나 그 시절의 기억을 되살리려 애쓰지만, 이러한 노력조차 단편적인 조각에 그치기 일쑤다.

더 혼란스러운 것은 자신이 겨우 떠올린 기억과 타인이 기억하는 자신의 모습이 다를 때다. 특히 타인의 기억 속 자신이 지금 추구하는 자기다움과 크게 다를 때, 그 혼란과 정체성에 대한 의심은 절정에 이른다. 이처럼 '기억의 암흑기'는 회고록을 쓰는 과정에서 피할 수 없는 도전으로 다가온다.

그러나 이는 단순한 장애물에 그치지 않는다. 오히려 자신의 삶을 더 깊이 성찰하고 재해석할 기회가 된다. 기억의 공백과 불일치를 마주하는 과정에서 미래의 나는 새로운 정체성을 만들어가며, 현재의 자아와 과거의 경험을 더 의미 있게 연결할 기회를 얻게 된다. 결국 회고록 쓰기는 단순히 과거를 회상하는 데 그치지 않고, 자아를 재발견하고 새롭게 만들어가는 복잡하고 때로는 고통스러운 여정이다. 이 과정을 통해 우리는 더 깊고 풍부한 자기 이해에 도달하며, 이러한 통찰은 미래의 자아를 형성하는 중요한 기억으로 자리 잡는다.

2000년에 처음으로 회고록을 쓰면서 나는 기억이 사라지는 것이 얼마나 고통스러운 일인지 깨닫고, 이후로 매일 일기를 쓰기 시작했다. 이는 10년에 한 번씩 회고록을 쓸 때 맞닥뜨릴 '기억의 암흑'과 무관심이라는 위기에 대비하기 위해서였다. 수십 년 전에 쓴 일기를 다시 읽어보면, 때로는 마치 다른 사람의 글을 보는 듯한 기분이 든다. 오랫동안 일기를 써온 사람이라면 아마 공감할 것이다. 글자는 그대로 남아 있지만, 그 당시의 감정과 상황은 모두 증발해 버린 듯한 느낌이 든다. 이러한 경험을 반복하면서 나는 기억의 블랙아웃이 단순히 시간의 흐름에 따라 자연스럽게 생기는 현상이 아닐 수도 있다는 생각이 들기 시작했다.

기억의 블랙아웃은 어떤 면에서 우주의 블랙홀과 닮았다. 블랙홀이 거대한 별의 마지막 진화 단계에서 폭발 후 수축하며 생겨나듯, 우리의 기억 속에도 비슷한 현상이 발생한다. 블랙홀이 주변의 모든 것을 빨아들이듯, 내 시간 속에 생긴 블랙홀도 나의 기억을 모조리 흡수해 버린 것처럼 느껴졌다. 예전에는 기억나지 않는 것들 때문에 괴로워했지만, 인생 회고록을 쓰면서 한 가지 깨달은 것이 있다. 기억의 블랙홀 속에도 끝까지 살아남는 기억들이 있다는 사실이다. 이러한 기억들이 바로 내 미래로 이어지는 중요한 이정표라는 것을 알게 되었다.

회고록을 처음 쓰기 시작할 때, 많은 사람들이 이런 의문을 품는다. "내가 살아온 시간이 왜 이렇게 낯설게 느껴지는 걸까?" 이는 우리가 기억과 정체성 사이의 복잡한 관계를 탐구하기 시작하는 순간이다. 회고록을 쓰다 보면 **"자기다움으로 살아온 순간들만이 기억으로 남는다"**는 사실을 깨닫게 된다. 기억에서 사라진 대부분의 사건은 자신의 본질과 소명에서 벗어나, 타인의 선택에 동조한 복사품 같은 시간이었다. 인생의 일부가 블랙홀처럼 빨려 들어가 블랙아웃되었지만, 회고록을 쓰는 과정에서 희미한 과거의 기억들이 오히려 미래로 이어지고 있음을 발견하게 된다. 마치 질퍽한 동굴 속에서 벽을 더듬으며 앞으로 나아가야 하듯, 우리도 그 잃어버린 시간대에서 벗어나야 한다.

때로는 글을 쓰다가 블랙아웃된 시간대의 기억이 갑자기 되살아나기도 한다. 이 현상은 개인마다 다르게 나타나는데, 글을 쓰는 도중 문득 떠오르는 어떤 물건이 마치 어두운 동굴 속에서 성냥불처럼 순식간에 잃어버린 시간대를 밝히는 경우도 있다. 회고록을 쓰면서 우리는 깨닫는다. 결정적인 순간이라 여겼던 카이로스가 사실은 일상적인 시간, 즉 크로노스였고, 반대로 지루하게만 느껴졌던 크로노스의 시간이 실제로는 카이로스였다는 사실을. 회고록을 완성하는 과정에서 우리는 중요한 순간을 기대하며 인내하고 기다리는 법을 배우고, 그 과정을 통해 기억의 공백(블랙아웃)을 피하는 시간의 사용법을 터득하게 된다. "나는 오늘, 지금, 여기에서 진정 나답게 결정했는가?"라는 자문은 매우 중요하다. 자기답게 내린 충실한 결정이야말로 기억의 공백을 막아주는 강력한 방패가 될 수 있기 때문이다.

회고의 여정 속에서 우리는 시간의 흐름과 목적이 뒤바뀌는 흥미로운 경험을 하게 된다. 단순한 과정이라 여겼던 순간들이 사실은 삶의 진정한 목표였고, 반대로 중요한 목표라고 생각했던 것들이 그저 하나의 과정에 불과했음을 깨닫게 되는 것이다. 이것이 바로 스티브 잡스가 말한 인생의 '점 잇기'가 시작되는 순간이다.

자기답게 산다는 것은 가치와 목적 지향적인 삶을 추구하는 것이다. 이 과정에서 우리는 과거의 시간이 일상적인 크로노스에서 결정적인 순간인 카이로스로, 다시 카이로스에서 크로노스로 변화하는 경험을 한다. 시간을 바라보는 관점이 변하면서 자아 중심적인 시각을 넘어서 더 큰 목적을 위한 순간들로 시간을 인식하게 된다. 이러한 개별적인 순간들이 모여 하나의 거대한 목적을 이루는 과정을 우리는 점차 이해하게 된다.

크로노스와 카이로스, 그리고 그 외 다양한 시간의 형태들은 복잡하게 얽혀 있지만, 이는 마치 정교하게 짜인 하나의 원단과 같다. 그 원단의 중심에는 씨줄과 날줄로 섬세하게 짜인 '목적'이라는 그림이 선명하게 떠오른다. 하지만 현재의 시점에선 이러한 시간의 복잡한 결을 명확히 인지하기 어렵다. 마치 뒤엉킨 실타래처럼 복잡하게 얽혀 있어 그 시작점을 찾기 어려운 것과 같다. 그러나 삶의 근본적인 이유와 목적을 탐색하며 회고록을 써 내려갈 때, 비로소 시간의 섬세한 결과 그 중심에 드러나는 의미의 아름다운 무늬를 선명하게 볼 수 있다.

[습윤밴드 회고록 쓰기]

회고록을 쓸 때, 기억의 공백만큼이나 어려운 것은 아픈 기억들이 주는 고통이다. 누구나 떠올리고 싶지 않은 기억을 하나쯤은 지니고 있다. 이러한 고통스러운 기억을 의도적으로 되살리는 일은, 때로 그 기억을 잊는 것보다 더 큰 고통을 수반한다. 그래서 회고록을 쓰기 전에 불편한 기억을 어떻게 다루고 글로 옮길 것인지에 대해서 '습윤밴드'의 비유를 들어 설명하고자 한다.

습윤밴드를 상처에 붙이면 상처 주변에 액체가 고이기 시작한다. 일반적인 건조 밴드와 달리 습윤밴드는 상처가 완전히 아물 때까지 그대로 두어야 한다. 처음 사용할 때 밴드 안에 액체가 차오르는 것을 보면 염증이 생긴 것처럼 느껴져 걱정이 들지만, 이는 사실 상처 치유 세포들이 활발히 활동하고 있는 회복 과정의 증거다.

회고록 쓰기는 여러 면에서 습윤밴드와 놀랍도록 닮았다. 어떤 사건에 대해 글을 쓰기 시작하면, 마치 인생의 고름과 진물이 흘러 나오는 듯한 느낌을 받게 된다. 처음에는 고통스럽지만 시간이 지나면서 내면에서 자연스러운 치유가 일어나고, 새로운 인식이 자라난다. 이 과정에서 가장 중요한 것은 인내하며 시간을 견디는 것이다. 물론 이 과정은 처음부터 순탄하지 않다. 과거의 아픈 기억을 마주해야 한다면, 우선 차분히 자리에 앉아 그 기억을 객관적인 사실에 근거해 정리하는 것이 중요하다. 자신이 왜 분노했는지, 어떤 이유로 강한 감정이 솟구쳤는지, 무엇 때문에 격분했는지를 있는 그대로 솔직하게 써 내려가야 한다. 필요하다면 거친 표현(욕)을 사용하는 것도 괜찮다. 중요한 것은 일단 끝까지 써 내려가는 것이다. 중도에 포기하면 오히려 상처가 더 깊어질 수 있어서 이 과정을 습윤밴드를 붙이기 전에 상처를 깨끗이 소독하는 필수 단계로 여겨야 한다. 그래야 끝까지 글을 이어갈 힘을 얻을 수 있다.

따끔거리고 화끈거리는 고통이 온 신경을 자극하지만, 습윤밴드를 붙이기 전에 반드시 소독이 필요하다. 마치 의사가 환부의 이물질을 제거하고 소독할 때 환자의 비명에도 동요하지 않듯이, 글쓰기는 자신의 상처를 글로 긁어내고 기억을 되살리는 과정이다. 염증이 있는 기억 자체가 고통스럽고 버겁지만, 더 이상 쓸 말이 나오지 않을 때까지 끈기 있게 짜내면서 써 내려가는 것이 중요하다. 이러한 과정을 거치고 나면 놀랍게도 마음이 차분히 가라앉는다. 울고 난 뒤 가슴이 후련해지듯, 내면에 응축된 부정적 감정들이 오물처럼 노트 위에 쏟아져 나오는 것을 목격하게 된다. 참을 수 없는 눈물과 솟구치는 분노의 언어들이, 상처에 새살이 돋기 위한 진물과 고름이라 여긴다면, 아프면서도 동시에 치유가 시작되는 과정을 느낄 수 있다. 이것이 바로 '습윤밴드 글쓰기'의 본질이다.

쓴 글은 바로 읽지 말고 며칠의 시간을 두고 다시 읽어보는 것이 좋다. 이는 습윤밴드를 붙인 후 치유의 시간을 기다리는 것과 같다. 흥미롭게도 이런 과정을 거치면, 전에는 기억하지 못했던 주변의 기억들이 마치 진물처럼 서서히 떠오르는 경험을 하게 된다. 자신만을 위한 회고록이라면, 첫 번째 글은 격한 감정의 표출로 시작해 강렬한 내적 대화로 끝날 수도 있다.

회고록에서 글을 쓰는 것만큼 기다리는 시간도 중요하다. 몇 주가 지나 다시 읽어보면, 그동안 보이지 않았던 운명의 실타래가 드러나고 당시 상황에 대한 이해가 깊어진다. 흐릿했던 점들이 서서히 선명해지기 시작한다. 처음에는 이러한 마음의 변화를 단순히 포기, 자기 위안, 현실 수용, 혹은 심리적 방어 기제로 여길 수 있다. 하지만 이런 표면적인 해석에 매몰되지 말아야 한다. 중요한 것은 끊임없이 글을 이어가며 내면의 흐름을 따라가는 것이다.

글을 쓰다 보면, 힘들었던 시간 속의 기억이 마치 상처의 딱지처럼 변하는 것을 보게 된다. 그리고 그 안에서 새로운 생각이 자라나는 것을 발견하게 될 것이다. 이것만으로도 충분하다. 중장년이 회고록을 쓰는 일은 습지에서 무거운 돌을 들어 올리는 것과 비슷하다. 펜을 들고 노트를 펼치는 순간, 과거의 기억들은 마치 돌 아래 숨어 있던 작은 생명체들이 갑작스러운 빛에 놀라 흩어지듯 사라져 버린다. 하지만 이 흩어지는 기억을 주의 깊게 살펴보면, 그 속에 숨어 있던 자신의 새로운 면모를 발견할 수 있다.

회고록을 쓰다 보면, 과거의 상처들 때문에 특정 시기를 떠올리기조차 어려울 때가 있다. 그 기억을 떠올리는 것만으로도 가슴이 답답해질 수 있다. 하지만 그 고통스러운 경험들 역시 우리 인생의 중요한 부분이다. 마치 악취로 가득한 쓰레기 소각장에서 보물을 찾아야 하듯, 그 아픈 기억 속에서 미래의 나를 만들어갈 소중한 단서를 발견해야 한다.

회고록을 쓰면서 내가 깨달은 중요한 점 중 하나는, 어린 시절의 트라우마로 인한 약점이 오히려 강점으로 바뀔 수 있다는 것이다. 내게 그 약점은 시간에 대한 강박관념이었다. 40세가 되기 전까지 나는 내게 이런 강박관념이 있다는 사실조차 알지 못했다. 나는 항상 마감을 철저히 지켰고, 모든 일을 미리 끝냈으며, 약속을 어긴 적이 없었다. 하지만 아침 8시 약속이 있으면 새벽 3시부터 뜬눈으로 밤을 지새우곤 했다. 나는 시간이 특별히 중요하다고 생각했고, 그것을 완벽히 통제할 수 있다고 착각했다. 이런 시간 강박증을 가진 사람이 마감에 쫓기는 편집장을 맡는 것은 마치 불길 속으로 기름을 들고 뛰어드는 것과 같았다. 결국 잡지를 발행하는 과정에서 극심한 스트레스로 잇몸에 염증이 생겼고, 그로 인해 이빨 세 개를 잃고 말았다.

그런데 이런 시간에 대한 강박증은 양면성을 지녔다. 브랜드의 완성도를 높이거나 컨설팅할 때는 남들이 따라오지 못할 정도의 강력한 에너지로 작용했다. 그러나 그 이후에는 마치 처리하기 힘든 핵폐기물처럼 후유증을 남겼다. 잡지 마감 과정에서 강화된 이 강박증은 내 일상 전반에 깊은 영향을 미쳤다.

회고록을 쓰면서 나는 이 강박증의 뿌리가 7살 무렵의 어린 시절에 있다는 것을 깨달았다. 나에게는 세 명의 형제가 있었고, 그 형제 모두 어머니가 달랐다. 이것만으로도 내가 자란 환경의 복잡성을 짐작할 수 있을 것이다. 내 강박증은 바로 이러한 특수한 가정 환경에서 비롯된 부산물이었다. 어린 시절의 나에게는 정해진 시간 안에 반드시 완수해야 할 일들이 있었다. 초등학교 때부터 집에서 해야 할 일들이 정해져 있었고, 그 일들에는 엄격한 시간제한이 있었다. 만약 그 일들을 제시간에 끝내지 못하면 반드시 처벌이 뒤따랐다.

나는 오랫동안 유년 시절의 기억을 의도적으로 지우려 했고, 의식적으로 망각하려 노력했다. 그러나 회고록을 쓰는 과정에서 그 어린 시절의 상처들이 현재의 나와 어떤 인과관계를 맺고 있는지, 그리고 그것이 미래에 어떤 영향을 미칠지 깨닫게 되었다. 이 과정을 통해 나는 그 고통스러웠던 시절도 결국 내 인생의 한 부분이며, 나의 본질을 이루는 중요한 요소라는 사실을 인정하게 되었다. 회고록 쓰기는 마치 습윤밴드와 같았다. 처음에는 고통스러운 기억들이 고름과 진물처럼 흘러나왔지만, 그 과정을 거치며 내면의 상처가 서서히 아물어갔다.

　회고록을 쓰는 과정에서 가장 힘든 순간은 아직 아물지 않은 상처를 지닌 자신과 마주할 때다. 이러한 아픈 기억을 소환하는 것은 많은 사람들이 회고록 쓰기를 중도에 포기하게 만드는 결정적인 이유다. 회고록을 쓰기 전까지 이러한 상처들은 마치 무릎의 상처처럼 끊임없이 반복되는 고통의 순환 속에 있었다. 아물다가도 다시 덧나고, 딱지가 앉았다가 다시 벗겨지기를 반복했다. 이 상처들을 진정으로 이해하고, 어쩌면 덮어버릴 수 있게 된 것은 회고록을 완성한 후였다.

　자신의 본질, 즉 '자기다움'을 찾기 위해서는 불가피하게 과거로의 여정을 떠나야 한다. 현재의 자신이 왜 이런 행동을 하는지 그 근원을 이해하는 것이 필수적이다. **우리가 회고록을 쓰는 가장 중요한 이유는, 나이가 들어 과거의 상처에 사로잡힌 채 살아가는 것을 멈추기 위해서다.** 회고록의 시작은 종종 분노, 원망, 저주, 비난으로 가득할 수 있다. 그러나 자신만을 위해 쓰는 이 글은 습윤밴드처럼 과거의 상처를 단순히 이해하는 데 그치지 않고, 현재의 자신에게 새로운 성장의 기회를 제공한다.

습윤밴드의 한계점이 있다면, 상처 부위가 아닌 밴드가 오래 붙어 있던 주변 피부에 새로운 트러블이 생길 수 있다는 점이다. 이는 장기간 밴드를 붙이고 있을 때 발생하는 이차적인 피부 손상이다. 마찬가지로 회고록을 쓰는 과정에서도 우울함과 힘겨움을 겪을 수 있다. 그러나 우리는 이 과정을 통해 모든 것이 정리될 수 있다는 믿음을 가져야 한다. 글로 써 내려가는 행위 자체가 정리와 치유의 과정이 된다는 믿음 말이다. 물론 이런 믿음이 자기기만이거나 일종의 자기최면일지도 모른다. 하지만 나는 그렇게 믿기로 결심했다. 그렇게 믿어야만 계속해서 글을 써나갈 수 있기 때문이다.

소각할 운명의 회고록을 쓰는 동안 우리는 잊고 지냈던 낯선 자아와 마주하게 된다. 자신을 진정으로 이해할 수 있는 유일한 존재는 바로 자기 자신뿐이다. 과거의 나를 이해한다는 것은 현재의 나를 붙잡고 있는 옛 자아를 친구로 받아들이는 것과 같다. 더 나아가 회고록은 과거를 통해 미래를 예측할 수 있게 해주며, 앞으로 만나게 될 미래 나와의 만남도 가능하게 한다. 이런 점에서 회고록은 습윤밴드처럼 새살이 돋아나게 하는 치유의 도구이다.

[프로타주frottage 회고록 쓰기]

　회고록 작성을 가로막는 세 가지 주요 방해 요소는 기억의 블랙
아웃, 아픈 기억, 그리고 글쓰기 자체다. 많은 사람들이 글쓰기를
어려워한다. 자신이 쓴 글을 읽는 것이 마치 녹음된 자신의 목소리
를 듣는 것처럼 낯설고 불편하게 느껴지기 때문이다. 이런 사람들
에게 나는 회고록 쓰기가 '글짓기'보다는 '글짖기'에 가깝다고 농담
하곤 한다. 여기서 '짖기'란 동물이 크게 소리 내는 것을 의미한다.
처음 글을 쓸 때는 세련되게 쓰려고 하기보다, 마치 짖듯이 거침없
이 써보라고 조언한다. 다른 사람을 향해서가 아니라 자신을 향해
짖는 것이다. 회고록은 오직 자신만을 위한 기록이므로 글쓰기의
형식이나 체계에 얽매이지 않고 자유롭게 써 내려가면 된다.

　글을 써야 하는 이유는 자기 생각을 명확히 하고, 무엇을 알고 무
엇을 모르는지 깨닫기 위해서다. 흔히 '대충 알겠다'고 하지만, 막
상 그 내용을 글로 옮기려 하면 한 장도 채우기 어려운 경우가 많
다. 우리는 '대충 알겠다'고 믿고 있을 뿐이다. 그것을 진정으로 이
해하고 있는지 확인하는 유일한 방법은 글로 써보는 것이다.

　회고록을 쓰는 궁극적인 목적은 자기 자신에 대한 이해다. 자기
다움 글쓰기는 단순히 좋아하고 싫어하는 목록을 나열하는 것이
아니다. 우리의 현재 모습은 지금까지 해온 모든 선택의 총합이다.
따라서 내가 내린 결정들을 중심으로 글을 쓰다 보면, 어떤 믿음
과 가치관에 의해 선택을 해왔는지 발견하게 된다. 이러한 과정을

통해 비로소 오늘의 나와 진정으로 마주할 수 있다. 물론 글쓰기는 쉽지 않은 작업이다. 특히 자기 자신을 탐구하는 글쓰기는 더욱 어렵다. 글쓰기의 어려움은 직업별 평균 수명 통계에서도 드러난다. 48년간 추적한 자료에 따르면, 종교인의 평균 수명은 80세, 정치인은 75세, 기업가는 73세지만, 글을 써서 살아가는 작가는 평균 67세에 불과하다. 이 사실을 알게 되면 글쓰기가 어렵다는 사실이 오히려 위로가 될 수 있다.

회고록 글쓰기에 대한 또 다른 접근법은 이를 '회고록 미술'로 보는 것이다. 회고록 쓰기는 미술의 프로타주frottage 기법과 비슷하다. 프로타주는 동전이나 나뭇잎 같은 물체의 표면 위에 종이를 놓고 연필이나 파스텔로 문질러 그 형태와 질감을 종이에 옮기는 기법이다. 연필로 나뭇잎을 똑같이 그려내는 것은 어려울 수 있지만, 나뭇잎 아래에 종이를 두고 문지르면 그 무늬가 자연스럽게 드러난다. 마찬가지로 자신의 인생을 글로 써 내려가다 보면 삶의 결이 서서히 드러난다. 글을 잘 써야 한다는 부담은 내려놓고, 떠오르는 대로 자유롭게 쓰는 것이야말로 글쓰기의 프로타주 기법이다. 나역시 회고록을 쓰고 읽고 되새기는 과정에서 내 생각과 기억을 끊임없이 문질러 나간다. 마치 금속을 반복해서 문지르면 광택이 나는 것처럼, 인생을 되짚어보는 일은 삶의 의미와 목적을 반짝이게 한다.

이런 회고록 글쓰기는 자서전과 다르다. 중장년의 회고록은 현재 내가 '이것'을 하고자 하는 이유, 발상, 동기, 근거, 경험, 목적 등을 과거의 사건을 통해 드러내는 작업이다. 단순히 인생의 사건을 나열하는 것이 아니라, 그 사건을 끊임없이 '문지르며' 자기다움을 감싸고 있는 겉껍질을 벗겨내는 과정이다. 기억을 반복해서 되짚어 보면, 마치 페인트 아래 숨겨진 본래의 모습을 확인하듯 진정한 자기다움의 실체와 마주하게 된다. 프로타주 기법처럼 기억을 끌어내기 위해 낙서를 하거나 단어를 나열하는 것도 좋은 방법이다. 중요한 것은 끊임없이 기억하고, 생각하고, 탐색하는 그 과정 자체다. 이런 과정을 거치다 보면 과거에 숨겨진 모든 목적이 완전히 드러나지 않더라도, 적어도 유추할 수 있는 기억의 형태를 얻을 수 있다.

어떤 이들은 어린 시절부터 부모의 세심한 관심과 지도 덕분에 자신의 재능과 목적이 일찍 드러나기도 한다. 우리는 흔히 이런 사람들을 영재라고 부른다. 그런데 내가 강조하고 싶은 것은, 우리가 모두 그런 사람이 될 수 있다는 것이 아니다. 오히려 나처럼 평범하거나 평균 이하의 사람들도 인생이라는 화폭 속에 감춰진 자기다움을 '문지르며' 발견해 갈 수 있다. 경험이 없는 곳에 기억도 없고, 기억이 없다면 그 의미를 해석할 수 없다. 결국 회고록 쓰기란 자신의 경험을 끊임없이 문지르며 되새기는 가운데 기억의 무늬를 찾아내고, 그 속에서 진정한 자기다움을 발견하는 여정인 것이다.

[라벨링labelling 작업]

회고록을 쓰는 목적 중 하나는 과거와 현재의 나를 관찰하며 자기다움을 발견하는 것이다. 인생에서 진정으로 나답게 선택하고 행동했던 순간들을 찾아내는 것이 중요하다. 이를 위해 회고록을 작성한 후, 기억 속 사건들에 다양한 라벨을 붙이는 작업을 해볼 수 있다. 나는 과거의 경험과 그때의 나를 '낯선 나' '나와 다른 나' '나도 모르는 나' '흉내 내는 나' '나를 속이는 나' '또 다른 나' '내가 되고 싶은 나' '나다운 나' 등으로 분류한다. 이 과정을 통해 변화의 계기와 이유를 더 깊이 분석할 수 있다.

라벨링 작업을 마친 후, 자주 실수하는 상황들을 목록으로 정리해 보는 것도 도움이 된다. 미래에 비슷한 상황에 직면했을 때를 대비할 수 있도록 구체적인 행동 지침을 미리 마련해 두는 것이다. 이는 일종의 나 자신을 위한 FAQ(자주 묻는 질문)라고 할 수 있다. 예를 들어 우울감에 빠졌을 때, 배신감으로 분노가 치밀었을 때, 가족에게 실수를 저지른 경우, 나다운 선택을 하지 못한 순간, 직장을 그만두게 되었을 때, 경제적 어려움에 부닥쳤을 때, 지인으로부터 금전적 도움을 요청받았을 때, 동료에 대한 의심이 들었을 때, 배우자와 언쟁을 벌였을 때, 자녀에게 화를 냈을 때 등 다양한 상황에서 대처 방안을 미리 적어둔다. 이를 통해 과거의 실수를 반복하지 않도록 지혜를 얻을 수 있다. 회고록보다 미래 시간여행 소설을 쓰는 것이 더 쉬운 이유는 감정을 배제할 수 있기 때문이다. 반면, 회고록을 쓰며 라벨링 작업을 할 때는 직면하기 꺼려지는 감정과 마주해야 한다. 물론 과거의 기억을 글로 옮기는 과정에서 어느 정도 감정과 거리를 둘 수 있지만, 그럼에도 불편한 마음이 완전히 사라지지는 않는다.

이런 상황에서 '복제인간'이라는 개념을 적용해 보는 것도 하나의 방법이다. 마허샬라 알리가 주연한 영화 〈백조의 노래〉가 특히 기억에 남는다. 주인공 터너는 불치병 선고를 받고 시한부 인생을 살게 된다. 그때 '복제인간'이라는 선택지가 주어지는데, 이 복제인간은 터너가 세상을 떠난 후에도 그의 죽음을 가족에게 알리지 않고 그를 대신해 살아간다. 이 영화는 〈블레이드 러너〉처럼 화려한 액션은 없지만, 영화 전반에 흐르는 묵직한 긴장감이 돋보인다. 터너는 가족에게 슬픔을 주지 않기 위해 자신을 숨기려는 마음과 자신의 존재를 알리고 싶은 욕구 사이에서 갈등한다. 그 갈등을 보여주는 터너의 내면 연기는 오랫동안 기억에 남는다. 〈백조의 노래〉라는 제목은 죽음을 앞둔 백조가 단 한 차례 울음을 터뜨린다는 전설에서 유래했으며, 터너가 가족을 위해 자신의 복제인간을 남기고 삶을 마감하는 과정과 절묘하게 맞물린다.

나 역시 터너처럼 복제인간에게 나의 기억을 업데이트해야 한다면, 그 기억을 어떻게 가공하고 체계화할 것인가? 무엇보다 소중한 가치관을 정립하고, 인생에서 가장 행복했던 순간들을 떠올리며 기록할 것이다. 내가 사랑했던 사람들에 대한 생생한 묘사와 그들과 맺어온 관계를 상세히 적어두는 것도 잊지 않을 것이다. 이렇게 작성한 회고록을 다시 읽어 보면, 내가 알던 나와는 전혀 다른 인물을 발견할지 모른다. 사실, 나는 이미 이런 방식으로 회고록을 쓰며 낯선 나를 여러 번 만난 적이 있다. 이 방법은 복제인간이 아닌, 미래의 내 정체성을 확립하는 데도 큰 도움을 주었다. 과거를 단순히 회상하는 글쓰기와 지나온 세월에서 얻은 통찰을 기록하는 글쓰기는 그 본질이 다르다. 과거로 시간여행을 떠나고자 한다면 후자의 접근법이 더 적절할 것이다.

회고록을 쓰는 방식은 크게 두 가지로 나뉜다. 첫째는 시간의 흐름에 따라 사건을 연대기 순으로 기록하는 것이고, 둘째는 사건의 결과에 이르게 된 원인과 이유를 깊이 탐구하며 서술하는 것이다. 내가 제시하는 회고록들은 모두 후자의 방식을 따른다. 개별 사건을 중심으로 그 배경과 결말을 철저히 분석하는 방식이다. 이를 통해 과거의 경험에서 얻은 교훈과 통찰을 미래의 나에게 전하는 것이 궁극적인 목표다.

[과거로 향하는 시간여행]

미래 시간여행 소설에서 미래의 나는 현재의 나와 대화를 나누며, 당면한 문제와 갈등에 대해 조언하고 해결책을 제시한다. 이 과정을 통해 현재와 미래의 나 사이에 깊은 유대감이 형성된다. 이러한 시간여행의 목적은 미래의 기억을 만들어내고, 그 기억을 현재에 투영함으로써, 미래의 정체성을 바탕으로 보다 충실한 현재를 살아가는 데 있다.

미래로 향하는 시간여행은 대체로 즐겁고 활기찬 경험이다. 자기다움 교육에서도 이 과정은 다른 활동에 비해 웃음이 넘치는 시간이다. 반면, 과거로 떠나는 시간여행은 고통스러울 수 있다. 미래 여행이 상상의 영역이라면, 과거 여행은 기억의 영역이기 때문이다. 변화시킬 수 없는 과거의 불편한 기억과 마주하는 일은 힘들고 부담스럽다. 그래서 과거 여행을 마치고 나면, 마치 방사능에 피폭된 것처럼 온몸의 고통을 느끼곤 한다. 방사선 노출은 세포의 DNA, 소기관, 효소 등을 파괴하며, 이에 따라 세포는 자연 회복이 불가능해진다. 정상적인 세포는 분열을 통해 손상된 부위를 교체하지만, 방사선 피폭은 이 과정을 멈추게 한다. 그래서 방사선 노출은 '산 채로 썩어간다'고 말하기도 한다. 과거 여행을 방사선 피폭에 비유한 이유는, 때로는 과거에 갇혀 돌아오지 못하는 경우가 있기 때문이다. 과거의 고통이 현재의 나를 공격하고, 현재의 내가 과거의 나를 원망하거나 수치스럽게 여기는 상황이 벌어진다. 이에 따라 부정적인 감정이 증폭되고, 과거의 기억이 왜곡되면서 새로운 고통을 만들어낸다. 이러한 과정은 자기다움 교육에서 수강생들이 회고록 쓰기를 포기하게 만드는 주요 원인 중 하나다.

그런데도 힘들고 고통스러운 과거로의 시간여행이 필요한 이유는 과거가 미래에 영향을 미치기 때문이다. 과거는 단순히 흘러가는 것이 아니라, 반복적으로 미래로 되돌아오기 마련이다. 우리는 과거로 돌아가 사건 자체를 바꿀 수는 없지만, 미래의 내가 과거를 새로운 시각에서 해석한다면, 미래의 결말은 달라질 수 있다. 그런데 과거로 향하는 시간여행은 단순히 '기억'에만 의존해서는 안 된다. 반드시 글쓰기 형태로 이루어져야 한다. 기억은 마음대로 바꿀 수 없지만, 글로 옮긴 과거는 얼마든지 수정하고 편집할 수 있다. 마치 컵 속의 흙탕물이 가라앉으면 맑은 물을 얻을 수 있듯이, 글쓰기를 통해 감정과 사건을 분리해 낼 수 있다. 글쓰기 관점에서 보자면, 미래로의 시간여행이 창작과 기록의 영역이라면, 과거로의 시간여행은 편집과 윤문의 영역이라 할 수 있다. 과거로의 시간여행은 이미 개봉한 영화를 재편집하는 감독판 작업과도 같다. 어떤 감독이 작업을 맡느냐에 따라 영화의 모습이 달라지듯, 현재의 나와 미래의 나가 과거의 사건을 어떻게 해석하느냐에 따라 그 의미도 달라진다.

경험을 통해 우리는 현재가 과거로부터 직접적인 영향을 받고 있음을 알 수 있다. 반면, 아직 다가오지 않은 미래는 이런 영향에서 상대적으로 자유롭다. 그러므로 과거를 객관적으로 마치 제삼자의 일처럼 바라보기 위해서는 미래의 관점에서 과거를 조망할 필요가 있다. 이는 곧 미래의 내가 과거로 시간여행을 떠나는 것과 같다.

기억은 곧 해석이다. 우리가 과거를 어떻게 기억하느냐에 따라 과거가 전하는 메시지도 달라진다. 현재의 관점에서 본 과거는 주로 인과관계의 틀 안에서 해석한다. 즉, 현재 상황이 과거의 특정 원인에 의해 결정되었다고 보는 것이다. 반면, 미래의 시각에서 조망한 과거는 여전히 미래에 영향을 미칠 수 있는 상관관계로 이해한다. 미래의 관점에서는 과거의 사건들이 현재뿐 아니라 앞으로 펼쳐질 삶에도 복합적으로 작용할 수 있다고 인식하기 때문이다.

이런 관계의 변화를 끌어내기 위해 나는 다음과 같은 방법을 제안한다. 먼저 미래로의 시간여행을 다룬 소설을 쓰고, 그 후에 자신의 과거를 되돌아보는 회고록을 작성하는 것이다. 이 과정을 통해 우리는 과거에 대한 새로운 통찰과 해석을 얻게 된다. 초창기 자기다움 수업에서는 먼저 회고록을 쓰고 나서 소설을 집필했다. 이 과정에서 변하지 않는 자기다움과 과거 속에 존재했던 캐릭터를 발견하는 데 중점을 두었다. 이 방법이 원칙적으로는 맞다고 생각하지만, 많은 수강생이 회고록 쓰기에서 중도에 포기하는 문제가 발생했다. 이 문제를 해결하기 위해 현재는 수업 구조를 변경하여, 먼저 자기다움 소설과 편지를 쓰고 미래의 나를 확립한 후에 회고록을 작성하는 방식을 채택했다. 이는 마치 대수술을 앞둔 환자가 수술 전에 몸 상태를 최적화하는 과정과 비슷하다.

현재의 내가 과거를 해석하는 방식과 미래의 내가 과거를 해석하는 방식은 현저히 다르다. 현재의 나는 과거를 통해 현재를 해석하려는 경향이 있지만, 미래의 나는 과거를 통해 미래의 결과를 변화시키고자 한다. 뒤에서 소개할 나의 회고록 일부는 미래의 내가 과거를 해석한 결과물이다. 이를 통해 과거에 대한 새로운 시각과 미래 지향적 해석을 엿볼 수 있을 것이다. 나는 이 접근 방식이 과거의 고통스러운 기억을 재해석하고, 이를 미래를 위한 긍정적 자원으로 전환할 기회를 제공할 것이라고 믿는다. 회고록 작성을 다시 시작할 때, 수강생들은 종종 다음과 같은 질문을 던진다.

'회고록을 언제부터 써야 하나요?'
'무엇을 써야 하나요?'
'어떻게 써야 하나요?'
'그 사람(놈)도 써야 하나요?'
'회고록에 나오는 사람들은 본명을 써야 하나요?'

이런 질문들은 단순한 호기심이 아니라, 회고록 작성에 대한 불안과 혼란을 반영한다. 글로 자신의 인생을 써 내려갈 때 가장 힘든 순간은, 자신이 자신의 인생을 살았는지 아니면 남의 인생을 살았는지 헷갈릴 때다. 이는 모든 사건에서 '이유'를 찾지 못하기 때문이다. 왜 그렇게 행동했는지 알지 못하는 일들이 연이어 떠오르면 답답함이 몰려온다.

이럴 때 나는 마치 명상 치유 강사처럼 입술을 마이크에 가까이 대고 나지막한 중저음 목소리로 천천히 말한다. "먼저 눈을 감아보세요. 기억나는 것으로 시작해 보세요. 장소도 좋고 인물도 좋습니다."(이는 질문을 잠시 멈추게 하고 긴장을 완화하기 위한 연출일 뿐이다) 마치 산모의 분만 고통을 분산시키는 라마즈 호흡법처럼 미래의 자신을 상상하게 하는 과정이 필요하다. 나의 경우, 소설 속 미래의 나는 '새벽나라에 사는 거인'으로 등장한다. 그 거인이 제삼자의 시선으로 과거의 문제들을 다시 돌아보게 만든다.

수강생들에게도 미래의 자신을 기억 속에서 불러내라고 독려한다. 이쯤 되면 질문은 사라지고, 펜을 내려놓은 채 조용해진다. 회고록을 쓰려는 사람들은 글쓰기에 대한 스트레스와 자신과의 첫 만남에서 느끼는 불편함을 피하려고 한다. 기억을 더듬는 일도 힘들지만, 그 기억을 글로 옮기는 작업은 더 고통스럽다. 글쓰기는 단순히 근육을 움직여 단어를 쓰는 것이 아니라, 내면을 깊이 들여다보고, 그것을 표현하는 영적인 행위이기 때문이다. 글쓰기는 자신이 믿고 있는 것과 내면에 잠재된 무언가를 마주하게 해준다. 회고록 쓰기가 불편한 이유는 바로 이런 내면과의 만남이 두렵고 어색하기 때문이다. 이럴 때, 잔잔한 음악과 부드러운 목소리 톤으로 수강생들의 마음을 '일단' 안정시킨다. 그리고 미래의 자신과 마주하게 되면, 비로소 글쓰기를 시작하게 한다(강사로서 나의 역할은 여기까지다).

회고록은 자기다움 소설처럼 출판을 목표로 하지 않기 때문에 더욱 진솔하게 쓸 수 있다. 글쓰기가 어려운 이유는 자신에게 '진실하고 솔직하게' 쓰는 용기가 부족하기 때문이다. 하지만 직면하지 않은 회고록은 변명과 자기 합리화로 가득 차고, 자신만 옳다고 주장하게 된다. 때로는 자신의 드라마틱한 인생을 책으로 출판하고 싶어 하는 사람도 있다. 그러나 자기다움 회고록은 오직 자신을 위한 글이어야 한다. 누군가에게 보여주기 위해 회고록을 쓴다면,

내면의 검열관이 편집자가 되어 자신의 목소리가 아닌 타인의 시선을 의식하게 된다. 이는 결국 기억을 왜곡하게 만든다.

자신의 인생을 날것 그대로 쓰는 회고록은 읽어도 비린내가 날 수밖에 없다. 자기다움을 찾기 위해 회고록을 쓰지만, 오히려 자기 혐오에 빠질 수 있다. 잊고 싶었던 기억들, 참을 수 없는 분노가 떠오르는 것은 지극히 정상적인 기억의 '배설' 과정이다. 회고록이 데스노트처럼 어둡고 무겁게 느껴져도 괜찮다. 내 경험상 다른 방법은 없다. 쓰면서 기다리고, 쓴 내용을 읽으며 그것이 나의 인생임을 인정하는 것밖에 달리 방법이 없다. 우선 기억나는 그 시점부터 현재까지 모두 써 내려가는 것이 중요하다. 편집이나 수정 없이 멈추지 않고 줄줄이 쓰는 것이다. 나중에 다듬을 기회는 충분하다. 중요한 사건에 대해서는 그 기억을 공유한 사람들과 대화를 나눠볼 시간도 있다. 가장 중요한 것은 떠오르는 기억을 따라 단숨에 써 내려가는 것이다.

모든 일의 시작은 어렵다. 그러나 일단 한 발을 내딛는다면 앞으로 나아갈 수 있다. 회고록을 쓰기 위한 몇 가지 가이드가 있지만, 처음부터 알려주지는 않는다. 모든 인생이 다르기 때문에 회고록도 각기 다른 방식으로 시작해야 한다. 다음은 회고록의 도입부에 어려움을 겪는 사람들을 위한 마중물 같은 가이드다.

• 자신의 연대기를 적고, 인물별/사건별로 기억나는 것만 쓰기(이는 회고록 초안이다)

- 자신이 죽을 때 가져갈 부장품 10개를 선정하고, 그 이유를 쓰기
- 질문 노트에 100개 질문을 작성하고, 그 질문을 선택한 이유를 쓰기
- 최근 사건이 과거의 누구, 무엇, 어떻게, 언제와 연결되어 있는지 역순으로 찾아가며 쓰기
- 인생에서 가장 기쁜 사건, 슬픈 사건, 화난 사건 10가지를 정해서 쓰기
- 우연과 필연을 정리하고, 필연이 우연이었으며, 우연이 필연이 었음을 확인하며 쓰기

회고록 쓰기의 기본 원칙은 단 하나다. '공개하지 않고 오로지 나만 보고 불태운다.' 이 전제로 시작하면 무엇이든 거리낌 없이 솔직하게 쓸 수 있다. 이 원칙 아래서 사기 검열 없이 있는 그대로 자신을 탐구하는 자유를 누릴 수 있다. 그런데 이 교육 과정에는 원한다면 서로의 회고록을 공유하고 피드백을 주고받는 시간도 마련해 두었다. 타인의 시선으로 자신의 삶을 바라보는 경험도 중요한 의미를 지닐 수 있기 때문이다. 누군가가 나의 이야기를 읽고 자기 삶에 대한 깨달음을 얻을 수 있으며, 동시에 나 또한 새로운 시각을 얻을 수 있다. 그래서 앞으로 다시 만날 일이 없는 수강생들이 서로 회고록을 공유하고 피드백을 주고받는 시간을 갖는다. 이는 전적으로 개인의 선택 사항이지만, 자신의 관점에서 벗어나더 넓은 시각을 얻고자 하는 이들에게는 소중한 기회가 된다.

회고록을 공유하는 과정에서 수강생들은 글에 담긴 작성자의 실체를 파악하고 그에 대한 인상을 전달한다. 이를 통해 작성자는 자신의 삶을 타인의 시선에서 받아들일 수 있으며, 자신과 타인 간의 인식 차이를 확인하는 귀중한 경험을 하게 된다. 이 과정은 단순히 자신의 이야기를 나누는 것 이상의 의미를 지닌다. 서로를 이해하고, 함께 성장할 기회를 제공하기 때문이다. 타인의 시선으로 자신을 바라보는 경험은 불편할 수 있지만, 이를 통해 자기 자신을 더 깊이 이해하고 성찰할 수 있다. 결국, 회고록을 쓰고 공유하는 과정은 자기 자신을 탐구하는 여정인 동시에 타인과 소통하며 함께 성장할 기회다. 이는 자신의 내면을 들여다보는 용기와 타인의 관점을 수용하는 개방적인 자세가 조화를 이룰 때 가장 큰 효과를 발휘한다.

[새벽나라의 회고록]

이제 소개할 〈발화점〉이라는 글은 회고록을 어떻게 써야 한다는 규범적인 지침을 제시하기 위한 것이 아니다. 오히려 이런 방식으로 회고록을 써도 괜찮다는 안심을 독자들에게 전하려는 사례에 가깝다. 윈스턴 처칠의 "과거를 더 멀리 볼수록, 미래를 더 멀리 볼 수 있다"는 명언처럼 나 역시 과거의 내 모습을 통해 미래의 나를 조망할 수 있다고 확신한다. 나에게 과거는 단순히 현재를 해석하기 위한 도구에 그치지 않는다. 그것은 미래를 상상하고 설계할 수 있는 일종의 시간여행, 즉 타임 포털^{Time portal}과도 같다.

앞서 언급했듯이 시간여행은 물리학적으로나 이론적으로 가능하다고 생각한다. 가장 널리 알려진 방법의 하나는 인간이 광속에 가까운 속도로 이동함으로써 상대성 이론에 따른 시간 팽창 효과를 경험하는 것이다. 그러나 특수 상대성 이론에 따르면, 질량을 지닌 우리는 빛의 속도에 도달할 수 없어서 이 방법으로는 실제적인 시간여행이 불가능하다. 또 다른 방식으로는 SF 영화에서 자주 등장하는 블랙홀이나 웜홀을 활용해 시공간을 왜곡하는 개념이다. 이를 한층 발전시킨 것이 바로 '워프^{Warp}'이다. 워프는 시공간을 뒤틀어 두 지점 사이의 거리를 단축함으로써, 광속을 초월하는 속도로 목적지에 도달하게 하는 방식이다.

실제로 시간여행이 언제쯤 가능할지는 알 수 없지만, 물리학적으로 불가능하더라도 우리는 회고록을 쓰는 과정을 통해 나름의 시간여행을 경험할 수 있다. 그래서 나는 회고록을 일종의 워프에 비유한다. 회고록을 통해 우리는 과거의 어느 시점에서 미래로 자유롭게 이동할 수 있기 때문이다. 또한 회고록은 '랩^{Wrap}'의 역할도 한다. 지나간 사건들을 잘 정리하고 마무리하는 일종의 포장 작업이기 때문이다. 내 경우, 과거의 사건들이 현재와 미래에 지대한 영향을 미치고 있다. 예를 들어 과거에 용서하지 못한 사람이나 사건들, 그리고 내 실수들이 종종 미래를 따라다니며 내 삶에 영향을 끼쳤다. 회고록을 쓰는 과정에서 그런 기억을 지우려 애쓸 수도 있지만, 내 경험상 그것은 거의 불가능했다. 그런데 회고록을 통해 과거의 상처와 아픔을 정리하고 마무리하면서 나는 그 기억을 어느 정도 포장할 수 있었다. 여기서 말하는 '포장'은 단순히 화려한 겉치레로 덮어두는 것이 아니다. '랩Wrap'이라는 개념은 오히려 '패키지Package'에 가깝다. '팩Pack'이라는 단어는 무언가를 한데 묶는다는 의미를 담고 있다. 이는 상처를 그저 감추는 것이 아니라, 상처와 치유의 과정, 고난과 성공의 순간들을 하나로 묶어, 그것을 일종의 완성된 패키지로 만드는 작업을 의미한다.

발화점 – 회고록 예시

1996년. 누군가에게는 까마득한 옛날이야기처럼 들릴지 모르지만, 그 해는 역사적으로 중요한 사건들이 연이어 일어났다. 세계 최초의 복제 동물인 돌리가 탄생했고, 강릉 지역에 무장 공비가 침투해 11월까지 소탕 작전이 이어졌다. 8월에는 전두환과 노태우가 반란과 내란수괴죄로 각각 사형과 무기징역을 선고받았다. 가장 충격적이었던 사건은 10월, 시내버스 기사였던 박기서가 백범 김구를 암살한 안두희를 몽둥이로 살해한 일이었다(참고로 박기서는 1997년 11월 징역 3년을 선고받았지만, 1998년 3월 대사면으로 풀려났다. 현재는 택시 운전사로 일하고 있다). 1995년에는 삼풍 백화점 붕괴 사고가 있었고, 1997년에는 IMF 구제금융 요청 사태가 일어났다. 이처럼 개인의 삶은 종종 사회적 사건에 의해 크게 영향을 받는다. 지금 돌아보면, 그 모든 사건이 하나의 거대한 그림처럼 연결되어 보이지만, 1996년 당시에는 그 순간 속에서 미래를 예측할 수 없었다.

지구가 공전과 자전을 하듯 태양도 공전과 자전을 하며, 태양계는 정해진 궤도를 따라 움직인다. 회고록을 쓰는 과정도 비슷하다. 당시에는 알 수 없었지만, 수십 년이 지난 지금 돌아보면, 내가 그 시대의 사건들 속에서 어떻게 움직이고 성장했는지 선명하게 보이기 시작한다. 특히 목적이 있는 기억을 추적하는 '자기다움 회고록' 작성 과정은 화재 현장의 발화점을 찾는 것과 유사하다. 화재 발생 시, 방화인지 실화인지 확인하기 위해 현장 감식을 하는데, 조사관들이 가장 먼저 찾는 것이 바로 발화점이다. 방화의 주요 특징 중 하나는 두 곳 이상의 발화점이 있거나 급격한 연소 현상이 관찰되는 것이다. 마찬가지로 회고록을 쓰면서 우리는 현재 하고 있는 일이 운명인지, 우연인지, 행운인지, 혹은 섭리인지를 탐구할 수 있다. 물론 확실한 답을 얻기는 어렵겠지만, 적어도 현재의 내가 어디에서 출발했는지는 파악할 수 있다.

내가 1996년을 인생의 발화점으로 보는 이유는 그때 시작한 일이 지금까지 이어지고 있기 때문이다. 브랜드와 시장 환경은 크게 변화했지만, 나는 여전히 같은 관점과 주제를 다루고 있다. 그 발화점은 U 패션 브랜드의 마케팅 보고서 발표였다. 그전에도 여러 마케팅 보고서를 작성했지만, 대표이사와 브랜드 관계자들 앞에서 발표해 채택된 것은 그때가 처음이었다. 당시 발표는 투명 필름에 복사해 OHP(오버헤드 프로젝터)로 비추는 방식이었다. 이 방식은 마치 '그림자 인형극'과 같았지만, 당시로서는 최첨단 기술이었다. 그렇게 시작한 브랜드 데뷔 이후, 나는 지금까지 브랜드 관련 리포트를 계속 작성하고 있다.

브랜드 탐험의 진정한 시작은 앞서 언급한 데뷔보다 더 이른 시기로 5년을 더 거슬러 올라가야 한다. 그런데 '뒤로 감아야 나온다'는 표현이 현대의 독자들에겐 낯설 수 있다. 그 시절은 디지털이 아닌 아날로그 시대였기에 지금처럼 '검색'하지 않고 '감는다'는 표현을 썼다. 쉽게 말해, 스마트폰이 없던 시대였다. 이쯤 되면 독자들도 시간 왜곡장에 들어간 듯 혼란스러워할 것이다. 그 시절은 무선호출기, 즉 '삐삐'가 쓰이던 시대였고, 지금과 달리 대부분의 물건에는 앞면과 뒷면이 뚜렷이 구분되어 있었다.

나의 시작점을 찾으려면 기억을 '뒤로 감아야' 한다. 마치 드라마 '응답하라 1988'에 나왔던 워크맨의 카세트테이프를 뒤로 감는 것처럼 말이다. 테이프를 감다가 '탁' 소리가 나면 고정 탭이 멈춘다. (이 경험을 해보지 못한 젊은 세대에게 이를 어떻게 설명할 수 있을까?) 기억도 마찬가지다. 끝까지 돌아가면 '탁'하고 걸리는 시점이 있다. 그것이 바로 망각의 영역에서 기억의 조각으로 남아 있는 순간이다. 그러나 나는 어떻게 마케팅을 배우게 되었는지, 왜 마케팅에 관심을 가지게 되었는지 정확히 기억나지 않는다. 학교에서 경영학을 전공한 적도 없다. 그래서 세미나에서 "언제부터 브랜드를 연구하기 시작했느냐"는 질문을 받을 때면, 명확한 대답을 하기가 늘 어려웠다.

미래의 내가 과거를 돌아봤을 때, 현재 나의 시작점은 1990년 겨울이다. 그러나 1990년대 이후에 태어난 세대에게 그 시절을 설명하는 것은 절대 쉽지 않다. 그들에게 "스마트폰과 인터넷이 일상화되지 않았던 시절이었다"고 말할 수 있겠지만, 그들은 그런 시대를 상상조차 하기 어려울 것이다. 불과 30년 전의 일인데도, 스마트폰 없이 하루를 보내던 그 시절은 그들에게 마치 쥬라기 시대처럼 느껴질 것이다. 그저 그런 시대가 존재했다는 사실을 알 뿐, 진정으로 공감하기는 힘들 것이다. 디지털 기기와 함께 성장한 세대에게 1990년대를 설명하는 것은 마치 물고기에게 물 밖의 세상을 상상하라고 요구하는 것과 다름없다.

하지만 1990년대를 그들에게 '개쩔게' 각인시킬 수 있는 한 가지 사실이 있다. 바로 그 당시에는 카페, 지하철, 버스 안에서, 심지어 비행기에서도 담배를 피울 수 있었다는 것이다. 이 말을 들으면 그들의 동공이 놀라움으로 확장될 것이다. 1990년대는 그들에게 말 그대로 '호랑이가 담배 피우던 시절'로 느껴질 것이다.

현대인들에게 '호랑이가 담배 피우던 시절'이라는 표현은 다소 생소할 수 있다. 이 관용구의 유래를 이해하려면 조선 시대로 거슬러 올라가야 한다. 담배는 조선 후기에 수입된 약초였고, 처음에는 신분과 나이에 상관없이 모든 이가 자유롭게 피웠다고 한다. 그러나 시간이 지나 담배가 양반들의 호사품이 되면서 엄격한 예절이 생겼고, 일반 백성들은 양반 앞에서 담배를 피우지 못하게 되었다. 심지어 담뱃대의 길이마저 규제를 받았다니, 계급에 따른 규제와 차별은 그때나 지금이나 형태만 달리하여 반복되는 듯하다.

'호랑이가 담배 피우던 시절'은 단순한 신화 속 이야기가 아니다. 이는 1618년 광해군 시절, 5살짜리 아이도 아버지와 함께 맞담배를 피울 수 있었던 자유로운 시대를 의미한다. 당시에는 깊은 산속에 사는 호랑이조차 담배를 피웠다는 과장된 표현이 생겼을 정도였다. 흥미롭게도 이러한 자유로운 흡연 문화가 한동안 지속되다가 1986년까지 오히려 외국 담배를 몰래 피우다 적발되면 구속되는 시대도 있었다. 이런 맥락에서 1990년대를 설명해야 한다. 그 시절에는 지금과 달리 브랜드에 관한 전문 서적을 찾아보기 힘들었다. 그런데도 나는 1990년대에 브랜드의 세계에 입문하게 되었는데, 이는 '이준희'라는 친구 덕분이었다.

사실 나는 이준희가 대학교 친구였는지, 동네 친구였는지, 혹은 어디서 만난 친구인지 전혀 기억하지 못한다. 그와 관련된 몇몇 장면만이 어렴풋이 떠오를 뿐이다. 그러나 이상하게도 이준희의 얼굴은 마치 오늘 점심에 만난 친구처럼 선명하게 기억난다. 어떻게 이런 선택적 기억이 가능한 것일까? 이는 우리 뇌의 신비로운 작용을 보여주는 한 예라 할 수 있겠다. '이준희'라는 이름이 내 기억 속에 선명히 남아 있는 이유는 특별하다. 그는 당시 유명했던 씨름 선수 이준희와 동명이인이었고, 그 이름에 걸맞게 키와 덩치가 씨름 선수처럼 거대했다. 그의 외모는 지금도 생생하다. 검정 스탠 안경을 쓴 그의 얼굴은 긴 편이었고, 짙은 눈썹 아래 작은 코와 입이 있었다. 통통하고 까무잡잡한 볼에는 은은한 홍조가 있었다. 이렇게 상세히 묘사하면 몽타주 전문가가 그를 거의 실물과 같이 그려낼 수 있을 정도다.

그런데 아이러니하게도 그가 정확히 누구였는지, 그리고 우리가 어떻게 연결되었는지는 전혀 기억나지 않는다. 이는 회고록을 쓰는 데 있어 가장 난해한 부분 중 하나다. 갑작스레 등장하는 인물들, 특히 내 인생의 중요한 전환점에 있었던 이들과의 인연을 설명하지 못할 때면 답답함을 느낀다. 마치 내 삶의 서사에서 중요한 퍼즐 조각이 빠진 것 같은 느낌이다. 현재의 나를 설명할 중요한 단서를 잃어버린 것과 같다. 이런 상황에서 우리는 종종 '운명적'이라는 다소 진부한 표현을 사용하게 된다.

이준희를 만나기 전, 나는 '유치원 교육 프로그램'을 기획하고 있었다. 지금 돌이켜보면 매우 순진한, 어쩌면 유치하기까지 한 마케팅 기획이었다. 당시 사회에서는 혈액형 성격 분석이 대유행이었는데, 이는 현재의 MBTI 열풍과 유사한 현상이었다. 내 기억으로는 혈액형과 별자리가 사람을 분류하는 거의 유일한 기준이었다. 나는 이 혈액형별 성격 특성에 착안해, 유치원 아이들에게 혈액형에 따라 맞춤형 교육을 제공하는 기획안을 구상했다. 예를 들어, 아이가 A형이라면 A형의 장점을 강화할 수 있는 동화책을 어릴 때부터 읽히는 것이다. 동시에 A형의 단점을 보완하기 위한 동화책도 준비했다. 지금 생각하면 다소 비과학적이고 단순한 접근이었지만, 당시로서는 혁신적인 아이디어라고 생각했다.

대학 4학년 시절, 나는 4개의 혈액형에 맞춘 동화책을 유치원 교재로 공급하려는 계획을 세웠다. 유치원을 다녀본 적도 없고, 혈액형 분류에 특별한 신념도 없던 내가 왜 이런 생각을 했는지는 지금도 의문이다. 그러나 이 기획안이 1992년까지 진행되었고, 오성 컴퓨터라는 프로그래밍 회사의 임원과 함께 이 사업을 추진하려 했다는 사실은 분명히 기억난다. 이 보고서를 친구 이준희에게 보여주었고, 그는 자신의 지인인 광고대행사 임원에게 소개해 주겠다고 했다. 그렇게 나는 '삼아 기획'의 김 이사를 만나게 되었다(혹은 '삼화 기획'일 수도 있다. 기억으로는 '삼아'인데, 직감은 '삼화'라고 말한다). 김 이사는 가수 윤형주를 닮은 얼굴에 검정 뿔테 안경을 썼다. 그의 말투는 특이했는데, 입을 크게 벌리지 않고 가늘게 소리를 내어 마치 침이 입안에 코팅된 듯한 느낌을 주었다. 그는 내 기획서를 자세히 보지 않은 듯했다. 질문이 거의 없었기 때문이다. 그 만남의 세세한 기억은 없지만, 불편하지 않았다는 점만은 분명히 기억한다. 그와 만남은 내 기억 속에서 갑자기 끊긴다. 마치 드라마의 마지막 장면처럼 정지된 화면으로 그 순간은 섬광같이 선명하게 남아 있다. 이는 크로노스와 카이로스가 교차하는 지점으로 연속된 기억이 아닌 순간의 인상으로만 떠오른다. 시간순으로 떠오르는 다음 장면은 광화문 교보문고에서 책을 고르는 내 모습이다. 이 순간부터의 기억은 마치 원샷 카메라로 찍은 슬로모션처럼 천천히 흘러간다. 나는 광고 마케팅 섹션에 서 있었고, 여러 관련 서적 중《광고 기획론》을 집어 들었다. 책의 부록에 실린 실전 발표 보고서를 보며, 전에 없던 특별한 감정이 일었다.

텔레비전에서 보던 모든 광고의 제작 과정을 들여다보는 것은 마치 컴퓨터 개발자의 코드를 읽는 것과 같았다. 그것은 전자기기를 분해해야만 볼 수 있는 녹색 인쇄회로기판PCB: Printed Circuit Board을 마주하는 듯한 느낌이었다. 퍼즐 게임의 칼선이 그어진 뒷면을 들여다보는 것처럼, 또는 화려한 연극배우들이 검은 벨벳 무대 커튼 뒤에서 화장을 고치는 모습을 몰래 엿보는 것 같은 기분이었다. 돌이켜 보면, 내가 광고 기획 자체에 빠진 것은 아닐지도 모른다. 오히려 내가 서툴게 만든 혈액형 교육 관리 프로그램 덕분에 그 책이 더욱 특별하게 다가왔던 것 같다. 그 책을 통해 내가 무엇을 놓치고 있었는지 깨달을 수 있었다. 만약 그런 기획서를 작성하지 않았다면, 이 사실을 전혀 알아차리지 못했을 것이다. 그 자리에 서서 책을 읽는 동안, 마치 해외에서 갑자기 모국어를 듣는 것처럼 신기하면서도 친근한 감정이 들었다. 처음 접하는 광고 용어들은 눈에 낯설었지만, 내게는 주문처럼 감미롭게 다가왔다. 그 책은 마치 처음 방문한 동남아시아의 한 섬에서 한 번도 먹어보지 않은 해물 전골을 마주하는 것 같았다. 강렬한 향신료 냄새가 코를 찔렀고, 생김새는 무서워 보였지만 입에 넣으면 과일 맛이 나는 신기한 바다 생명체 같은 단어들. 정말로, 그 단어들은 내 입안에서 달콤하게 녹아들었다.

2년 전까지만 해도 '혈액형 교육 프로그램'에 관한 기획서가 플로피 디스크에 남아 있었다. 용산 전자상가에서 변환기를 구해 열어보려 했으나 실패했고, 그와 함께 이준희도 내 기억에서 완전히 사라져 버렸다. 김 이사의 사무실은 압구정역 근처였고, 아마도 한 번 더 만났던 것 같다. 그 후 나는 군에 입대했고, 우리는 자연스럽게 연락이 끊겼다. 우연히 한 번 만났던 희미한 기억도 있다. 언제, 어디서였는지는 전혀 기억나지 않지만, 분명 한 번은 만났다고 생각한다. 어쩌면 이 기억마저도 나의 조작일지 모른다. 김 이사가 호주(혹은 뉴질랜드?)로 이민 갔다는 소식을 들은 후로는 그를 만난 적이 없다. 그럼에도 내 인생의 전환점을 만들어 준 사람들을 꼽는다면, 이준희와 김 이사는 분명 상위 5명 안에 들 것이다. 그들은 나에게 중요한 변화의 계기를 일깨워 준 고마운 존재들이기 때문이다. 제대 후, 나는 광고 기획자가 되기로 결심했고, 1992년 미래의 어느 지점에 그 목표를 설정했다. 그때부터 지금까지 나는 광고 기획자, 카피라이터, 마케팅 전문가, 브랜드 전략가, 브랜드 기획자, 브랜드 컨설턴트, 그리고 브랜드 잡지의 편집장 등 여러 직함을 거쳤지만, 하는 일의 본질은 변함없었다. 나의 상대는 언제나 '브랜드'였다.

문득 의문이 든다. 나는 왜 혈액형 맞춤 교육 시스템을 만들고 싶어 했을까? 그 동기가 전혀 떠오르지 않는다. 아무리 곰곰이 생각해 봐도, 일본어 번역판 책에서 혈액형에 대한 내용을 본 것 같다는 막연한 느낌만 남아 있다. 이마저도 내가 만들어낸 기억일 수 있다. 하지만 분명한 것은, 브랜드와 마찬가지로 교육에 관한 일도 내가 꾸준히 해왔다는 점이다. 최근 내 활동을 돌아보면 주로 휴먼 브랜드 교육, 스콜레 직무 교육, 기업 브랜드 문화 교육 등 교육과 관련된 일을 해왔다. 앞으로 진행할 프로젝트 역시 비영리단체를 위한 브랜드 교육이다. 이 글을 쓰는 지금 나는 사교육 회사에 몸담고 있다. 과연 나는 진정으로 누군가를 가르치는 것을 좋아하는 걸까? 아니면 누군가를 돕는 데서 본능적인 소명감을 느끼는 것일까? 확실한 것은 내가 브랜드를 좋아했고, 브랜드 전문가가 되고 싶어 했다는 점이다.

한편, 교육이라는 행위 자체는 좋아하지만, 전문 교사가 되는 것은 한 번도 고려해 본 적이 없다. 이렇게 되돌아보니, 내 인생에는 '브랜드'라는 X축과 '교육'이라는 Y축이 존재한다는 사실을 깨닫게 된다. 그리고 이 두 축 사이 어딘가에 작은 점처럼 존재하며, 끊임없이 어떤 방향으로 이동하고 있음을 알게 되었다. 혈액형과 광고 기획으로 시작했던 그 여정은 30년이 지나 지금의 '자기다움'과 '브랜드'라는 주제로 진화했다.

1990년부터 1992년까지 연구했던 혈액형별 교육법을 바탕으로 교육 프로그램을 만들어 유치원에 보급했다면, 내 삶은 어떻게 달라졌을까? 다행히 운명은 내 무지한 발상을 쓰레기통에 던져버렸고, 회사 설립까지 막아섰다. 하지만 나는 이 경험을 실패로 여기지 않는다. 당시에는 혈액형 4분류에 따른 교육을 주장했지만, 지금은 개개인에 맞춘 교육의 필요성을 깨닫게 되었다. 그때의 어리석음은 부끄러운 무지가 아닌, 현재의 나를 형성하는 중요한 요소였다. 나는 이를 '버리는' 대신, 과거의 실수를 현재와 연결 지어 재해석하고, 정리하는 방식으로 회고록을 쓰고 있다. 이렇게 정리하는 이유는 단 하나다. 과거에 얽매이지 않으면서도 현재의 생각을 더 견고히 하고 싶기 때문이다. 그렇다고 모든 것을 긍정적으로만 포장하는 것은 아니다. 때로는 과거를 과감히 버리고 정리하기도 한다. 시간이 흐르고 경험과 생각이 충돌하는 지점에서 비로소 운명과 소명을 구분할 수 있는 순간이 찾아온다. 이러한 지점들이 모여야만, 그 점들을 이어가며 내가 본능적으로 그려나가는, 혹은 누군가에 의해 그려지는 삶의 큰 그림을 볼 수 있을 것이다.

나의 회고록 작성하기

"현재의 점들은 미래로 연결된다."

회고록을 쓰는 것은 자신의 삶에서 일관된 패턴을 발견하고, 이를 통해 미래에 대한 통찰을 얻는 중요한 과정입니다. 인생을 돌아보며 고유한 '자기다움'을 발견하고, 과거와 현재를 유기적으로 연결하는 작업이기도 합니다. 이 과정은 마치 고생물학자가 공룡 화석을 발굴해 복원하는 것처럼 복잡하고 세밀합니다.

인생의 다양한 사건들을 의미 있게 엮어내는 데는 많은 고민과 노력이 필요합니다. 특히 대인관계에서의 갈등과 감정을 회고록에 담아내는 일은 더욱 신중하고 섬세한 접근을 요구합니다.

이제, 다음 회고록 작성 안내에 따라 충분히 생각하고 답변해보세요.

Q1. 연대기 작성하기

자신의 일생을 연대기별로 작성해보세요. 자신의 중요한 인생 사건들과 함께, 해당 시기의 우리나라 사회, 경제, 문화적 변화도 함께 기록해보세요. 또한, 그 시기의 주요 해외 사건들도 함께 적어보기 바랍니다.

Q2. 중요한 순간 탐구하기

2-1. 인생의 결정적인 순간을 돌아보고, 그 순간들이 현재의 나에게 어떤 영향을 미쳤는지 적어보세요

2-2. 인생에서 기억에 남는 중요한 순간 세 가지를 선택하세요. 각각의 순간이 내 삶에 어떤 변화를 가져왔는지, 감정적, 정신적으로 어떤 영향을 미쳤는지 기록해보세요. 그 순간이 없었더라면 지금의 나는 어떻게 달라졌을지 적어보세요.

2-3. 이 순간들은 내 삶의 어떤 중요한 가치를 보여주고 있나요?

Q3. 감정과 기억 연결하기

3-1. 과거의 기억을 통해 자신의 감정 변화를 인식하고, 그 감정들이 현재의 나에게 미치는 영향을 파악해보세요.

3-2. 과거에 가장 강렬하게 감정을 느꼈던 사건을 떠올려보세요. 그 사건 당시 느꼈던 감정과 그 감정이 나에게 어떤 영향을 주었는지 적어보세요. 그때의 감정이 지금도 영향을 미치고 있나요? 현재의 감정과 비교해보세요.

3-3. 그 감정이 현재의 나에게 어떤 의미가 있나요? 미래를 위해 그 감정을 어떻게 관리하고 싶나요?

Q4. 과거에서 미래로 점 연결하기

4-1. 과거의 경험이 현재와 미래에 어떻게 연결되어 있는지 이해하고, 그 흐름을 통해 미래를 예측해보세요.

4-2. 과거의 세 가지 사건을 선택하고, 그 사건들이 지금의 삶과 어떻게 연결되어 있는지 적어보세요. 이 사건들이 내 미래에 어떤 영향을 미칠지 상상해보세요. 이러한 흐름을 강화하거나 바꾸기 위해 지금 할 수 있는 구체적인 행동을 적어보세요.

4-3. 과거와 현재를 연결하는 것이 미래에 대한 자신감과 용기를 준다고 생각하나요?

Q5. 대인관계 회고록 쓰기

5-1. 과거의 대인관계를 돌아보고, 그 관계가 현재의 나에게 미친 영향을 생각해보세요.

5-2. 과거에 영향을 준 중요한 사람 세 명을 떠올리고, 그들이 내 삶에 어떤 영향을 주었는지 적어보세요. 그리고 앞으로 대인관계를 어떻게 변화시키고 싶은지 계획을 세워보세요.

5-3. 이 사람들과의 관계가 현재의 나를 어떻게 형성했나요? 앞으로 어떤 관계를 맺고 싶나요?

Q6. 자기다움 발견하기

6-1. 자신의 삶에서 가장 '자기답게' 행동했던 순간을 돌아보고, 미래의 자기다움을 강화하는 방법을 찾아보세요.

6-2. 내가 가장 '자기답게' 행동했다고 느꼈던 순간을 한 가지 떠올려보세요. 그때의 상황과 선택이 왜 나다웠는지, 그 행동이 나에게 어떤 성취감을 주었는지 적어보세요. 앞으로 더 자기답게 살기 위해 필요한 것은 무엇인지 계획을 세워보세요.

6-3. 과거의 자기다운 순간들이 앞으로의 나에게 어떤 영향을 미칠 것 같나요?

6-4. 지금까지 경험한 순간 중 '자기답지 못했다'고 느낀 순간이 있다면, 그 이유는 무엇인가요? 그런 순간을 통해 배운 점은 무엇이며, 앞으로 어떻게 더 자기다워질 수 있을까요?

6-5. 나에게 자기다움이란 어떤 의미인가요? 나의 자기다움을 더 발전시키기 위해 어떤 사람, 환경, 또는 활동이 도움이 될 수 있을까요?

어제였던 오늘

과거의 경험은
더 나은 선택을 위한 귀중한 자원이다.

"이미 두 번째 인생을 살고 있는 것처럼 살라.
그리고 당신이 지금 하려고 하는 행동이
첫 번째 인생에서 잘못했던 바로 그 행동이라고 생각하라."

— 빅터 플랭클

[오래된 미래]

　시간여행을 다루는 영화에서는 주로 네 가지 유형의 시간 개념이 등장한다. 과거와 미래를 오가는 '타임 트래블time travel', 특정 시간에 갇혀 무한히 반복되는 '타임 루프time loop', 의도치 않게 과거나 미래로 이동하는 '타임 슬립time slip', 그리고 현재에 과거와 미래가 동시에 일어나는 '타임 워프time warp'가 그것이다. 이러한 개념들은 영화와 문학에서 흥미로운 이야기를 만들어내기 위해 고안된 설정이다.

　유튜브에서 시간여행 영화 리뷰를 검색해 보면, 이 네 가지 유형 외에도 다양한 시간여행 방식을 발견할 수 있다. 하지만 이들 시간여행에는 공통된 절대 규칙이 있다. 과거로 갔을 때 어떤 변화도 일으켜서는 안 된다는 것. 이는 과거에서의 변화가 현재와 미래에 큰 영향을 미치기 때문이다. 그러나 대부분의 영화에서 이 규칙을 위반하면서 이야기가 복잡해지고 갈등이 발생한다. 결국, 시간여행자들은 '일어날 일은 반드시 일어난다'는 사실을 깨닫게 된다.

시간여행 영화는 때때로 진부한 아이디어를 반복하지만, 여전히 사람들의 관심을 끈다. 그 이유 중 하나는 과학자들조차 시간여행의 가능성을 완전히 배제하지 않기 때문이다. 우리 역시 일상에서 겪는 데자뷰^{déjàvu} 같은 현상은 시간의 비선형성에 대한 호기심을 자극한다. 시간여행 영화가 설득력 있는 이유는, 그 묘사가 시간여행이 언젠가 가능할 것이라는 은연중의 믿음을 강화하기 때문이다. 특히 영화 기술의 발전으로 인해 미래의 모습이 더 생생하고 정교하게 표현되면서 관객들은 마치 실제로 미래를 경험하는 듯한 착각을 하게 된다. 이러한 시각적 완성도는 시간여행 영화의 몰입감을 높여 관객들로 하여금 시간의 경계를 넘나드는 상상을 현실화할 수 있을 거라는 기대감을 심어준다.

최근의 시간여행 영화들은 단순히 과거나 미래로 오가는 것에 그치지 않고, 외계인, 인공지능, 세계 정부, 복제 인간 등 다양한 SF적 요소를 결합하고 있다. 이러한 요소들은 익숙한 시간여행 소재에 신선함을 더하며, 이야기를 더 복잡하고 흥미롭게 만들어 관객들의 관심을 끈다. 그리고 시간여행 영화에서 자주 등장하는 또 다른 설정이 있다. 바로 현재의 자신이 과거나 미래의 자신과 만나면서 갈등이 발생하는 것이다. 눈앞의 존재가 자기 자신임에도 불구하고 타인처럼 대하며 갈등을 빚는다. 때로는 과거의 내가 미래에서 온 자신을 받아들이지 못하고, 심지어 죽이려는 상황까지 벌어지기도 한다(예: 매즈 미켈슨 주연의 〈The Door〉).

이렇게 현실에서도 종종 미래의 나와 과거의 나는 갈등을 겪는다. 우리는 매일 다양한 선택의 기로에 서 있다. 미래의 나를 위해 저축할 것인가, 아니면 오늘의 즐거움을 위해 돈을 쓸 것인가? 미래의 건강을 위해 다이어트를 할 것인가, 아니면 오늘의 즐거움을 위해 야식을 즐길 것인가? 최근 대화에서 얼마나 자주 "나 때는…"이라는 과거의 내가 등장했는지, 또는 몇십 년 전의 트라우마가 현재의 나를 어떻게 묶어두고 있는지를 생각해 보라. 그러면 우리는 얼마나 자주 시간 속 다양한 나와 갈등하는지를 알 수 있다. 이처럼 우리는 계속해서 미래의 나와 과거의 나 사이에서 갈등한다. 나의 경우, 종종 과거의 내가 현재의 나를 이기곤 한다. 반면, 현재의 나는 미래의 나를 무시하고 억누르려 한다. 더 성숙한 삶을 살기 위해서는 미래의 시각에서 현재를 살아야 하지만, 영화와 현실의 차이처럼 이는 쉬운 일이 아니다.

나는 미래의 내가 현재의 나를 이기기 위해 인내심, 자기성찰, 이성적 판단을 동원해 봤지만, 매번 실패했다. 여러 번 시도했지만 결국 자기 통제력 부족만을 확인했을 뿐이었다. 그러나 시간여행자가 된 후에는 현재의 나를 이기는 방법을 알게 되었다. 이제는 미래의 내가 현재의 나를 설득하거나 강제하지 않는다. 그 방법은 바로 현재의 내가 마치 영화배우처럼 미래의 나를 연기하는 것이다. 나는 나의 배역에 몰입했고, 그 과정에서 미래의 나를 깊이 연구했다. 점차 나는 '미래의 나'가 되어갔고, 그렇게 '새로운 나'가 탄생했다.

시간여행 영화에서 주인공은 처음에는 시간여행을 믿지 않는다.

그러나 미래나 과거에서 가져온 물건을 보거나, 예언대로 사건이
일어나는 것을 경험하면서 그 현실을 받아들이게 된다. 이제 이 모
든 과정을 통해 본격적인 시간여행을 시작해 보자.

[미래의 나와 조우]

  아들이 7살 때 딱지에 푹 빠진 적이 있다. 아이는 모든 용돈을 딱
지에 쓰며 모았고, 친구들과 만나면 딱지 이야기와 놀이에 몰두했
다. 딱지가 쓸모없다고 타일렀지만 소용없었다. 그러던 어느 날, 아
들이 초등학교에 들어가자 그토록 소중하게 여겼던 딱지에 대한
관심이 서서히 사라졌다. 2학년이 되었을 때, 아들은 자신의 딱지
를 버려도 된다고 했다. 나는 그것들을 박스에 모아 보관해두었다.
  몇 년 후, 사춘기에 접어든 아들에게 그 딱지를 보여주며, 지금
소중히 여기는 것들 역시 언젠가 쓸모없게 느껴질 수 있다는 것
을 전하고 싶었다. 그런데 기대와 달리, 딱지를 꺼내든 순간 오히
려 분위기만 더 악화되었다. 발상은 좋았으나 결과는 실망스러웠
다. 아들의 딱지를 통해 나 역시 나의 과거 집착을 돌아보게 되었
다. 그 집착이 사라지고 나서야 비로소 내 본질을 탐구할 수 있었
다. 내 방을 가득 채운 아들의 딱지와 같은 물건들. 왜 나는 그것들
을 사 모았을까? 왜 그런 선택을 했을까? 당시에는 알지 못했지만,
시간이 흐르면서 그 욕망의 실체가 서서히 드러났다. 왜 그때는 지

금처럼 냉철하게 판단하지 못했을까?

'2000년의 당신은 어떤 사람이었나요?'

이 질문을 받으면 대부분의 사람은 미소 지으며 과거를 떠올린다. 그러나 진정한 도전은 다음 질문에서 시작된다.

'2045년의 당신은 어떤 모습일까요?'

이 질문에 사람들의 표정은 굳어진다. 국민연금을 기준으로 계산하면 50대는 당혹감을, 60대 이상은 체념의 기색을 보인다. '어떻게든 되겠지'라는 막연한 기대는 사라지고, 두 가지 질문이 마음을 무겁게 한다.

'일을 그만둘 때 나는 누구인가?'

'더 이상 일할 수 없을 때 나는 누구인가?'

미래에 대한 고민이 깊어지면서 사람들은 불편한 진실과 마주한다. 미래를 상상하지 않는다면, 그것은 이미 쇠퇴의 신호일지도 모른다.

최근 스마트폰 앱들은 우리의 미래 모습을 미리 보여주기도 한다. 그런데 잠시 생각해 보자. 20년 전과 지금의 정신적 차이를 느끼는 사람이 얼마나 될까? 우리가 미래를 두려워하는 이유가 단순히 외모 때문일까? 나는 '마음만은 청춘'이라는 말을 믿으며 살아간다. 2024년, 내 생물학적 나이는 55세지만, 내 마음의 나이는 여전히 31세. 시력은 흐려지고 주름은 늘어나지만, 내 정신은 여전히 2000년에 머물러 있다. 그때의 나와 지금의 나는 크게 다르지 않다. 내 삶은 시간여행을 하는 것 같다. 2000년의 나는 2010년의 나를, 2010년의 나는 2020년의 나를 연기하며 살았다. 지금의 나는 2045년의 나를 연기하고 있다. 그때가 오면, 나는 다시 2000년의 나로 돌아갈 것이다. 이처럼 나이 듦은 단순히 시간이 흐르는 것이 아니라, 우리가 선택하는 정신적 여정이다. 육체는 늙어가지만, 정신은 우리가 머물고 싶은 시점에 있을 수 있다. 이것이 바로 '마음의 청춘'이 아닐까?

자기다움을 통한 시간여행에서 가장 중요한 규칙은 늙은 자신을 상상하지 말라는 것이다. 이런 상상은 미래에 대한 우리의 비전을 가로막기 때문이다. 2045년, 즉 20년 후의 나는 단순히 나이 든 2045년의 내가 아닐 것이다. 나는 이미 2024년에 2045년을 경험한 사람이다. 이 독특한 삶의 방식은 나이의 개념을 초월한다. 여기서 핵심은 자기다움이다. 2024년이든 2045년이든, 나는 변함없이 자기다움으로 살아가고 있다. 이것이야말로 진정한 시간여행의 본질이다.

이러한 관점은 나이 듦에 대한 새로운 시각을 제공한다. 시간이 흐르더라도 본질은 변하지 않는다. 우리는 나이를 두려워할 필요 없이, 현재의 나를 미래에도 유지할 수 있다. 나이라는 숫자에 얽매이지 않고, 진정한 자아를 계속 발견하고 표현할 수 있다. 자기다움은 근육이나 뼈처럼 시간이 흐름에 따라 변화하는 것이 아니다. 내 경험상, 자기다움은 마치 엔트로피 법칙을 거스르는 것처럼 시간이 지나도 무너지지 않는 본질적인 무언가다. 말하자면 자기다움은 목적과 가치에 더 가깝다.

이런 목적과 가치는 시간의 흐름에 영향을 받지 않는다. 퇴화하지도 않는다. 물론 외적인 변화는 분명히 존재한다. 옷장에 있는 옷이나 책장에 있는 오래된 일기처럼 말이다. 하지만 오래된 옷 중에도 여전히 나와 잘 맞는 것이 있고, 수십 년 전 쓴 글에도 여전히 현재의 나를 발견할 수 있다. 이처럼 **자기다움은 내 안에서 항상성을 유지한다.** 그것은 마치 변함없는 빛의 속도처럼 불변의 상수다. 시간이 지나도, 환경이 변해도 나만의 고유한 특성은 변하지 않는다.

한 달 전의 나와 현재의 나 사이에서 시차를 느낀다면, 그것은 자기다움의 성장판이 여전히 열려 있음을 의미한다. 우리는 끊임없이 성장과 탐색, 변화의 여정 속에 있다. 따라서 나의 성장 기준은 단순히 나이를 먹는 것이 아니라 '나다움', 즉 자기다움의 발전에 있다. 나는 20대에 호기심과 열정으로 가득했다. 지금도 여전히 새로운 것을 배우며 성장하는 중이다. 자기다움은 한 번 형성되면 끝나는 것이 아니라, 끊임없이 변화하고 발전하는 여정이다. 삶을 살아가며 나는 계속 좌충우돌하며 변화한다. 완전한 자기다움을 추구하지만, 언제나 부족함을 느낀다. 그 부족함이 지속적인 성장의 원동력이다. 나이는 그저 시간이 흐른다는 것을 나타내는 숫자일 뿐이다. 그러나 '자기다움'은 우리의 본질적 성장을 반영한다. 우리는 매 순간 더 나은 자신이 되어가고 있으며, 이 여정은 평생 지속된다.

결국, 진정한 성장이란 사회적 기준에 맞추는 것이 아니라, 자신만의 고유한 '자기다움'을 찾아가는 과정이다. 이 여정은 때로 혼란스럽고 어려울 수 있지만, 가장 보람찬 인생의 과정이기도 하다.

삶의 마지막 순간까지 자기다움을 추구하는 것, 이것이 내가 생각하는 삶의 궁극적 목적이다. 이 목적의식 덕분에 끊임없이 성장통을 겪지만, 그 과정에 감사하며 하루하루를 살아간다. 자기다움에 대한 이 확고한 신념은 내 미래를 선명하게 그려준다. 10년 후, 혹은 생의 마지막 순간에도 나는 여전히 자기다움을 추구할 것이다.

나의 자기다움을 찾아가는 시간여행은 단순히 크로노스(물리적 시간)의 흐름이 아닌, 카이로스(의미 있는 순간)의 여정이다. 2000년부터 지금까지, 그리고 죽을 때까지 내가 추구하는 시간은 오직 '나다움'을 찾아가는 시간이다. 이 여정을 위해 자기다움이라는 나침반이 필요하다. 그 나침반이 있어야만 우리는 진정으로 미래로 나아갈 수 있다. 우리 사회에서 말하는 급속한 노화는 미래를 상상하지 않는 데서 비롯되는 것이 아닐까? 미래의 나를 상상하고, 그를 향해 나아가는 과정에서 우리는 진정한 의미의 젊음을 유지할 수 있다.

[미래의 나를 위한 연출]

내가 소설, 편지 그리고 회고록을 쓰면서 배운 것은 미래의 내가 현재를 살아가기 위해 지켜야 할 7가지 두스 앤 돈츠(Do's & Don'ts, 해야 할 것과 하지 말아야 할 것)다.

1. 바로 말하지 말자

당장 떠오르는 생각은 세상이 만든 선입견과 편견일 수 있다. 어떤 일에 대한 첫 반응은 종종 우리가 의식하지 못한 채 세상의 관점에 익숙해진 결과다. 우리는 너무 많은 정보를 무분별하게 받아들이며, 그중에는 가짜 뉴스, 왜곡된 정보, 또는 누군가의 의도에 의해 조작된 내용도 섞여 있다. 모든 정보를 완벽하게 분석하고 걸러내는 것은 쉽지 않다. 무의식적으로 잘못된 판단을 내릴 수도 있다. 따라서 즉각적인 발언을 삼가는 것이 중요하다. 나는 나만의 방식으로 왼손에 낀 반지를 오른손으로 옮기며 발언을 잠시 유보한다. 10초 정도 늦게 말해도 큰 문제가 생기지 않으며, 그 순간 '미래의 나는 어떻게 말할까?'라는 질문을 떠올린다. 그리고 미래의 내가 할 법한 말을 찾아낼 시간을 갖는다.

2. 사람을 의지하지 말자

사람을 지나치게 의지하지 않는 것은 의심과는 다르다. 사람은 시간이 흐르면서 변할 수 있기 때문이다. 과거에 가까웠던 관계가 지금은 달라졌듯, 현재의 관계도 미래에는 변할 수 있다. 사람의 입장은 상황과 조건에 따라 달라질 수 있음을 인정해야 한다. 이러한 변화를 받아들이는 것이 오히려 미래의 나를 자유롭게 만드는 방법이다. 과거에 긴밀했던 관계가 지금까지 유지되는 경우가 얼마나 될까? 관계에도 유효기간이 있다는 사실을 인정하는 것이 관계를 더 오래 지속하는 방법이다.

3. 내가 대접받고 싶은 대로 남을 대하자

이 원칙은 너무나도 간단해 보이지만, 관계의 핵심이다. 미래의 나를 위한 인간관계에서 이 한 가지만 기억하면 충분하다. 나는 인간관계에서 '5 : 5의 균형'이나 '원윈'이라는 개념을 믿지 않는다. 상대방이 6이고 내가 4일 때, 비로소 상대방은 이를 5 : 5로 받아들인다. 그렇다면 내가 부족하다고 느낄 때 상대방은 공평함을 느낀다. 진정한 원윈은 그 차이를 이해하고 받아들이는 데서 시작된다.

4. 바로 결정하지 말자

해야 할 이유 100가지와 하지 말아야 할 이유 100가지를 적고 판단하자. 뭔가 당장 사고 싶을 때, 나는 핸드폰 메모장에 해야 할 이유 100가지를 적어본다. 물론 충동구매라는 사실을 알고 있지만, 그 욕망의 강도는 놀라울 때가 많다. 사실 100가지를 다 적어본 적은 없다. 대부분 10가지도 적기 전에 욕망은 자연스럽게 사라진다. 반면, 하기 싫지만 해야 할 일(예: 운동 같은 것)은 이유를 5가지 적기도 전에 바로 행동에 옮기게 된다. 중요한 것은 100가지 이유가 아니라, 미래의 나를 위한 시간을 확보하는 것이다. 마치 컴퓨터 업데이트 중 전원을 끄지 않는 것처럼 나는 100가지를 적으며 미래의 나에게 생각할 시간을 주고 있다.

5. 자기답게 결정하자

자기다운 결정인지 그 이유 10가지를 말하자. 중요한 결정을 내릴 때는 최소 일주일에서 한 달 정도 시간을 두고 10가지 이유를 찾아본다. 100가지를 적는 것이 단순히 시간을 벌기 위한 과정이라면, 이 방법은 나다운 결정인지 깊이 고민하기 위한 과정이다. 결정을 내리기 전, 10통의 편지를 써서 다시 읽어본다. 그리고 내가 지금 미래의 나를 속이고 있는지, 아니면 진심에서 우러난 결정인지 확인한다.

6. 하루에 한 시간씩 책을 읽고 글을 쓰자

책을 읽는 시간보다 더 중요한 것은 어떤 책을 선택하느냐이다. 나는 현재의 관심사가 아닌, 미래의 내가 관심을 가질 주제를 선택한다. 인내, 브랜드 생태계, 문화유산 등 내가 앞으로 쓸 책과 관련하여 주제를 탐구한다. 미래의 나와 대화를 나누듯 그 주제에 몰입하며 책을 읽는다.

7. 주말과 연휴에는 미래의 나로 살아가자

주말에는 구체적인 계획을 세우기보다는 미래의 나를 '연출'하며 살아본다. 20년 후 내가 무엇을 하고 있을지 상상하며 그 삶을 미리 경험하는 것이다. 재미있는 심리학 실험 하나를 살펴보자. 엘렌 랭어는 자신의 저서 《늙는다는 착각Counterclockwise》에서 1979년에 진행한 '과거 여행 실험'을 소개했다. 이 실험에서 70~80대 요양원 노인들은 1959년으로 돌아간 듯 행동하도록 연출된 뉴햄프셔주의 피터버러 수도원에서 일주일을 보냈다. 그들은 1959년에

방영된 TV 프로그램을 시청하고, 그 당시 일어났던 사건들을 주제로 대화를 나누었다. 결과는 놀라웠다. 노인들은 체중이 평균 1.5킬로그램 증가했고, 악력과 청력이 향상되었으며, 걸음걸이와 자세도 개선되었다. 요양원의 직원 도움 없이 스스로 모든 일을 처리하며 신체적·정신적 변화가 일어난 것이다.

이 실험을 바탕으로 엘렌 랭어 교수는 이렇게 결론지었다. "우리의 한계를 만드는 것은 신체가 아니라, 신체적 한계를 믿는 사고방식이다." 그렇다면 이 실험을 반대로 해보면 어떨까? 나는 아침에 일어나 20년 후의 삶을 미리 '연출'한다. 71세의 나처럼 건강한 식단으로 식사를 하고, 운동을 하며, 71세에 쓸 책의 원고를 조금씩 작성한다. 최근에 읽은 책《파친코》는 재미교포 1.5세대 이민진 작가가 30년에 걸쳐 완성한 대하소설이다. 나 역시 주말마다 20년 후를 내다보며 해야 할 일들을—책 집필, 문화유산 프로젝트, 교육 사업 구상, 심지어 새로운 직업까지—연출해 본다. 나는 내 인생의 감독이자 배우로서 미래를 나답게 살아가며, 나의 삶을 설계해나간다.

[오늘과 어제의 나, 그리고 옷장]

C. S. 루이스의《나니아 연대기》시리즈 중 두 번째 작품《사자와 마녀와 옷장》에서 커크 교수의 옷장이 중요한 역할을 한다. 이 옷장은 현실 세계와 나니아를 연결하는 시공간의 포털이다. 아이들

'미래의 나'를 위한 연출법

1. 바로 말하지 말자

2. 사람을 의지하지 말자

3. 내가 대접받고 싶은대로 남을 대하자

4. 바로 결정하지 말자

5. 자기답게 결정하자

6. 하루에 한 시간씩 책을 읽고 글을 쓰자

7. 주말과 연휴에는 미래의 나로 살아가자

에게 옷장은 숨바꼭질할 때 제일 먼저 숨고 가장 빨리 들키는 장소다. 반면 어른들에게 옷장은 과거가 겹겹이 쌓인 개인 박물관과 같다.

C. S. 루이스가 옷장을 포털로 설정한 이유는 명확하지 않지만, 우리 삶에도 옷장은 시간과 기억을 연결하는 중요한 매개체가 된다. 옷장은 과거, 현재, 그리고 미래의 흔적을 보관하는 기억의 저장소이자, 때로는 과거로 돌아가게 하는 통로처럼 작용한다. 가구를 넘어 기억과 시간을 이어주는 상징적 존재인 것이다. 우리는 옷장을 열면서도 종종 입을 옷이 없다고 느낀다. 이렇게 많은 옷이 있음에도 왜 입을 옷이 없다고 느낄까? 살이 쪄서, 유행이 지나서, 매장에서는 괜찮아 보였지만 집에서는 마음에 들지 않아서 등 입지 않는 이유는 다양하다. 옷은 아이덴티티를 반영하는 매개체다. 구매 당시 마음에 들었던 옷이 지금은 어울리지 않는 이유는 무엇일까? 단순히 취향이 변한 것일까? 아니면 나 자신이 변한 것일까? 우리는 자신의 변화를 자각하지 못한 채 옷의 변화를 탓하곤 한다.

옷장을 인생의 프레임으로 살펴보자. 내 옷장에는 2000년에 산 옷들이 여전히 새것처럼 보존되어 있다. 2007년 잡지사를 창업할 당시 체중이 75에서 90킬로그램까지 증가해 그때의 옷들은 마치 빙하 속에 갇힌 매머드처럼 그대로 남아 있다. 그런데 요즘 나는 그 옷들을 다시 입을 수 있게 되었고, 딸이 "아빠, 최근 유행하는 옷을 샀네요?"라고 물었을 때, 유행은 돌고 돈다는 말을 실감하게 되었다.

옷장을 보며 나는 단순히 의복을 넘어 나의 아이덴티티 변화를 관찰했다. 옷의 색상, 스타일, 시대별 특징을 통해 아이덴티티가 어떻게 변천했는지를 살펴보았다. 과거의 옷 중 현재의 나와 가장 잘 어울리는 것이 무엇인지 탐구하며, 유행의 주기와 나의 개인적 스타일을 비교했다. 흥미롭게도 나와 가족 모두가 인정한 최적의 시기는 2003년이었다. 그 시기의 옷이 지금의 나와 가장 잘 맞는 이유는 여러 가지가 있다. 유행이 돌아왔거나, 내가 당시 트렌드를 앞서갔거나, 아니면 시대를 초월한 고전적인 스타일을 선택했기 때문이다. 하지만 이런 발견이 곧바로 옷장 정리로 이어지지 않은 이유는 과거의 나와의 연결고리를 쉽게 끊지 못했기 때문이다.

시간여행은 단순히 옷을 바꾸는 행위가 아니다. 2000년의 나와 2010년의 나는 분명 다르지만, 나는 미래의 나를 탐구하기 시작했다. 31세의 내가 41세에 입을 옷을 선택하는 것은 단순히 나이보다 더 늙어 보이려는 것이 아니라, 미래의 나를 상상하고 그려보는 방식이었다. 지금도 20년 전에 산 옷을 입으며 변하지 않은 가치관과 정체성을 확인하고 있다. 생물학적으로 24년 전의 나와 지금의 나는 완전히 다른 사람이다. 우리 몸의 세포는 1초에 약 380만 개씩 교체된다고 한다. 성인 남성의 평균 체중을 기준으로 할 때, 우리 몸은 평균적으로 1년 반마다 거의 완전히 새롭게 바뀐다.

이런 맥락에서 보면, 과거의 옷이 더 이상 내 옷처럼 느껴지지 않는 이유는 우리 몸의 생물학적 변화 때문일 수 있다. SF 영화의 시나리오처럼 들리겠지만, 이는 끊임없이 갱신되는 우리 몸이 지닌 흥미로운 특징 중 하나다. 그렇다면 우리의 정체성은 어디에 있는 걸까? 변화하는 육체 속에서 변하지 않는 무언가가 있다면, 그것은 무엇일까? 옷장이 아이덴티티의 외적인 변화를 보여준다면, 책장은 지적 여정을 기록한 공간이다. 나는 구매한 날짜순으로 책을 정리하고, 다시 책을 펼쳐 과거의 감동과 현재의 인식을 비교한다. 그런데, 왜 예전에 밑줄을 그었던 부분이 지금은 아무런 감흥을 주지 않는 걸까? 왜 그때는 그렇게 잘못 이해했을까? 과거의 나와 지금의 나는 무엇이 달라진 걸까? 책장은 내 정신적 성장을 추적할 수 있는 기록이다. 옷장이 외적인 변화를 반영한다면, 책장은 내면의 변화를 담아낸다. 과거의 책들과 현재의 나를 비교하면서 나는 나의 변화와 성장을 되돌아보는 소중한 기회를 얻는다.

일기에서는 시간의 흐름과 정체성의 변화를 더 분명하게 느낄 수 있다. 1995년부터 일기를 쓰기 시작했지만, 매일 쓰게 된 건 2000년부터였다. 24년 전의 나와 지금의 나를 비교해 보았을 때, 의외로 큰 차이가 없다는 것을 발견했다. 왜 나는 크게 변하지 않은 걸까? 그 이유는 2000년에 나는 이미 미래의 나를 상상하며, 그 모습대로 살기 위해 노력했기 때문이다. 20년 후의 나를 그리며 살았기에 지금의 나는 그때 상상했던 나와 닮아 있는 것이다.

이제 나는 변하지 않는 나를 찾지 않는다. 대신 연기하지 않는 진정한 나를 찾고 있다. 시간이 흐르면서 내가 발견한 것은 나를 성장시키고 변화시킨 여정이었다. 일기를 쓰지 않았더라도 자신이 쓴 오래된 글을 읽으며 스스로 얼마나 변화했는지 확인할 수 있다.

오래 전에 쓴 글이 낯설게 느껴진다면, 그것은 우리가 성장했기 때문일까, 아니면 퇴보했기 때문일까? 중요한 것은 과거의 글을 통해 현재의 나와 다른 자아를 인식할 수 있다는 점이다.

우리가 시간의 흐름에 따라 다양한 자아로 존재해 왔음을 인정한다면, 미래의 자신에게 편지를 쓰는 시차 실험도 시도해 볼만하다. 이 실험은 10년 후가 아니라 일주일 혹은 한 달 후의 나에게 편지를 쓰는 간단한 활동으로 시작할 수 있다. 지금 겪는 어려움이나 선택의 문제를 미래의 나에게 편지로 적어본다. 시간이 지난 후 그 편지를 다시 읽으면, 내 감정과 상황이 어떻게 변했는지 알 수 있다. 이 과정을 통해 나는 나의 진정한 성장을 마주할 수 있다.

[어제가 만든 오늘, 내일이 만든 오늘]

영화 〈죽은 시인의 사회〉에서 유명해진 라틴어 '카르페 디엠 Carpe Diem'은 영어로 'Seize the day'(오늘을 잡아라)로 번역한다. Carpe는 '잡다', diem은 '하루'를 의미한다. 이 표현은 여러 방식으로 해석하지만, 가장 흔한 의역은 "오늘 최선을 다하라" 또는 "현재를 즐겨라"이다. 일할 때는 온전히 일하고, 쉴 때는 온전히 쉰다는 의미를 담고 있다. 나 역시 "오늘을 잡아라"라는 원문 그대로 해석이 내가 추구하는 카이로스의 시간관과 잘 맞는다.

사람마다 오늘을 사는 방식은 다르다. 어떤 사람은 돈을 쓰며 오늘을 즐기고, 다른 사람은 바쁜 일에 몰두하며 하루의 가치를 느낀다. 누군가는 자신의 계획을 완수하는 데 의미를 찾고, 또 다른 이는 주어진 일을 해내며 하루를 마친다. 그렇다면 내가 보내는 오늘은 어떤 모습일까? 어제 미뤄둔 일을 처리하느라 바쁜가, 아니면 내일을 준비하고 있는 하루인가? 이런 질문이 어려운 이유는 우리가 '오늘'에 대해 깊이 생각해 본 적이 없기 때문이다. 이는 시간의 본질을 묻는 것과 같다. 물리학조차 시간의 실체를 완전히 밝혀내지 못한 상황에서 우리는 시간이 무엇인지 안다고 여긴다. 나 역시 오늘을 명확하게 정의할 수 없지만, 나만의 해석이 있다. **'미래에서 온 나'에게 오늘은 미래를 결정 짓는 날이다.**

시간여행을 다룬 영화들은 대부분 과거로 돌아가 현재를 바꾸려 한다. 하지만 내가 본 영화 중에 과거를 바꿔서 완벽한 해피엔딩을 맞이한 경우는 없었다. 하지만 현실에서는 오늘을 바꿈으로써 미래의 결말을 바꿀 수 있다. 과거의 일들이 현재에 영향을 미쳐 유익한 결과를 낳는 경험은 누구나 한 번쯤 해봤을 것이다. 신앙을 가진 사람들은 이를 섭리라고 부르고, 그렇지 않은 사람들은 운명이라 말할 것이다. 무엇이든 오늘은 어제의 연쇄적 결과로 이루어진다. 어제가 없었다면 오늘도 없고, 오늘이 없다면 미래도 없다. 우리에게 오늘은 어제가 만들어 낸 결과물이다.

내 안에는 두 가지 자아가 있다. '지금 하고 싶은 나'와 '그날 되고 싶은 나'다. '지금 하고 싶은 나'는 자본주의 생태계 속에서 기업들이 외치는 "오늘을 즐겨라"라는 메시지에 쉽게 휩쓸린다. 욕구와 욕망에 휘둘리는 자신을 통제하려면 '해야 할 이유 100가지'와 '하지 말아야 할 이유 100가지'를 떠올리며 마음을 다스린다. 문제는 '그날 되고 싶은 나'를 오늘의 나로 어떻게 만들어 갈 것인가이다. 지금까지 내가 해본 방법은 반복 학습과 예습, 그리고 복습뿐이다. 지루하게 들리겠지만 이 외에는 방법이 없다.

나에게 오늘은 미래에서 온 시간이다. 2044년의 내가 2024년의 오늘을 사는 방식은 2044년 그날의 일을 오늘 붙잡는 것이다. 이 글을 나는 매일 저녁 8시부터 10시까지 쓰고 있다. 새벽에도, 주말에도 쓴다. 2044년의 나는 '나듦 학교'에서 코치로 일하고 있을 것이다. 그때를 상상하며 지금도 매일 책을 쓰고 강의를 준비한다. 이렇게 미래의 일을 지금 실천하면서 나는 이미 그 삶을 살고 있다. 오늘 그 일을 하는 것이다. 지금 쓰고 있는 이 글은 그때 사용할 교안이 될 것이다. 나는 2044년의 그날을 2024년의 오늘로 살아가고 있다. 오늘이 과거로 밀려나지 않도록, 미래가 현재를 받아들일 수 있도록 나는 오늘을 미래로 보낸다. 오늘이라는 현재가 미래를 결정 짓는다. 그래서 나에게 오늘은 영화 '백 투 더 퓨처'와도 같다 (이 책의 원래 제목은 '어제였던 오늘을 사는 두 번째 나'였다. 이제 그 의미를 이해할 것이다. 2024년의 오늘을 산다는 것은 2044년의 그날을 사는 것과 같다. 그렇다면 '어제였던 오늘'은 어제를 오늘처럼 사는 것을 뜻한다. 이 말은 내일을 오늘 저녁에 미리 살아본다는 의미이다).

저녁 10시부터 11시까지는 내일을 미리 살아보는 시간이다. 단순히 계획을 세우는 것이 아니라, 실제로 내일을 상상하며 살아본다. 마치 배우가 카메라 앞에서 연습하듯, 나도 내일의 나를 미리 연습한다. 사람을 만났을 때 할 말을 정리하고, 해야 할 행동을 준비한다. 즉흥적인 변화를 피하고, 어젯밤에 쓴 대본에 충실하게 사는 것이 오늘의 최우선이다. 쇼를 하는 것이 아니다. 나는 미래에서 왔기 때문에 현재의 일을 미래와 연결하기 위해 오늘도 연습하는 것이다. 되고 싶은 내가 되기 위해 예습하고, 반복하고, 복습한다. 이렇게 나는 미래를 오늘로 붙잡는다. 만약 당신이 10년 전으로 돌아가 과거의 자신에게 한 마디만 해줄 수 있다면, 무엇을 말해주고 싶은가? 오늘을 어떻게 살라고 조언할 것인가? 생각할 시간은 30초뿐이다. 그렇다면 무엇을 말할 것인가? 그 말이 중요한 이유는 무엇인가? 만약 말할 것이 없다면, 미래의 당신도 현재의 당신에게 아무 말도 해주지 않을 것이다.

현재는 과거로 흘러가지 않는다. 우리는 돌아서서 다시 미래로 나아간다. 그래서 우리는 과거였던 미래를 오늘로 맞이한다. 오늘을 과거로 밀어낼 것인가, 아니면 미래를 당겨 오늘로 만들고 다시 미래로 보낼 것인가? 미래를 사는 사람은 남들보다 두 배의 삶을 사는 것이다. **미래의 나로 오늘을 산다는 것은 내가 되고자 했던 그 '나'로 살아가는 것이다.** 그것은 단순히 연대기적 삶을 사는 것이 아니라, 카이로스적 삶을 사는 것이다. 오늘은 과거로 돌아가는 날이 아니라, 다시 미래로 흘러가는 날이다. 미래 같은 오늘을 살자. 미래의 내가 현재를 살아가며 인생을 이해하는 방식은 우연보다는 필연을, 사건보다는 섭리를, 결과보다는 목적을 바라보는 것이다.

미래의 나는 나의 인생을 이해하고, 그 안에 의미를 부여하며 오늘을 살아간다. 이것이 내가 지금, 여기, 오늘을 살아가는 방식이다.

당신은 어느 미래에서 왔는가?

과거와 현재를 미래로 연결하기

"회고록은 과거를 통해 현재의 나와 미래의 나를 이해하는 것이다."

오늘을 살아가는 방식은 회고록 작성을 통해 더 명확해질 수 있습니다. 회고록을 쓰는 일은 단순히 과거를 나열하는 것을 넘어, 그 의미를 탐구하고, 현재의 나를 성찰하며 미래에 대한 통찰을 얻는 과정입니다. 과거를 기록하는 것은 기억의 나열이 아니라, 인생의 의미를 재정립하고 앞으로 나아갈 방향을 설정하는 중요한 작업입니다.

과거의 선택이 현재에 미친 영향을 깨닫고, 미래를 위한 새로운 나침반을 얻게 됩니다. 궁극적으로 회고록은 자기 발견의 도구입니다. 과거의 경험을 분석하고, 그 경험을 바탕으로 현재와 미래에 대한 통찰을 얻는 과정이기 때문입니다. 이는 자아 성찰과 개인적 성장을 위한 강력한 방법입니다. 다음과 같이 회고록 작성을 위한 활동에 답해보세요.

Q1. 내일을 위한 오늘의 연습

1-1. 내일 해야 할 일을 단순히 계획하는 것이 아니라 실제로 연습해보면서 미래의 행동을 현재로 가져오는 경험을 합니다. 내일 내가 할 일은 무엇인가요?

1-2. 내일 해야 할 중요한 일 하나를 선택하세요. 그 일을 위해 오늘 30분 동안 실제 연습을 해보세요. 연습 후 느낀 점, 발견한 점, 내일을 위해 더 준비해야 할 점 등을 기록하세요.

1-3. 이 연습이 내일의 당신에게 어떤 영향을 미칠 것 같나요?

Q2. 내일을 위한 반복 학습과 훈련 설계

2-1. 지속적인 발전을 위한 효과적인 학습과 훈련 방법을 고안합니다.

2-2. 내 목표나 꿈을 위해 지속적으로 발전시켜야 할 기술이나 지식을 하나 선택하세요. 이를 매일 조금씩 발전시키기 위한 구체적인 훈련 계획을 세우세요. (예: 매일 20분 독서, 주 3회 30분 실습 등) 이 훈련을 꾸준히 하기 위한 동기부여 방법과 장애물 극복 전략도 함께 고안하세요.

2-3. 이러한 반복 학습과 훈련이 6개월 후의 나를 어떻게 변화시킬 것 같나요?

Q3. 오늘을 미래로 연결하기

3–1. 일상의 활동들이 미래와 어떻게 연결되는지 인식하고, 그 연결을 강화하는 방법을 찾습니다.

3–2. 오늘 했던 일들 중 세 가지를 선택하세요. 각각의 일이 어떻게 내 미래와 연결되는지 구체적으로 적어보세요. 이 연결을 더 강화하기 위해 할 수 있는 추가적인 행동이나 변화를 제안해보세요.

3–3. 이렇게 일상을 미래와 연결 짓는 습관이 내 삶에 어떤 변화를 가져올 것 같나요? 각 활동 후 참가자들과 경험을 공유하고 토론하는 시간을 가집니다. 이를 통해 서로의 인사이트를 배우고, 시간의 연속성에 대한 이해를 더욱 깊게 할 수 있습니다. 이번 워크숍을 통해 참가자들은 "미래의 나는 내가 선택한 현재의 모습이다"라는 개념을 실제로 경험하고, 일상 속에서 이를 실천할 수 있는 구체적인 방법을 얻게 될 것입니다.

세 번째 나를 기다리며

기억 속에 살아 있는 삶

  스티브 잡스는 자신의 자서전《스티브 잡스》마지막 장에서 이렇게 말했다. "죽은 후에도 나의 무언가는 살아남는다고 생각하고 싶군요. 그렇게 많은 경험을 쌓았는데, 어쩌면 약간의 지혜까지 쌓았는데 그 모든 게 그냥 사라진다고 생각하면 기분이 묘해집니다. 그래서 뭔가는 살아남는다고, 어쩌면 나의 의식은 영속하는 것이라고 믿고 싶은 겁니다." 그는 한동안 침묵했다. 그리고 마침내 다시 입을 열었다. "하지만 한편으로는 그저 전원 스위치처럼 '딸깍' 하고 꺼지는 것일 수도 있습니다."

  나 역시 스티브 잡스처럼 약간의 지혜를 쌓아왔지만, 그것이 모두 사라진다고 생각하면 정말 묘한 기분이 든다. 나는 오랫동안 어떻게 죽을 것인가를 '결정하고' 살아왔다. 이러한 고민은 내 삶을 단순하게 만들었지만, 매 순간을 더욱 풍성하게 채워주었다. 그러나 죽음을 떠올릴 때마다 설명하기 어려운 복잡한 감정이 밀려온다. 두려움과 호기심이 뒤섞인 그 감정이 혹시 죽음의 순간에는 느껴지지 않을까 궁금하다.

죽음에 관한 인상 깊은 말이 있다. "사람은 두 번 죽는다. 한 번은 육체가 죽을 때, 그리고 또 한 번은 세상에서 자신을 기억하는 사람이 사라질 때다." 어릴 때는 이 말이 잘 와닿지 않았지만, 이제는 그 의미가 깊이 새겨진다. 그렇다면 스티브 잡스는 정말 죽었을까? 기억의 관점에서 본다면, 그는 소크라테스처럼 인류의 기억 속에서 지구가 끝날 때까지 살아 있을 것이다. 팀 쿡 역시 잡스의 철학이 애플의 DNA에 남아 있다고 말했다. 스티브 잡스는 죽음을 '딸깍' 스위치에 비유했지만, 역설적으로 우리는 그를 기억할 때마다 그 스위치를 다시 켤 수 있다. 그렇다면 기억 속에 살아 있는 이들은 정말 죽은 것일까?

나의 경험이 기억되기 위해서

최근에 나는 그동안 쌓아왔던 내 자료를 AI에 입력해 맞춤형 인공지능을 만들어보았다. 비록 생물학적으로는 죽더라도, 내 디지털 자료는 인터넷 어딘가에 지구의 종말까지 남아 있을 수 있지 않을까? 나아가 내 목소리까지 AI에 추가한다면, 나는 디지털 부활이라는 새로운 형태의 존재로 살아남을지도 모른다. 이런 맥락에서 우리는 새로운 질문에 직면하게 된다. 육체는 죽었지만 디지털로 존재한다면, 그것을 여전히 '살아 있다'고 볼 수 있을까? 어쩌면 미래에는 이렇게 말하게 될지도 모른다. "사람은 두 번 죽는다. 한 번은 육체가 죽을 때, 그리고 또 한 번은 디지털에서 나의 데이터가 사라질 때다."

AI의 급속한 발전을 고려하면, '디지털 영생'이라는 개념이 머지 않아 현실이 될 수도 있다. 이제 죽음의 의미는 생물학적인 것인가, 사회적인 것인가, 아니면 디지털적인 것인가? 이런 새로운 논의가 우리 앞에 펼쳐지고 있다. 우리나라는 뇌사를 의학적으로는 사망으로 인정하지만, 법적으로는 여전히 완전한 죽음으로 간주하지 않는 경우가 있다. 예를 들어, 뇌사 상태에서 심장이 뛰고 있다면 그 사람을 완전히 죽었다고 할 수 없다는 입장이 존재한다. 그렇다면 생물학적으로는 죽었지만, AI를 통해 자신의 데이터를 기반으로 활동하는 사람을 정말 죽은 사람이라고 할 수 있을까?

'디지털 죽음'이란 사람이 사망한 후에도 그 사람의 디지털 흔적이 온라인에 남아 있는 상태를 의미한다. 소셜 미디어 계정, 이메일, 사진, 동영상, 블로그, 금융 정보 등 그가 남긴 모든 디지털 자산이 그 흔적을 형성한다. 복제인간을 다룬 영화를 보면서 미래에는 죽음의 정의가 더욱 모호해질 거라는 생각이 들었다. 나는 항상 미래를 바라보는 시각을 지녔기에 죽음에 대해서도 진지하게 고민한다. 그래서 '어떻게 죽을 것인가'는 나에게 매우 중요한 질문이다. 그렇다면 나는 어떻게 죽어야 할까? 내가 죽으면 내 콘텐츠는 어떻게 될까? 나는 죽어서 무엇이 될까?

나다운 죽음은 결국 나다운 삶에 있다

2023년 8월, 뇌종양과 싸우던 연극배우 윤석화는 인터뷰에서 이렇게 말했다. "나답게 살다가 윤석화답게 죽겠다." 같은 잡지에서 저자 셸리 케이건 교수는 2013년 6월에 이렇게 말했다. "사람들은 죽음을 생각하는 것을 피하려 합니다. 죽음은 두렵고 불편하며 우울한 주제이기 때문입니다. 하지만 우리는 누구나 죽음을 맞이하기 때문에 죽음에 대해 진지하게 생각할 필요가 있습니다. 그래야만 어떻게 살아야 할지, 무엇이 가치 있는 삶인지 고민할 수 있습니다. 스스로 진정한 가치를 발견하고, 그것을 목표로 삼아 삶을 다듬어 가는 것이 의미 있는 인생입니다. 결국 제가 학생들과 독자들에게 전하고 싶은 메시지도 그들의 삶이 앞으로 어떠해야 할지를 생각하게 하는 것입니다."

그렇다면 나답게 죽는 것이란 무엇일까? 지인들에게 "어떻게 자기답게 죽을 것인가?"를 물으면 종종 "빈손으로 왔으니, 빈손으로 돌아간다"는 대답이 돌아온다. 하지만 정말 빈손으로 떠날 수 있을까? 우리는 분명 빈손으로 이 세상에 왔지만, 떠날 때는 그렇지 않다. 환경과 생활 수준에 따라 다르지만, 선진국 기준으로 한 사람이 하루에 평균 2.5킬로그램의 쓰레기를 배출한다(한 사람이 평생 배출하는 쓰레기양은 약 73톤에 달한다. 또한 300~1,000톤의 탄소까지 고려하면 그 양은 상상을 초월한다).

우리는 죽는 순간까지도 지구를 오염시키고 있다. 이렇게 지구에 빚진 우리는 빈손으로 떠날 수 없다. 빚진 것을 어떻게 갚을 것인가. 누린 것을 돌려주는 삶. 그렇다. 지금까지 우리가 누린 것을 내가 떠난 후 이 세상을 살아갈 다음 세대에 돌려주어야 한다. 이것이야말로 인간답게, 나답게 죽는 방법이라고 생각한다. 내가 알고 있는 지혜를 다음 세대에 전하는 것, 그것이 진정으로 죽음을 배우고 대하는 올바른 자세라고 믿는다.

나답게 죽기 위해 나는 지금 '세 번째 나'로 살고 있다. '두 번째 나'는 미래의 나였고, 세 번째 나는 죽은 이후의 나다. 내가 죽은 후에도 사람들의 기억 속에 남고, 디지털 자료로 존재하는 것이 바로 이 세 번째 나다. 현재 나는 2040년의 나로 2024년을 살고 있다. 매일 새벽, 나는 생물학적으로는 죽었지만, 디지털 생명으로 살아갈 미래의 세 번째 나를 위해 오늘을 살아간다. 이 책 역시 세 번째 내가 존재하기 위해 쓰고 있다. 즉, 지금 나는 나의 죽음 이후의 삶을 살고 있는 셈이다. 나는 영원히 죽고 싶지 않아서 세 번째 나로 살고 있는 것이 아니라, 나답게 죽고 싶기 때문이다. 내가 누린 것을 다음 세대에게 물려주고, 그들이 나와 같은 인생의 실수를 반복하지 않기를 바라는 마음에서다.

죽음은 삶보다 더 신비롭다. 고대인들이 죽음을 대하는 방식이나 종교가 말하는 죽음의 개념은 절대 사라지지 않았다. 인간은 영원한 생명을 갈망해 왔고, 이제 디지털 기술을 통해 영속할 수 있는 생명의 형태를 얻었다. 지금 당장 스티브 잡스를 만나고 싶다면, 그저 '딸깍' 스위치를 누르면 그의 제품과 책, 어록을 만날 수 있다. 이제 살아 있음의 기준은 심장이 뛰는 것이 아니라, '기억될 수 있는가?'로 변했다. 그렇다면 살아 있다는 것은 생물학적 기능을 유지하는 것 이상이며, 결국 우리의 경험과 지혜를 공유하고 다음 세대에 영향을 미치며 기억되는 것이다.

두 번째 나로 살았기에
어떻게 죽을지를 결정할 수 있었다.

세 번째 나로 죽기 위해
어떻게 살 것인지를 결정했다.

Who am I?

I am Second.

자기다움 교육 안내

이 책은 자기다움 교육을 받거나 참여하는 분들을 위해 자기다움 교육의 핵심 내용을 담았다. 자기다움에 관심이 있다면 누구라도 이 책을 통해 자기다움에 관한 유용한 지침과 통찰을 얻을 수 있다. 참고로 자기다움 교육의 3단계는 다음과 같다.

▶**1단계는** 자기다움으로 사는 '두 번째 나'를 탐구하는 과정이다. 이 단계에서는 미래의 나를 통해 현재를 자기답게 살아가는 방법을 배우고, 과거를 자기다운 관점에서 재정의하는 수업을 진행한다. 이를 위해 '시간여행'이라는 교육 워크숍 방법을 활용하며, 이 책은 바로 1단계 교육을 위한 워크숍의 교재다.

▶**2단계는** 자기답게 살기 위한 아이덴그램 워크숍이다. 이 과정에서는 다양한 프로그램을 통해 자기다움을 확인하고 경험하게 된다. 2단계에서 사용하는 교재는 《더 이상 일하지 않을 때, 나는 누구인가》이다.

▶**3단계는** 휴먼 브랜드 과정이다. 이 과정에서는 가상의 브랜드 론칭을 통해 자기다움과 우리다움을 경험하고, 자신이 직접 브랜드가 되어보는 휴먼 브랜드 과정을 진행한다. 교재는 《브랜드의 탄생》이다(3단계 교육 관련 자료는 www.theunitas.net에 모두 공개했다).

이렇게 3분야로 구성된 교육 과정은 모두 '자기다움' 주제로 연결되어 있다. '자기다움' 교육은 단계별로 3개월씩, 총 9개월에 걸쳐 진행된다. 하지만 1단계 과정이 3개월을 넘어 5개월, 때로는 9개월까지 연장되는 경우가 있다. 이는 교육 내용의 난이도 때문이 아니라, 자신만의 '자기다움'을 이해하는 과정이 쉽지 않기 때문이다. 이 책은 1단계 교육 프로그램인 자기다움의 이해를 위한 '선행 자가학습'을 지원하기 위해 제작되었다.